MÁRCIO FRANKLIN NOGUEIRA

TRANSAÇÃO PENAL

TRANSAÇÃO PENAL

© *Márcio Franklin Nogueira*

ISBN 85.7420.502.8

Direitos reservados desta edição por
MALHEIROS EDITORES LTDA.
Rua Paes de Araújo, 29 - conjunto 171
CEP 04531-940 - São Paulo - SP
Tel.: (0xx11) 3078-7205
Fax: (0xx11) 3168-5495
URL www.malheiroseditores.com.br
e-mail: malheiroseditores@zaz.com.br

Editoração Eletrônica
Letra por Letra Studio

Capa
Criação: Vânia Lucia Amato
Arte final: PC Editorial Ltda.

Impresso no Brasil
Printed in Brazil
01-2003

SUMÁRIO

Prefácio 7

Apresentação 15

1. INTRODUÇÃO 17

2. JUSTIÇA CRIMINAL: CONFLITO E CONSENSO
   2.1 *A crise da Justiça Criminal* 28
   2.2 *O Direito como condição essencial à vida em sociedade* 29
   2.3 *O direito penal e sua finalidade* 31
   2.4 *Criminalidade de bagatela* 33
   2.5 *Princípio da intervenção mínima* 35
   2.6 *O processo penal e sua finalidade* 40
   2.7 *Princípios do processo penal (legalidade e oportunidade)* 42
       2.7.1 *Princípio da legalidade* 44
       2.7.2 *Princípio da oportunidade* 48
   2.8 *Processos de descriminalização*
       2.8.1 *O "Informe sobre Descriminalização"* 54
       2.8.2 *O movimento despenalizador* 55
       2.8.3 *Descriminalização e despenalização* 59
       2.8.4 *Razões do processo despenalizador* 61
   2.9 *O consenso no processo penal* 62
   2.10 *O Direito Norte-Americano: o "plea bargaining"* 68
       2.10.1 *Procedimento* 72
       2.10.2 *A negociação* 74
       2.10.3 *A confissão de culpa ("plea of guilty")* 75

2.10.4 O objeto da negociação	76
2.10.5 Requisitos	77
2.10.6 A importância da participação do advogado	78
2.10.7 O controle judicial	79
2.10.8 Críticas	80
2.11 O Direito Italiano: "patteggiamento"	84
2.11.1 A aplicação da pena a pedido das partes	89
2.11.1.1 *Limites de aplicação*	92
2.11.1.2 *O controle judicial*	93
2.12 O Direito Português	95
2.12.1 A suspensão provisória do processo	97
2.12.2 Procedimento sumaríssimo	100
2.13 O Direito Espanhol: "la conformidad"	102
2.13.1 Características da "conformidad"	105
2.13.2 Natureza jurídica	107
2.13.3 Âmbito de aplicação do instituto	108
2.13.4 Momento processual	109
2.13.5 Controle judicial	109

3. A JUSTIÇA PENAL CONSENSUADA NO BRASIL

3.1 A Lei 9.099/1995	111
3.2 A criação dos Juizados Especiais Criminais: lei ou decreto?	113
3.3 Os juízes leigos e os conciliadores	116
3.4 A constitucionalidade da Lei 9.099/1995	119
3.5 Direito intertemporal	126
3.6 Princípios dos Juizados Especiais Criminais	131
3.6.1 A oralidade	134
3.6.2 A informalidade	136
3.6.3 A economia processual	138
3.6.4 A celeridade	138
3.6.5 Outros princípios específicos dos Juizados Criminais	
3.6.5.1 *Princípio da legalidade mitigada*	139
3.6.5.2 *Princípio da autonomia da vontade*	140
3.6.5.3 *Princípio da desnecessidade da pena privativa de liberdade*	142
3.7 Competência dos Juizados Especiais Criminais	143
3.8 Infrações de menor potencial ofensivo	146
3.9 A Lei 10.259/2001. Novo conceito de infração de menor potencial ofensivo	152

4. A TRANSAÇÃO PENAL

4.1 Conceito e características	159
4.2 Natureza jurídica	163
4.3 Cabimento	166

SUMÁRIO

4.4 Momento processual

    4.4.1 O termo circunstanciado 169

    4.4.2 O momento da formulação da proposta de transação 172

    4.4.3 A prisão em flagrante 174

4.5 Causas impeditivas 175

4.6 Iniciativa da proposta: faculdade ou dever do Ministério Público? ... 179

4.7 A proposta de transação 187

4.8 Aceitação da proposta 189

4.9 Controle jurisdicional 192

4.10 Natureza jurídica da sentença que homologa a transação 193

4.11 Descumprimento do acordo 197

5. CONCLUSÕES 203

Bibliografia 209

PREFÁCIO

O livro que agora se edita é resultado da dissertação de Mestrado apresentada por MÁRCIO FRANKLIN NOGUEIRA ao Programa de Pós-Graduação em Direito da Universidade Federal do Paraná, no final de 2001, tendo obtido, na defesa, o conceito "A" – o que é, por si só, um indicador da qualidade da obra.

MÁRCIO, com sua gentileza, chegou em Curitiba incentivado pelo professor Dr. Rogério Lauria Tucci (professor excepcional e grande nome do Direito Processual Penal Brasileiro, por seu conhecimento e coerência), tendo como lastro o indicativo de muitos professores de São Paulo, que a ele sempre se referiam como alguém de muita qualidade, dedicação e seriedade. A demonstração de tais predicados, sem dúvida, foi uma questão de tempo.

Antes de tudo, sabia ele que vinha para um dos seis programas de Pós-Graduação em Direito do país com conceito de excelência – e, portanto, que deveria estar à altura dele. Isso, em verdade, não lhe foi difícil, porque fez prevalecer, sem hesitação, a seriedade sempre destacada pelos seus conhecidos como advogado, como órgão do Ministério Público, como magistrado. Outrossim, comprovou, mais uma vez, que não há incompatibilidade entre a Magistratura e o estudo em nível de Pós-Graduação, mesmo que de qualidade, para desespero dos senhores do caos e das facilidades, que, como se sabe, ora pregam o distanciamento entre eles (em geral pelo cínico "juiz não

8 TRANSAÇÃO PENAL

precisa estudar: basta bom senso!"), ora querem algo fácil, para obterem títulos acadêmicos que possam ser ostentados e, no fundo, iludir o menos avisado (não esquecer que, nesses casos, as pessoas procuram mestres e doutores e acabam por encontrar fraudes tituladas), ainda que para tanto seja necessário colocar em risco todo o núcleo do Sistema Nacional de Pós-Graduação, uma das poucas coisas a produzir orgulho ao MEC, quiçá porque conduzido pelos próprios professores. Basta ver que há notícia da existência, no Congresso Nacional, de projeto de lei pelo qual se tenta equiparar Desembargador a Doutor e Juiz a Mestre, sem qualquer cerimônia – algo de todo ridículo, não fosse vergonhoso e, sobretudo, desonroso. Postura do gênero – menor em todos os sentidos – é sintoma da fraqueza humana, que, por sua vez, é de todos. Bom exemplo disso seriam as situações de infindáveis doutores que adeririam irrestritamente à idéia do projeto se a proposta albergasse (ou pudesse albergar, em face da inconstitucionalidade) o sentido oposto, ou seja, doutor também tivesse o título de desembargador, e mestre aquele de juiz – tudo com minúscula, porque, nestas alturas, nada mais vale a não ser a poucavergonha. Títulos – é preciso que fique claro – são objetos de conquistas, razão por que têm tanto valor, e devem ter mesmo. Não são, todavia, louros reservados aos deuses de um Olimpo imaginário; a uma casta de iluminados que funcionam como o receptáculo de toda a sabedoria. Muito pelo contrário. Havendo, reconhecidamente, saberes disseminados – e todos merecendo respeito –, a questão dos títulos desloca-se para um outro campo, o do saber possível, cumprido um *iter* imprescindível. Feito isso, estão ao alcance de todos, para serem conquistados. Mas há que fazer por merecer; há que lutar por eles; há que sentir o gosto do esforço ou, melhor, aprender que o prazer está no caminho, porque na chegada nunca estará o esperado, tal e qual Godot – ou seja, faz-se mister dar razão aos psicanalistas franceses quando falam em *le gout de l'effort*. Afinal, conquistados os títulos, deles não se decai, mas, em definitivo, com eles não se tem tudo, embora se tenha bastante. Goza-se, enfim, mas não se goza tudo, porque – isso – não há para gozar; e o que resta, para os que têm a humildade para aprender, são as lições do caminho (essas, sim, têm viço!) e, em suma, *le gout de l'effort*. Eis, então, mais uma razão por que o título, como a sabedoria, é incompatível com a arrogância: quem o tem sabe ser um devedor, o que não significa renegá-lo. Ele é, porém – e sobretudo –, o aval do caminho percorrido; e é justo este – indicador da conquista – que pode dar a dimensão fundante ao

PREFÁCIO 9

sujeito. Em suma, quem quer ostentar, com orgulho, um título deve conquistá-lo!

Foi isso, sem dúvida, que o MÁRCIO fez. Ele, neste sentido, é um belo exemplo à Magistratura Nacional, que só encontrará sua redenção fazendo vingar, neste diapasão, uma tríplice ordem de medidas, que cada vez se mostram mais inadiáveis: 1) concursos seriíssimos, com grau de dificuldade alto (para se ter, quem sabe, na função de primazia – e ela o é –, os melhores operadores jurídicos), buscando-se uma qualidade que englobe vários fatores, e não só o conhecimento jurídico; 2) estágio de treinamento, ainda dentro do concurso, pelo prazo mínimo de dois anos (é um preço que se tem que pagar, e a democracia não pode disso prescindir), de modo que os estagiários possam trabalhar sob a orientação de colegas mais velhos e experientes, fazendo prática daquilo que é necessário e, depois, em outro período do dia, receber preparação em outros campos além do jurídico (das Relações Públicas à Psicanálise, passando por mais alguns também importantes), cada vez mais esquecidos nas Faculdades, agora, pelo volume (onde o que se não tem são professores de qualidade), transformadas, em grande medida, em meras escolas de leis; 3) estudo sistemático e constante (de modo a não permitir que o dia-a-dia funcione como uma prisão), para o quê bastam organização e menos medo para enfrentar o desconhecido: estudos de Filosofia do Direito, Sociologia do Direito, e assim por diante, só fazem engrandecer os que deles têm algum domínio, alargando sobremaneira a miríade de pontos pelos quais se deve ver a vida e suas questões. Tal receita, por evidente, não é nova e nem ousada, mas não pode ser esquecida. Passam-se os anos, renovam-se os comandos no Poder Judiciário, e nada – ou quase nada – é feito de efetivo para ser ela levada a cabo. Sofre, na outra ponta, o povo, destinatário final do exercício do Poder, porque se não faz aquilo que deveria ser feito. Sabem todos, porém, que, da mesma forma que não há democracia sem um Poder Judiciário forte, não há um Poder Judiciário forte sem qualidade. Judiciário fraco é sinônimo de massa de manobra; e isso, sim, interessa aos senhores reais do Poder; que não é o povo. Mudança – e para melhor –, portanto, só virá se vier por – e de – dentro, com gente que sabe da sua importância e do seu valor. O povo agradeceria!

O tema do livro (*Transação Penal*) é de uma complexidade muito grande, mas foi trabalhado adequadamente pelo MÁRCIO, com muita cautela – mas sem parcimônia – e maturidade. Foi ele tratado, ponto por ponto – por evidente que sem pretensão de esgotamento –, median-

10 TRANSAÇÃO PENAL

te um enfrentamento sério onde se tentou dar respostas, às vezes quase que impossíveis.

Ora, o maior problema da *transação penal* – e, enfim, da Lei 9.099/1995 – é a falta de base teórica a lhe sustentar. Afinal, a lei, para se dar cumprimento ao preceito do art. 98, I, da Constituição da República, veio à luz com uma pressa incabível, desnecessária. Isto, por evidente, consagra nomes (será que consagra, mesmo?) porque deles se fala (às vezes não muito bem!), mas põe de joelhos estruturas inteiras, em razão de que a falta de base teórica é sintoma da falta de discussão, como parece elementar; e os resultados são desalentadores – para não dizer desastrosos.

Com a desculpa de que se tratava de algo novo – e em que pese não se poder escapar das noções tradicionais, porque até aí não alcançava a autorização constitucional –, lançou-se mão, de modo açodado, da técnica que se tem utilizado ultimamente para se fazer passar, à revelia do país, as leis de que tanto se tem falado mal: sem discussão (pelo menos de relevância), o Governo tem proposto anteprojetos de leis que, não raro, são promulgados por acordos de lideranças, em traição da Nação, que vai pagar pelos prejuízos. Isso é compatível com o melhor estilo *Komintern* leninista, onde há desprezo por *ouvir o outro*, seja lá por que motivo for, que vai da desconfiança ingênua sobre o saber alheio (em geral, aqui, a desculpa diz respeito aos parlamentares, mas, em verdade, o leque é maior, muito mais amplo) à – o que é pior – insolência da auto-suficiência. No caso da Lei 9.099/1995 não foi diferente. Mais uma vez se evitou um amplo debate nacional, inclusive para se saber se ela era necessária; e, adiante, na forma atabalhoada como foi aprovada.

Por primário – e inúmeros motivos –, era fundamental amadurecer mais a idéia. Não tendo o legislador constituinte expresso o que eram as infrações de menor potencial ofensivo, parecia, à primeira vista, não se pretender mudar o curso da história e, a toda evidência, bloquear as efetivas descriminalizações e despenalizações que se vinham discutindo – e na forma como se discutia, não esquecer! – e amadurecendo no país. Se assim era, nada mais natural projetar-se um câmbio na estrutura que fosse apanhar o núcleo do sistema processual penal (que segue sendo, como sempre foi, inquisitório: para saber disto basta ler, por todos, um pouco de Franco Cordero) – ou seja, descriminalizando o que fosse possível (o destino dos crimes bagatelares não poderia ser outro que não esse, como parecia elementar), e àquilo que sobrasse – agora, sim, de menor potencial ofensivo,

PREFÁCIO

diante do resto: delitos até quatro anos de pena máxima, por exemplo – construindo-se um procedimento rápido mas que não ofendesse os princípios gerais e a teoria geral regente da matéria, mesmo porque se continua com um processo penal onde o escopo é verificar se se deve ou não aplicar uma sanção penal, se o processo for penal, em face do preceito secundário da norma penal incriminadora e da instrumentalidade processual (só para ficar em um elemento de análise). No mais, a Constituição da República consagra, em definitivo, um sistema processual penal acusatório (a estrutura inquisitória, como é elementar, é incompatível com o *due process of law*, mas se tem medo de dizer, porque seria necessário declarar a inconstitucionalidade, e, neste ponto, a matéria resta muito adversa e trabalhosa e, assim, tem-se ser melhor ficar tudo como sempre esteve), o qual deveria servir de base à legislação toda, inclusive à estrutura que se fosse criar para atender às infrações penais de menor potencial ofensivo; mas tal não ocorreu, e a lei, então, já nasceu velha, sem que isso seja, por certo, questão a ser imputada ao Parlamento. Enfim, era necessário legislar bem; em conformidade concreta – e não só discursiva – com a Constituição da República; e com uma cara efetivamente nova.

Nada disso foi feito, todavia. Ao contrário, ressuscitou-se um mundo de infrações bagatelares praticamente esquecidas e, quiçá, prontas para mudar de ramo; criou-se uma infinidade (milhares, dizia o então ilustre Presidente do STF, Min. Sepúlveda Pertence) de desnecessários cargos públicos (leia-se: empregos!), algo excepcional e absurdo em um país onde o Estado é cada vez mais mínimo, sendo certo que se não volta atrás (mormente por razões políticas) em situação do gênero; entre tantas outras coisas.

O certo, em *ultima ratio*, é que se não andou bem. Passados sete anos da vigência da lei, ainda não se tem paz em boa parte dos conceitos, lançados contra a melhor técnica, em verdadeira balbúrdia, que muito mais confunde que ajuda. Os resultados, como não poderiam deixar de ser, causam desânimo; e repulsa. Os indicativos – basta rodar um pouco pelo país, pois, ainda que alguns teimem em esquecer, ele não é feito só dos grandes centros –, por evidente, são ruins, muito ruins. Reclama-se, como nunca; muito ao contrário do que se tem dito dos Juizados Especiais Cíveis, onde os problemas – os defeitos – parecem ser secundários e dizem respeito à falta de condições materiais.

Faz-se hora, portanto, de alguém com capacidade se lançar na faina – quiçá em uma tese doutoral – e fazer um balanço sério da situação (começando por pesquisa de campo), inclusive para denunciar a estrutura toda e acabar com ela, se for o caso, para se recomeçar do ponto que se perdeu.

Ademais, é preciso ter consciência (talvez fosse o caso dizer: vergonha) suficiente para reconhecer que a lei, da forma como em vigência, responde a uma ideologia de *tolerância zero*, muito próxima (ou ligada?) aos postulados do modelo neoliberal que se implantou no país, o qual vai fazendo estrada também no Direito, pela ignorância de uns e assepsia de outros. Até aqui, então, tudo estaria – diga-se de passagem – dentro da ordem, mas o modelo tem-se mostrado, entre outras coisas, *ineficiente*, só para ficar com um conceito vital aos que, sendo neoliberais, não são *neobobos* ou *neoburros* (não se vai e não se deve esquecer jamais destes adjetivos e seus autores), como apregoaram certos "gênios" friedmanianos. Afinal, não se perdeu o escopo da Justiça e de Justiça; e não é bem isso que se tem visto. Só para se ter uma idéia, há notícias de que na região da serra gaúcha, nos primeiros cinco anos de vigência da lei, houve apenas dezessete recursos criminais. Confirmada a hipótese, há, por certo, algo de podre no reino da Lei 9.099/1995. Isso sem contar as audiências coletivas (sério: para vários processos de uma vez só); as pressões para a efetivação das transações penais (seria estranhável se não se caminhasse na direção do maior defeito do *plea bargaining* do sistema norte-americano, com a sorte de se operar, no Brasil, com o *nolo contendere*); conciliadores decidindo de fato; e assim por diante. O país, neste espaço, é só lamentações; e, se assim o é, é preciso rever a estrutura urgentemente. Aos detentores dos cargos – e seus políticos de plantão – é preciso dizer que a eventual extinção dos Juizados Especiais Criminais aponta para um mero câmbio, embora fosse salutar – para preservar o que restou de dignidade do Direito Penal – uma nova direção e um novo papel a eles, como precitado. De qualquer forma, não seria demasia sugerir que os Juizados Especiais Criminais fossem transformados em Juizados Especiais Cíveis, resolvendo o problema de todo mundo; e do Direito Penal também, pelo menos neste campo, resgatando um pouco da função dele enquanto estabelecedor das bases do *registro do simbólico*.

Ao livro do Márcio, da sua parte, não cabe nada da suave crítica que aqui se faz. Afinal, como precitado, traz uma visão madura (embora incapaz de escapar ao dissenso), consolidada, que desce às entranhas das questões, pois era necessário isso fazer. Afinal, não tinha paz nem o conceito de transação penal.

PREFÁCIO   13

Ora, resta pouca dúvida de que se trata do instituto central da Lei 9.099/1995. O problema é que, por ela, pouco se podia dizer sobre ele, mormente em face da autorização dada pela Constituição da República ao legislador infraconstitucional, ou seja, de uma criação dentro dos limites traçados pelas próprias regras maiores, a começar pelo *due process of law* (na sua mais larga extensão), *nulla poena sine judicio* e o *nulla poena sine judice*, e assim por diante. Em suma, como tem insistentemente referido Lenio Luiz Streck, o legislador infraconstitucional não é livre – e nem pode ser – para fazer o que quiser, ou seja, não há Constituição como mero adereço, como mera forma programática a ser burlada. A ele, no caso, foi dado dizer sobre as infrações de menor potencial ofensivo, mas não se disse que havia carta branca para entender que as ditas infrações não eram penais, por exemplo; e que se podia dispensar o processo para imposição da pena – ou qualquer sanção que se queira no seu lugar –, assim como não ser ela (imposição) ato jurisdicional, com tudo que isso implica. Logo (para ter uma visão bem analítica), o processo – e a jurisdição – estava pressuposto, porque era óbvio. Dir-se-ia, portanto, sobre a(s) competência(s), o exercício da ação e o juízo de admissibilidade, assim como sobre o(s) procedimento(s), após definir-se o que seriam as ditas infrações.

Desde esta perspectiva, algumas coisas ganham novos – e imprescindíveis – contornos, como tentou fazer ver o MÁRCIO, tudo ao contrário do horror que foi no exibicionismo (de barbárie jurídica, naturalmente) do momento *post legem habemus*. O sistema segue sendo inquisitório (não esquecer ser ele definido por quem, no processo, é senhor da *gestão da prova*), razão por que o juiz segue, pela lei, *dominus* do processo (que nada tem a ver com a ação – por favor –, embora, com o Código de Processo Penal, insista-se no câmbio) e, assim, seu condutor-mor. Neste espaço, não se fez – parece elementar – qualquer concessão ao princípio dispositivo, embora pudesse – e tivesse que – ser feita. Eis a razão (entre outras, naturalmente), por que o Ministério Público, exercida a ação (quando propõe a transação penal não está fazendo outra coisa), perde o domínio do conteúdo do processo. Restaria saber, enfim, para ser coerente, se não o fazendo (isto é, não propondo a transação penal), haveria espaço para aceitar – na confusão da lei – ser a ação movida pelo interessado, agora, mais uma vez, observada a Constituição da República. O MÁRCIO, neste ponto, vai ensaiar uma resposta, tentando fazer uma *interpretação conforme*. Se ela é possível, pois, que digam os leitores, esses

TRANSAÇÃO PENAL

privilegiados, quando estiverem a saborear essa viagem elegante (na escrita) e firme (nas posições).

O texto, enfim, é um convite ao raciocínio, ao que há de melhor nos jogos do pensamento; e um grande alerta para o que foi essa aventura – ou seria melhor dizer desventura – da Lei 9.099/1995. Está de parabéns a MALHEIROS EDITORES. Afinal, o livro é imprescindível para destrinchar o novelo que se montou com a lei, criando labirintos perigosos a todos, dos magistrados aos pequenos infratores.

Curitiba, Natal de 2002

PROF. DR. JACINTO NELSON DE MIRANDA COUTINHO
Coordenador eleito do Programa de Pós-Graduação em Direito
da Universidade Federal do Paraná

APRESENTAÇÃO

Eu tinha treze anos quando, para cumprir tarefa escolar, conheci uma favela. Ficava na Rua Vergueiro. Hoje já não existe mais. Meu primeiro contato com a pobreza. Tempos depois, já advogado, desenvolvi, em um outro núcleo habitacional semelhante àquele, um novo trabalho. Este, já não mais para passar de ano. No Bororé, zona sul de São Paulo, passei muito tempo, tentando resgatar a cidadania para aquele povo de lá. Já percebia que a lei não era capaz de resolver tudo, principalmente para quem não tem nem sapatos, a fim de caminhar na busca de seus direitos. Isto é real (1974, João Manoel, 70 anos, pedreiro, dispensado do serviço, nada recebendo, sem condições de ir à Justiça do Trabalho, pois não tinha sapatos). Diante de tal estado de miserabilidade, que se mostra cada vez mais grave, difícil controlar-se a criminalidade.

Estive, muitas noites, com moradores de rua. Conheci, de perto, as crianças da Praça da Sé. Pequenos reis de seus buracos e becos, seus soldados, suas armas, suas mulheres de dez ou onze anos de idade. Seus furtos e roubos, suas conquistas, suas prendas de guerra. Violentados, feridos, mortos. E o Estatuto da Criança e do Adolescente, nos anos 90, chegando para eles, apenas no efeito punitivo. É a lei que não é capaz de resolver tudo.

Lembrei disto, outro dia, quando afirmei para uma repórter que pouco adianta a elaboração de leis severas para se combater a criminalidade.

O Estado deve estar presente na vida dos excluídos, para, em um primeiro plano, salvá-los, com educação, saúde, geração de frentes de trabalho, moradias dignas, segurança, acesso à Justiça e combate à fome, entre outros aspectos. O Estado e a própria sociedade civil. A ausência deles, a repressividade excessiva do primeiro (que quase sempre antecede empreendimentos sociais) e a displicência da segunda provocam, de modo claro, o aumento da violência, que, se não brota exclusivamente da miséria, tem nela forte aliada.

Assim é fácil de se concluir que o Direito Penal sozinho, de fato, não resolverá a situação relativa à criminalidade dos nossos dias. Mas deve fazer a sua parte. Modernizar-se. Abrandar-se relativamente aos pequenos delitos. A *transação penal*, que veio com a Lei 9.099/1995, é um bom exemplo disto.

Excelente este trabalho. Com notável objetividade (que é uma das características do Autor – posso afirmar isto com toda a convicção, pois tive a honra de ser seu Revisor por sete anos, na 8ª Câmara do 1º Tribunal de Alçada Civil de São Paulo), o Autor esgota o tema.

Márcio Franklin Nogueira, agora, a passos largos, a caminho de seu Doutorado, nos traz esta magnífica obra, que brotou de sua elogiadíssima dissertação de Mestrado.

Obrigado, Márcio. Juiz, que me ensinou a ser Juiz. Professor, que me levou a ser Professor. Valeu ter-lhe apresentado aos competentíssimos editores Álvaro e Suzana, que, por certo, terão em você um dos seus mais destacados autores.

Antonio Carlos Malheiros
Desembargador do Tribunal de Justiça de São Paulo
Mestre em Direito
Professor da Pontifícia Universidade Católica de São Paulo
e da Faculdade de Direito Padre Anchieta

1

INTRODUÇÃO

A Justiça Criminal Brasileira passa por profunda crise de credibilidade. Vários os fatores que levaram a essa grave situação, sobressaindo a demora excessiva do processo e seus resultados frustrantes, em decorrência de variados motivos, tais como as falhas da organização judiciária, de uma legislação processual anacrônica, precariedade das condições de trabalho etc.

O próprio aumento da criminalidade, a desnudar mais ainda os problemas da Justiça Criminal, é outro fator a influir nesta crise de credibilidade.

Aliás, é exatamente o aumento da criminalidade (muito preocupante, aliás) que tem reforçado a descrença da população na Justiça Criminal, tida como a grande vilã da História. Nas últimas décadas a sociedade brasileira tem convivido com novas formas de criminalidade urbana, sobretudo os crimes patrimoniais violentos (roubo, latrocínio, extorsão mediante seqüestro).

Nossa anacrônica Justiça Penal, no entanto, não é a única culpada pelo fenômeno.[1] Vários os fatores a determinar essa grave discrepância entre a norma de conduta imposta e a conduta praticada.

---

1. Como assinala Afrânio Silva Jardim, a ineficiência da Justiça Penal "se deve muito mais a uma realidade social alarmante do que ao Direito propriamente dito" (*Direito Processual Penal*, 9ª ed., p. 317).

TRANSAÇÃO PENAL

Realmente, como assinala Rogério Lauria Tucci, avultam os seguintes fatores: "a) manifesta desigualdade na distribuição da riqueza; b) violência policial; c) impunidade das elites econômica e política num Estado inescondivelmente falencial; d) equivocada elaboração legislativa, subseqüentemente à Reforma Penal de 1984 e à edição da Constituição Federal de 1988; e) gritantes e graves falhas da Justiça Criminal; e f) sistema penitenciário desumano".[2]

Esse fenômeno da crescente criminalidade acaba transformando-se numa das causas – a principal, sem dúvida – da fúria legiferante que impera no país em matéria penal.[3]

O aumento da violência, no entanto, ao contrário do que muitos pensam, não é fruto preponderante da pobreza.[4] Para isso contribuem – e em grau elevado – também a disseminação das drogas, o tráfico de armas e, sobretudo, a desagregação familiar.

Como quer que seja, esse incremento da violência é um fato inconteste, gerando demanda por uma política criminal de endurecimento,[5] com inegáveis e perversos reflexos no processo penal, eis

2. "Processo penal e direitos humanos no Brasil", *RT* 755/466.

3. Como assinala René Ariel Dotti: "No campo da administração da Justiça Penal os seus operadores estão sofrendo a amarga experiência da inflação legislativa, responsável por um tipo de direito penal do terror que, ao contrário de seu modelo antigo, não se caracteriza pelas intervenções na consciência e na alma das pessoas, tendo à frente as bandeiras do preconceito ideológico e da intolerância religiosa. Ele se destaca, atualmente, em duas perspectivas bem definidas: a massificação da responsabilidade criminal e a erosão do sistema positivo. A primeira fomenta o justiçamento social determinado pelos padrões sensacionalistas da mídia que subverte o princípio da presunção de inocência e alimenta a fogueira da suspeita que é a justiça das paixões, consagrando a responsabilidade objetiva; a segunda anarquiza os meios e métodos de controle da violência e da criminalidade, estimula o discurso político e revela a ausência de uma política criminal em nível de Governo Federal" ("Proposta para uma nova Consolidação das Leis Penais", *Revista Brasileira de Ciência Criminal* 28/152).

4. São precisas as observações do sociólogo Gláucio Ary Dillon Soares: "A relação entre pobreza e crime não é automática. Se assim fosse, Teresina, a Capital mais pobre do país, seria infinitamente mais violenta que São Paulo, a mais rica. Na prática, ocorre o contrário. Também haveria milhões de brasileiros criminosos, porque há milhões de pobres no país. E, como se sabe, a imensa maioria dos pobres brasileiros é composta de gente honesta e trabalhadora, que nunca se envolveu com o crime" ("Está na hora de reagir", revista *Veja* 33/11, edição 1.662, ano 33). No mesmo sentido a lição de Jacinto Nelson de Miranda Coutinho: "Crime e pobreza nunca foram sinônimos; muito pelo contrário. Mas ninguém duvida que os fatores econômicos são a principal causa de seu recrudescimento" ("O papel do pensamento economicista no direito criminal de hoje", *Revista da Faculdade de Direito da UFPR* 31/43, n. 12).

5. Como salientam Ada Pellegrini Grinover *et al.*: "O modelo político-criminal brasileiro, particularmente desde 1990 (é dizer, desde que foi editada a Lei dos Crimes

INTRODUÇÃO 19

que nosso sistema judiciário não está devidamente aparelhado para suportar o excesso de feitos.

Dentre os instrumentos de controle social, o direito penal é o mais drástico, embora não seja o único;[6] mas sozinho não conseguirá nunca resolver os problemas atinentes à crescente criminalidade.[7] Elaborar leis mais severas não resolve.[8] O combate à criminalidade passa por uma série de providências de responsabilidade do Estado. Sem dúvida, quando houver menos pobreza, melhor distribuição de renda, menos analfabetos, maior amparo ao núcleo familiar, a criminalidade tenderá a diminuir.[9]

Hediondos), caracteriza-se inequivocamente pela tendência 'paleo-repressiva'. Suas notas marcantes são: aumento das penas, corte de direitos e garantias fundamentais, tipificações novas, sanções desproporcionais e endurecimento da execução penal" (Ada Pellegrini Grinover, Antônio Magalhães Gomes Filho, Antônio Scarance Fernandes e Luiz Flávio Gomes, *Juizados Especiais Criminais*, 2ª ed., p. 35).

6. A respeito, assim se manifesta René Ariel Dotti: "Como é curial, o crime, como fato de desvalor social por excelência, deve ser combatido através de uma vasta gama de reações formais e informais. A experiência tem demonstrado que a lei penal é somente uma dessas formas de reação cuja eficácia depende da integração de outros componentes. Ao lado das instâncias formais (lei, Polícia, Ministério Público, Poder Judiciário, estabelecimentos e instituições penais) devem operar as instâncias materiais (a família, a escola, a comunidade)" ("A reforma do processo penal", *RT* 714/493).

7. Na lição de Heleno Cláudio Fragoso: "A criminalidade aumenta, e provavelmente continuará aumentando, porque está ligada a uma estrutura social profundamente injusta e desigual, que marginaliza, cada vez mais, extensa faixa da população, apresentando quantidade alarmante de menores abandonados ou em estado de carência. Enquanto não se atuar nesse ponto, será inútil punir, como será inútil , para os juristas, a elaboração de belos sistemas. Aspiramos a um direito penal mais humano. Um direito penal que efetivamente exerça função de tutela de valores de forma justa e igualitária. Isso só será possível numa sociedade mais justa e mais humana, que assegure os valores fundamentais da dignidade humana e da liberdade" ("Ciência de experiência do direito penal", *RDPenal* 26/16-17).

8. V., a propósito, o que diz Antonio García-Pablos de Molina: "Não obstante, nem o incremento das taxas de criminalidade registrada significa, sem mais, um fracasso do controle social penal, tampouco parece viável um sistemático e progressivo endurecimento deste para alcançar cotas mais elevadas de eficácia. O controle social penal tem limitações estruturais inerentes à sua própria natureza e função, de modo que não é possível exacerbar indefinidamente sua efetividade para melhorar, de forma progressiva, seu rendimento. A prevenção eficaz do crime não deve se limitar ao aperfeiçoamento das estratégias e mecanismos do controle social" (*Criminologia*, 3ª ed., p. 123).

9. Para Luiz Flávio Gomes: "A convicção internacional é outra: a prevenção da violência reclama uma intervenção dinâmica e positiva nas suas raízes: ela é social e deve envolver os governos e as comunidades. Não existe segurança pública que não seja comunitária. Desde Caplan, por isso mesmo, já não se pode conceber a segurança coletiva sem conjugar a prevenção primária (melhoria nas condições sócio-econômicas) com a secundária (criar obstáculos para o delito) e a terciária (cuidar do preso para

TRANSAÇÃO PENAL

Porém, não menos certo que o direito penal – e, via de conseqüência, a Justiça Criminal – tem considerável parcela de responsabilidade no controle da criminalidade.

Certamente por força dessa situação, com cobranças ao Legislativo, nosso direito penal, que sempre apresentou uma feição clássica, de intervenção mínima, tem, nos últimos anos, assumido uma feição mais simbólica, "promocional, excessivamente intervencionista e preventivo, com fundamento na infusão do medo na população e na sugestão da suposta garantia da tranqüilidade social".[10]

Mas este é um equívoco de enormes dimensões.[11]

Assiste-se no mundo, nos dias de hoje, a uma preocupação em separar, para tratamento distinto, a criminalidade de menor potencial ofensivo (ou criminalidade de bagatela), daquela de maior gravidade.[12] Cresce a procura de caminhos para a descriminalização. O direito penal está sendo visto como a *ultima ratio*, apenas devendo

evitar a reincidência). Não basta, ademais, tão-somente o 'desenvolvimento econômico' (que só enriquece os que são ricos e empobrece os que são pobres). Também é fundamental a distribuição da riqueza" (entrevista sob o título "Jurista denúncia efeito simbólico", jornal *Tribuna do Direito*, edição 87, p. 18).

10. Damásio Evangelista de Jesus, *Penas Alternativas*, p. 4.

11. Com propriedade, salienta Jacinto Nelson de Miranda Coutinho: "Dentro da mesma base legal – e a partir daquela constitucional –, concomitantemente com o *tittytainment* (e quiçá iludidos por ele), alguns penalistas, até então tidos como democráticos, quando não pios, têm pregado um direito penal máximo: é um verdadeiro terror legal. Integram eles aquele que se convenciona chamar de 'movimento de lei e ordem'. São, indisfarçavelmente, homens adeptos da ordem pela força, para os quais, em geral, 'os fins justificam os meios'. Cegados (não seria propositadamente, pelo menos para alguns?) pelas imensas dificuldades do cotidiano (a realidade tem sido impiedosa), não têm razão suficiente para colocar-se no lugar do outro, para perceber o diferente, para pensar em fórmulas capazes de resgatar os desviantes e, no final das contas, os criminosos. O dilema, contudo, é que um direito penal máximo não exclui ninguém, transformando todos em delinqüentes, sem embargo de que gente desse porte pensa-se, em geral, intocável, inatingível, esquecendo poder ser vítima da mesma lógica perversa que faz questão de não humanizar esse outro, mesmo ele, se for o caso, no seu próprio tempo" ("O papel ...", *Revista da Faculdade de Direito da UFPR* 31/45-46).

12. Como ensina Fernando da Costa Tourinho Filho: "Várias legislações, como a francesa e a alemã, de há muito vinham, paulatinamente, substituindo o rígido princípio da obrigatoriedade pelo da oportunidade da ação penal, concedendo ao órgão do Ministério Público o poder de julgar da conveniência ou inconveniência da ação penal quando 'insignificantes as conseqüências do fato' ou quando 'não houvesse interesse público na persecução'. Em numerosas infrações, a *StPO* (ordenação processual penal alemã), por exemplo, chegou a autorizar o Ministério Público a promover o arquivamento sob condição (*vorloufiges Absehen von Klage*), com o consentimento do juiz e do acusado (§ 153). Igual providência tomou o legislador francês em 1994" (*Comentários à Lei dos Juizados Especiais Criminais*, p. 2).

INTRODUÇÃO   21

intervir naqueles casos em que não bastam as sanções meramente administrativas. É o *direito penal mínimo* ganhando força.[13]

O endurecimento de nosso modelo político-criminal, sobretudo a partir de 1990, acabou produzindo efeitos negativos, com o enfraquecimento dos princípios da legalidade e da tipicidade.[14] Mas enquanto as desigualdades sociais não desaparecem, enquanto não se dissemina a cultura, enquanto não se erradica a pobreza, a Justiça Penal, ainda que com recaídas, vem tentando fazer a sua parte: vejam-se as modificações penais e processuais penais, Lei de Execução Penal (n. 7.210/1984), reforma da Parte Geral do Código Penal (Lei 7.209/1984) e mais recentemente, a Lei 9.099, "fruto de um dos mais audaciosos programas político-criminais contemporâneos", que criou um sistema jurídico "inspirado no princípio da intervenção penal mínima".[15]

Este problema – da crescente criminalidade e necessidade de reformas profundas no sistema – não é só nosso. No mundo todo assiste-se a uma crise da Justiça Criminal.[16] Para um controle razoá-

13. É ainda Jacinto Nelson de Miranda Coutinho quem assinala: "Não obstante, é cediço que se tem, no direito penal, uma mera reação secundária, da qual só se deve lançar mão quando os demais ramos do Direito mostrarem-se insatisfatórios ou incapazes. Por elementar, não teria sentido buscar solução no campo penal quando a questão pudesse ser solucionada na esfera administrativa, por exemplo" ("O papel ...", *Revista da Faculdade de Direito da UFPR* 31/44).

14. Segundo Damásio Evangelista de Jesus: "Essa nova fisionomia da legislação penal brasileira produz efeitos negativos. A natureza simbólica e promocional das normas penais incriminadoras, num primeiro plano, causa a funcionalização do direito penal, transformando-o na mão avançada de correntes extremistas de política criminal. É o que está acontecendo com o Brasil, onde movimentos de opinião partidária do princípio da 'lei e ordem' pressionam os congressistas à elaboração de leis penais cada vez mais severas e iníquas. Prova disso é a edição da Lei n. 9.677, de 2.7.1998, elevando a pena do crime do art. 273 do Código Penal (falsificação de produto farmacêutico ou medicinal) e da recente Lei n. 9.777, de 29.12.1998, agravando as penas dos crimes de frustração de direito assegurado por lei trabalhista e aliciamento de trabalhadores de um local para outro do território nacional (respectivamente, arts. 203 e 207 do CP). Sob outro aspecto, esse movimento faz com que o direito penal e o direito processual penal percam a forma. Quanto ao estatuto penal, os tipos incriminadores passar a ser descritos com a inclusão de normas elásticas e genéricas, enfraquecendo os princípios da legalidade e da tipicidade. No afã de 'combater' e 'extinguir' o delito, filosofia penal vencida e ultrapassada, novas leis são incessantemente editadas, o que Juary C. Silva denomina 'inflação legislativa' (*A Macrocriminalidade*, São Paulo, RT, 1980, p. 259) e Alberto Zacharias Toron, 'esquizofrenia legislativa'" (*Penas Alternativas*, p. 5).

15. Luiz Flávio Gomes, "Juizados Criminais: esplendor ou ocaso?", Boletim do *IBCCrim* 89, abril/2000.

16. Conforme salientam Jorge de Figueiredo Dias e Manuel da Costa Andrade, "as estruturas tradicionais de aplicação do Direito não resistiram à avalanche da massificação

vel da criminalidade[17] parece haver um consenso entre os criminologistas no sentido de que a Justiça Criminal precisa modernizar-se. Na busca por essa modernização aparece a idéia de um novo modelo de Justiça Criminal, com base no consenso,[18] separando-se a grande da média e da pequena criminalidade.[19] Também se tem buscado a solução do problema nos chamados "processos de descriminalização".

Diversos ordenamentos jurídicos europeus, inspirados no sistema norte-americano do *plea bargaining*, têm adotado soluções inovadoras com o intuito de chegar a uma Justiça Penal mais célere e mais efetiva, em atendimento aos anseios da comunidade.

Assim, na Itália vamos encontrar o instituto do *patteggiamento*; em Portugal, a "suspensão do processo"; e na Espanha, a "conformidade".

O legislador brasileiro, com a edição da Lei 9.099, introduzindo em nossa sistemática penal os Juizados Especiais Criminais, com importantes inovações, como a suspensão condicional do processo e a transação penal, dando, assim, cumprimento ao preceito do art. 98, I, da Constituição Federal de 1988, acabou por engajar-se na formulação de uma Justiça Criminal consensual, abrandando aquela característica altamente repressiva em relação aos delitos de pequena e média gravidade; assim, colocou em prática um dos mais avançados programas de despenalização do mundo (que não se confunde com descriminalização).[20]

Este diploma legal, ao estabelecer uma Justiça Criminal de consenso, inovou a ordem jurídica, rompendo com postulados tradicionais. Isso não pode ser olvidado no estudo de seus novos institutos

da criminalidade; fenômeno, de resto, comum a todas as sociedades contemporâneas e cuja extensão e gravidade parecem ser muito mais função do grau de desenvolvimento e de complexidade social do que dos supostos ideológicos subjacentes" (*Criminologia*, pp. 374-375).

17. Na lição de Antonio García-Pablos de Molina: "O objetivo último, final, de uma eficaz política de prevenção não consiste em erradicar o crime, senão em controlá-lo razoavelmente. O total extermínio da criminalidade e as cruzadas contra o delito são objetivos utópicos e ilegítimos que entram em conflito com a 'normalidade' do fenômeno delitivo e do seu protagonista" (*Criminologia*, 3ª ed., p. 370).

18. Sustenta Miranda Coutinho que nosso processo penal é essencialmente inquisitório, "em função da gestão da prova (Cordero) estar concentrada nas mãos do órgão detentor do poder" ("O papel ...", *Revista da Faculdade de Direito da UFPR* 31/47). Com esse novo modelo de Justiça Criminal, embasado no consenso, caminha-se na direção do sistema acusatório, na base da *common law*.

19. Teresa Armenta Deu, *Criminalidad de Bagatela y Principio de Oportunidad: Alemania e España*, pp. 23 e ss.

20. Ada Pellegrini Grinover *et al.*, *Juizados ...*, 2ª ed., p. 36.

INTRODUÇÃO   23

despenalizadores. Tudo dentro da moderna tendência rumo à deformalização do processo.[21]

A Lei 9.099, com suas medidas despenalizadoras, sobretudo a composição civil, a suspensão condicional do processo e a transação penal, assentadas fundamentalmente no consenso, coerente com tendências mundiais de adoção da prisão como última alternativa, implica marcante desburocratização da Justiça Criminal, produzindo, como já se pode perceber nestes anos de sua vigência, sensível diminuição do movimento forense e dando aos juízes mais tempo disponível para uma especial atenção à criminalidade de maior gravidade.[22]

Destacado será seu papel na luta contra a crescente criminalidade na medida em que, descongestionando o Judiciário[23] no tocante à

21. Ada Pellegrini Grinover *et al.* salientam: "Tudo isso, em última análise, inseria-se nas poderosas tendências rumo à deformalização do processo – tornando-o mais simples, mais rápido, mais eficiente, mais democrático, mais próximo da sociedade – e à deformalização das controvérsias, tratando-as, sempre que possível, pelos meios alternativos que permitem evitar ou encurtar o processo, como a conciliação" (*Juizados* ..., 2ª ed., p. 24).

22. No magistério de Ada Pellegrini Grinover *et al.*: "A Lei 9.099/1995, de 26.9.1995, como se percebe, inovou profundamente nosso ordenamento jurídico-penal. Cumprindo-se uma determinação constitucional (CF, art. 98, I), foi posto em prática (se bem que ainda de modo precário, em razão da não criação formal dos Juizados) um novo modelo de Justiça Criminal. É uma verdadeira revolução (jurídica e de mentalidade), porque quebrou-se a inflexibilidade do clássico princípio da obrigatoriedade da ação penal. Abriu-se no campo penal um certo espaço para o consenso. Ao lado do clássico princípio da verdade material, agora temos que admitir também a verdade consensuada. A preocupação central, agora, já não é só a decisão (formalista) do caso, senão a busca de solução para o conflito. A vítima, finalmente, começa a ser redescoberta, porque o novo sistema se preocupou precipuamente com a reparação dos danos. Em se tratando de infrações penais da competência dos Juizados Criminais, de ação privada ou pública condicionada, a composição civil chega ao extremo de extinguir a punibilidade (art. 74, parágrafo único). Em síntese, estão lançadas as bases de um novo paradigma de Justiça Criminal: os operadores do Direito (juízes, promotores, advogados, autoridades policiais etc.) estão desempenhando um novo papel: o de propulsores da conciliação no âmbito penal, sob a inspiração dos princípios da oralidade, informalidade, economia processual e celeridade (arts. 2º e 62)" (*Juizados* ..., 2ª ed., p. 38).

23. Fernando da Costa Tourinho Filho salienta que "era preciso abrir espaço para que os órgãos que integram a Justiça Penal pudessem dedicar-se mais aos graves problemas criados pelos crimes de elevado ou elevadíssimo poder ofensivo, como o homicídio, o estupro, o tráfico de drogas, o seqüestro, o crime organizado etc. Com as Varas Criminais enfrentando extraordinária sobrecarga de processos atinentes a infrações de menor e médio potencial ofensivo, pouco tempo era destinado aos juízes criminais, membros do Ministério Público e autoridades policiais para se dedicarem aos processos de maiores complexidades, tanto mais quando a pequena criminalidade não devia levar seus autores ao cárcere, verdadeira 'universidade do crime'" (*Comentários* ..., p. 4).

24 TRANSAÇÃO PENAL

pequena criminalidade, reverterá em satisfação das demais demandas relacionadas com a criminalidade de maior gravidade.[24]

Não se pode, no entanto, acreditar que a simples existência dos Juizados Especiais Criminais resolverá o grave problema da Justiça Criminal. Torna-se indispensável, sem dúvida, também a adoção de um amplo programa de descriminalização.[25] Reforça a assertiva a lição de René Ariel Dotti.[26]

Como quer que seja, as novas regras processuais introduzidas pela Lei 9.099, em especial no campo penal, consagrando "soluções informais e rápidas para as infrações de menor potencial ofensivo, com reserva do equipamento convencional para as soluções complexas – e menos céleres – dos delitos graves",[27] acabaram por depurar institutos, mantendo-se apenas o essencial à garantia dos direitos individuais e da ordem pública.[28] Atribuíram maior celeridade à Justiça Criminal, redimensionaram vários princípios penais e processuais penais. Aspectos marcantes da Lei 9.099/1995, e dignos de elogios,

24. V., no particular, o que escreveu José Renato Nalini: "O juiz, libertado dos milhares de processos derivados de ilicitudes leves, poderá dedicar-se à apuração das ilicitudes pesadas. A retribuição imediata pela pequena infração poderá coibir sua prática reiterada e também alertará o infrator de que o mesmo ocorrerá no concernente à infração mais grave. Condutas criminosas complexas, de repercussão ampliada na sociedade por sua repercussão em direitos e interesses de muitas pessoas – os crimes de colarinho branco, por exemplo –, poderão ser objeto de mais detida apuração e se reduzirá a impunidade" ("O juiz criminal e a Lei 9.099/1995", *RT* 744/446).

25. De fato – como assinala Luiz Flávio Gomes –, "a existência dos Juizados Especiais Criminais não pode constituir obstáculo para um amplo programa de descriminalização. Há muitas infrações de menor poder ofensivo que não têm mais nenhum sentido. São puras infrações administrativas. Isso não significa, entretanto, que os Juizados desaparecerão. Mas é bem provável que sua competência terá que ser redesenhada, atribuindo-se-lhes novas funções. Por exemplo: infrações de médio potencial ofensivo, que admitem suspensão condicional do processo" ("Juizados Criminais: ...", *Boletim do IBCCrim* 89/1).

26. Eis as suas palavras: "Diante da proliferação legislativa e da tendência evolutiva da criminalização e de neocriminalização de comportamentos ilícitos, que seriam muito melhor enfrentados pelas normas de direito administrativo (compreendendo as relações disciplinares, de consumo, do meio ambiente, financeiras etc.), surgem para os estudiosos e profissionais do Direito e da Justiça Criminais as dificuldades de interpretação, de aplicação e de efetividade das normas penais e processuais penais" ("Proposta ...", *Revista Brasileira de Ciência Criminal* 28/155).

27. José Renato Nalini, "O juiz criminal ...", *RT* 744/434.

28. Salienta Fátima Nancy Andrighi que: "A meta precípua da nova lei é a simplificação do processo, ensejando, como conseqüência, a celeridade da marcha das ações, a brevidade na conclusão das causas e a ausência de custo, o que, sem dúvida, são condições capazes de possibilitar a distribuição célere da justiça" ("Lei n. 9.099/1995, de 26 de setembro de 1995. Juizados Especiais Cíveis e Criminais", *Boletim do IBCCrim* 35/2).

INTRODUÇÃO 25

são a mitigação do princípio da obrigatoriedade e o escopo de reparar os danos sofridos pela vítima. A lei constitui importante instrumental de reforço ao combate à criminalidade e, por via reflexa, para recuperar o prestígio da Justiça Criminal, eis que acaba por consagrar o ideal de abreviar o lapso entre o cometimento do crime e a efetiva sanção.[29]

Embora, como já se disse, a ineficiência da Justiça Criminal seja decorrência muito mais de fatores sociais do que de legais, o certo é que esta situação serve de "desafio ao profissional de Direito para que, ainda que em nível de superestrutura, procure caminhos inovadores, rompendo com o conservadorismo que por muito tempo contaminou os processualistas penais".[30]

Assim, a Lei 9.099/1995 criou instrumentos que tornarão possível viabilizar, no campo jurídico, processos de despenalização, além de criar um novo modelo de Justiça Criminal, baseado, sobretudo, no consenso, na linha do pensamento jurídico moderno.[31]

Como diz Maurício Antônio Ribeiro Lopes: "Para além de alvissareiramente anunciar o moderno e socialmente útil, os Juizados Especiais sinalizam o ocaso do antiquado modelo napoleônico e formalista de distribuir justiça, que é um sistema de resposta única (pena de prisão, que o Estado persegue a todo custo) à conduta desviada".[32]

O legislador brasileiro não se preocupou em importar soluções de outros sistemas estrangeiros, embora neles se tenha inspirado para criar este sistema próprio de justiça consensual, "que não encontra paralelo no Direito Comparado".[33]

29. Como adverte José Renato Nalini, "o distanciamento entre os dois termos coincide com a impunidade, geradora da reiteração de condutas infracionais. Pois a falta de conseqüência prática para a atuação delitiva faz presumir a tolerância comunitária para com tais procedimentos. Estimulando os infratores e produzindo desalento para os atentados à ordem jurídica" ("O juiz criminal ...", *RT* 744/432).

30. Cf. Afrânio Silva Jardim, *Direito* ..., 9ª ed., p. 317.

31. Acentuou José Celso de Mello Filho que: "A Lei 9.099 importou em expressiva transformação do panorama penal vigente no Brasil, criando instrumentos destinados a viabilizar, juridicamente, processos de despenalização, com a inequívoca finalidade de forjar um novo modelo de Justiça Criminal, que privilegie a ampliação do espaço de consenso, valorizando, desse modo, na definição das controvérsias oriundas do ilícito criminal, a adoção de soluções fundadas na própria vontade dos sujeitos que integram a relação processual penal" (Inq. 1.055-3-AM, j. 24.4.1996, *apud* José Renato Nalini, "O juiz criminal ...", *RT* 744/430).

32. Maurício Antonio Ribeiro Lopes e Joel Dias Figueira Júnior, *Comentários à Lei dos Juizados Especiais Cíveis e Criminais*, 3ª ed., pp. 801-802.

33. Ada Pellegrini Grinover *et al.*, *Juizados* ..., 2ª ed., p. 29.

26 TRANSAÇÃO PENAL

Dentre os novos institutos despenalizadores, contudo, um deles parece de suma importância não só para o desafogo da Justiça Criminal como também, e principalmente, para "estimular o sentimento de responsabilidade pessoal do agente"[34] – qual seja, o da *transação penal*.

Assim, delimitando a abrangência do trabalho, cujo objeto é a *transação penal*, num primeiro momento (Capítulo 2) serão abordados aspectos gerais da Justiça Criminal, como a crise por que passa, o objeto e finalidade do direito penal, a criminalidade de bagatela e o direito penal mínimo, a finalidade do processo penal, os princípios da obrigatoriedade (ou da legalidade) e da oportunidade, os processos de descriminalização. A seguir abordar-se-ão, ainda dentro desse Capítulo 2, o consenso e a oportunidade, com análise das legislações norte-americana, italiana, portuguesa e espanhola.

No Capítulo 3 serão abordados alguns aspectos gerais da Lei 9.099/1995 necessários à compreensão e análise do tema principal do trabalho, que será objeto do Capítulo 4.

Finalmente, o novo instituto da *transação penal*. Serão objeto de análise questões fundamentais como seu conceito, características e natureza jurídica, hipóteses em que cabe, momento processual, as causas impeditivas, e sobretudo aquelas que maiores controvérsias têm suscitado entre os doutrinadores, relacionadas com a iniciativa da proposta e sua aceitação pelo autor do fato, com a natureza jurídica da sentença que a homologa e, sobretudo, com o descumprimento do acordo.

Tem sido este instituto objeto de inúmeros estudos, e tem gerado vivos e interessantes debates. A efetividade dos Juizados Especiais Criminais passa, sem dúvida, pela correta aplicação do instituto da *transação penal*, que constitui o eixo central desse novo modelo de Justiça Criminal. Esta a razão que orientou a escolha do tema, tendo em conta sua atualidade e importância.

_____

34. Maurício Antônio Ribeiro Lopes e Joel Dias Figueira Júnior, *Comentários* ..., 3ª ed., p. 604.

2

JUSTIÇA CRIMINAL:
CONFLITO E CONSENSO

2.1 A crise da Justiça Criminal. 2.2 O Direito como condição essencial à vida em sociedade. 2.3 O direito penal e sua finalidade. 2.4 Criminalidade de bagatela. 2.5 Princípio da intervenção mínima. 2.6 O processo penal e sua finalidade. 2.7 Princípios do processo penal (legalidade e oportunidade): 2.7.1 Princípio da legalidade – 2.7.2 Princípio da oportunidade. 2.8 Processos de descriminalização: 2.8.1 O "Informe sobre Descriminalização" – 2.8.2 O movimento despenalizador – 2.8.3 Descriminalização e despenalização – 2.8.4 Razões do processo despenalizador. 2.9 O consenso no processo penal. 2.10 O Direito Norte-Americano: o "plea bargaining": 2.10.1 Procedimento – 2.10.2 A negociação – 2.10.3 A confissão de culpa ("plea of guilty") – 2.10.4 O objeto da negociação – 2.10.5 Requisitos – 2.10.6 A importância da participação do advogado – 2.10.7 O controle judicial – 2.10.8 Críticas. 2.11 O Direito Italiano: "patteggiamento": 2.11.1 A aplicação da pena a pedido das partes: 2.11.1.1 Limites de aplicação – 2.11.1.2 O controle judicial. 2.12 O Direito Português: 2.12.1 A suspensão provisória do processo – 2.12.2 Procedimento sumaríssimo. 2.13 O Direito Espanhol: "la conformidad": 2.13.1 Características da "conformidad" – 2.13.2 Natureza jurídica – 2.13.3 Âmbito de aplicação do instituto – 2.13.4 Momento processual – 2.13.5 Controle judicial.

2.1 A crise da Justiça Criminal

Como já ficou dito, a crise da Justiça Criminal não é um fenômeno típico do Brasil. Ela se faz presente em todo o mundo contemporâneo e decorre de fatores múltiplos, igualmente já referidos.

Dentre tais fatores, um ganha relevo, em especial para o exame do tema deste trabalho – qual seja, o incremento de novos tipos de criminalidade em decorrência, principalmente, do avanço tecnológico e dos chamados *macrodelitos*,[1] ou criminalidade organizada.

Por sua vez, o surgimento destes novos tipos de criminalidade exige uma resposta jurídica a cada conduta desviada, abrangendo a criação de novos tipos penais – o que reflete diretamente no âmbito da Justiça Criminal, que se vê ainda mais assoberbada; o problema é agravado pela falta de uma melhor estrutura pessoal e técnica, o que a torna incapaz de fazer frente a essa demanda, levando à perda de confiança dos cidadãos.

Vêm-se os ordenamentos jurídicos, em face desta nova e preocupante realidade, diante da necessidade de se adequar a ela, não se limitando à criação de novos tipos penais, mas também aprimorando a Justiça Criminal, de forma a criar condições para que ela cumpra sua função primordial, que é tornar efetivo o direito penal.

O fenômeno do aumento da criminalidade atingiu, de forma dura, o processo penal, não preparado para esta nova realidade social.

A cidadania, descontente com o modelo de Justiça Criminal, considerado insatisfatório, passou a reclamar dos Poderes constituídos uma resposta forte, rápida e eficiente a suas demandas de tutela jurídica em face da criminalidade.

É sob esta "pressão popular" que se procura substituir aquele processo penal tradicional, fincado no princípio da obrigatoriedade, com uma política legislativa em que se dê espaço ao princípio da oportunidade.

Assim, ao lado do tradicional "espaço de conflito", marcado pela contrariedade e antagonismo, com total respeito a direitos e garantias constitucionais, surge o "espaço de consenso", vinculado à média e pequena criminalidade e voltado primordialmente para a ressocia-

---

1. Luís Alfredo Diego Díez, *Justicia Criminal Consensuada (Algunos Modelos del Derecho Comparado en los EE.UU.)*, p. 17.

JUSTIÇA CRIMINAL: CONFLITO E CONSENSO 29

lização do autor do fato,[2] em que se admite certa restrição a direitos constitucionais,[3] em respeito ao princípio da autonomia da vontade.

A Justiça Criminal clássica, hoje dita "de conflito" e reservada, pela moderna doutrina, aos delitos mais graves, sempre se assentou, basicamente, nos princípios do contraditório e da legalidade.

Já a Justiça Penal de consenso, resultante das recentes reformas processuais em vários ordenamentos jurídicos – revelando tendência irreversível –, tem por escopo evitar conflitos desnecessários, bem assim alcançar efetivamente a função ressocializadora da pena, caracterizando-se, fundamentalmente, pela mitigação do princípio da legalidade.

Assim, para as infrações penais mais graves a Justiça Penal conflituosa, com plena garantia. E para as infrações penais de menor gravidade a chamada "Justiça Penal de consenso", célere e despida de maiores formalidades – sem afastar as garantias, naturalmente.

2.2 O Direito como condição essencial
à vida em sociedade

A vida em sociedade só é possível com o estabelecimento de regras de conduta, a serem obrigatoriamente observadas, permitindo o convívio pacífico de todos. Limita-se a liberdade de cada um em benefício do todo. Esta a tarefa do Direito.[4]

A possibilitar a convivência humana há um conjunto de regras transmitidas pela tradição, cujo conjunto forma a chamada "ordem social". Fala-se, assim, num sistema geral de "controles sociais", cujos titulares são instituições de diversa natureza, como a família, a

2. Luiz Flávio Gomes, *Suspensão Condicional do Processo*, 2ª ed., p. 16.
3. Luiz Flávio Gomes fala num "recuo (leia-se: uso voluntariamente limitado) de certos direitos e garantias fundamentais assegurados pelo Estado Constitucional e Democrático de Direito, tais como o de igualdade de oportunidades, o de presunção de inocência, o da verdade real, o de ampla defesa, contraditório etc." (*Suspensão* ..., 2ª ed., p. 30).
4. Assinala José Frederico Marques que "a vida em sociedade, que é inclinação natural do Homem, exige um complexo de normas disciplinadoras que estabeleçam regras indispensáveis ao convívio dos indivíduos. Chama-se regra social àquela que uma sociedade elabora para fazer imperar o Direito e impor a seus membros a noção do justo e do injusto que nela predomina. Com a forma imperativa que lhe dá a comunidade política, a norma social assim elaborada adquire positividade jurídica, impondo-se à obediência de todos" (*Tratado de Direito Penal*, v. I, p. 19).

30 TRANSAÇÃO PENAL

escola, a igreja, as empresas, os sindicatos, as associações etc. A Justiça Penal é apenas uma parte desse sistema.[5]

Mas a ordem social não pode, por si só, assegurar essa convivência humana na comunidade. Completa-se e se reforça por meio da ordem jurídica. Titular da ordem social é a sociedade. E da ordem jurídica, o Estado.

As regras jurídicas – que o Estado impõe obrigatoriamente a todos como condição essencial à vida em sociedade – devem ser dotadas de sanção para a hipótese de não cumprimento, sob pena de se tornarem inócuas.

As sanções, por sua vez, variam de acordo com a gravidade e intensidade do descumprimento. Quanto mais grave a violação da regra de conduta, maior também a qualidade da sanção.

O ilícito, ontologicamente, é um só. A diferença entre suas várias modalidades é de grau.[6] O mais grave, por atingir de forma mais séria o equilíbrio social, é o ilícito penal. Daí sua sujeição a uma sanção igualmente mais grave, que é a pena criminal.[7]

O ramo do Direito que disciplina o ilícito penal é o direito penal, definido, em seu aspecto objetivo, por Giuseppe Maggiore como "el sistema de normas jurídicas, en fuerza de las cuales el autor de un delito (el reo) es sometido a una pérdida o disminución de sus derechos personales (pena)".[8]

Resta saber quais infrações a regras de conduta devem incidir sob a tutela do direito penal.

5. Hans-Heinrich Jescheck, *Tratado de Derecho Penal – Parte General*, v. 2, p. 4.

6. São de Giuseppe Maggiore as palavras que seguem: "Conviene, pues, reconocer que la distinción entre las dos especies de delito nos es intrínseca o sustancial, sino extrínseca y legal. Toca al legislador, según los criterios mudables del daño objetivo, de la alarma social, de la repetición, de lo irreparable o reparable del daño, de la forma de violación, de la insuficiencia de otras sanciones, establecer si un delito determinado debe ser reprimido penalmente, demarcar, podemos decir, en el campo de lo ilícito, una zona distinta, que es la del ilícito penal. Y hacer que la pena siga al ilícito penal, como retribución y expiación; y que al ilícito civil sigan las otras sanciones (nulidad, pérdida del derecho, revocación, rescisión, restitución, reparación, resarcimiento etc.), que toman el nombre de sanciones civiles" (*Derecho Penal*, v. I, p. 262).

7. Como assinala Cézar Roberto Bitencourt, "quando as infrações aos direitos e interesses do indivíduo assumem determinadas proporções, e os demais meios de controle social mostram-se insuficientes ou ineficazes para harmonizar o convívio social, surge o direito penal com sua natureza peculiar de meio de controle social formalizado, procurando resolver conflitos e suturando eventuais rupturas produzidas pela desinteligência dos homens" (*Manual de Direito Penal*, v. 1, p. 2).

8. *Derecho Penal*, v. I, p. 4.

JUSTIÇA CRIMINAL: CONFLITO E CONSENSO

2.3 O direito penal e sua finalidade

Importa, desde logo, estabelecer qual a função do direito penal. Em outras palavras, qual a finalidade da previsão da grave sanção penal para determinadas condutas desviadas dos preceitos impostos. De maneira geral, pode-se dizer que o fim do direito penal é a tutela de bens jurídicos que interessam sobremaneira ao equilíbrio social; mas uma tutela conjunta de bens jurídicos e valores éticos,[9] representando, também, uma proteção social contra o delito.[10]

Ou – como diz Jescheck – "misión del derecho penal es proteger la convivencia humana en la comunidad".[11]

Mas não são todos os bens jurídicos que devem ser tutelados pelo direito penal, senão apenas aqueles que representam valores fundamentais para a coletividade.[12]

Entre os doutrinadores pátrios, Heleno Cláudio Fragoso ensina que "a tutela jurídica que o direito penal exerce refere-se sempre a

---

9. Eugenio Raúl Zaffaroni, depois de analisar os dois posicionamentos básicos – segurança jurídica e segurança social – e a divergência sobre a tutela de bens jurídicos ou valores éticos, sustenta que é a tutela conjunta de bens jurídicos e valores éticos o objeto do direito penal. Mas chama a atenção para a polêmica: qual seria a tutela prioritária, dos bens jurídicos ou dos valores ético-sociais? Na primeira hipótese haveria predominância dos aspectos objetivos do delito, em especial o resultado. Na segunda, dos aspectos subjetivos, acentuando-se o desvalor ético da ação. Mas o mestre argentino conclui que este é um falso dilema. E, após distinguir o ético do moral, afirma: "Entendiendo de este modo a la Ética, no puede caber ninguna duda acerca de que todo el Derecho tiene una aspiración ética, puesto que todo el Derecho quiere regular la conducta humana en sociedad y conmina para que los hombres se adapten a sus regulaciones. Por ende, también, el derecho penal tiene una aspiración ética: aspira a evitar la comisión y repetición de acciones que afectan en forma intolerable los bienes jurídicos penalmente tutelados". E completa, mais adiante: "El fin de proveer a la seguridad tutelando bienes jurídicos es lo que asigna un límite racional a la aspiración ética del derecho penal: no se puede penar a la mujer que usa la falda 10 centímetros más larga o más corta, porque contraviene la moda o porque desagrada a las comadres del barrio que la atisban detrás de la ventana, pero se puede penar al que sale desnudo a la vía pública porque afecta el sentimiento de recato y reserva sexual de quienes se ven constreñidos a verle en tal estado" (Eugenio Raúl Zaffaroni, *Manual de Derecho Penal – Parte General*, p. 31).

10. Segundo Eugenio Cuello Calón o direito penal deve ocupar-se somente dos fatos "que afectan directa e íntimamente a la comunidad, hechos que lesionan gravemente intereses colectivos e individuales e que, en su mayoría, poseen un marcado tono de inmoralidad" (*Derecho Penal*, 16ª ed., t. I, p. 9).

11. *Tratado* ..., v. 2, p. 3.

12. Jorge de Figueiredo Dias, *Direito Penal, Sumários das Lições à 2ª Turma do 2º Ano da Faculdade de Direito de Coimbra*, p. 5.

32 TRANSAÇÃO PENAL

interesses da coletividade, mesmo quando se trata de bens cuja ofensa primariamente atinge o indivíduo (vida, patrimônio, honra etc.)".[13]

Como salienta Jorge de Figueiredo Dias, "ao direito penal compete primariamente uma função de protecção de bens e valores fundamentais da comunidade social, a fim de proporcionar as condições indispensáveis ao livre desenvolvimento e realização da personalidade ética do Homem".[14]

Em seguida, o ilustre professor da Faculdade de Direito da Universidade de Coimbra tira importantes conclusões, a saber: o direito penal está fundamentado na ética social, tem natureza fragmentária (pois a pena só é justificável como *ultima ratio*), e a necessidade é o fundamento de sua intervenção.

Porém, o poder punitivo do Estado não pode ser utilizado de forma absoluta, desordenada. Não se olvide que a Constituição Federal garante a liberdade humana de atuação. Conseqüentemente, as limitações impostas pelo direito penal devem ter por parâmetro a sua indispensabilidade para a proteção da sociedade.

O direito penal não pode intervir a qualquer perturbação da vida comunitária, mas somente quando necessária a tutela de seus valores fundamentais.[15]

Portanto, a missão do direito penal é a defesa da sociedade, resguardando-a dos ataques a determinados bens jurídicos – ataques, estes, que rompem perigosamente o equilíbrio social.

Ou, como diz Aníbal Bruno: "Fim do direito penal é, portanto, a defesa da sociedade, pela proteção de bens jurídicos fundamentais, como a vida humana, a integridade corporal do Homem, a honra, o patrimônio, a segurança da família, a paz pública etc., entendendo-se por bem jurídico, conforme o conceito de von Liszt, tudo o que pode satisfazer uma necessidade humana e, nesse sentido, é tutelado pelo Direito. São interesses fundamentais do indivíduo ou da sociedade, que, pelo seu valor social, a consciência comum do grupo ou das camadas sociais nele dominantes eleva à categoria de bens jurídicos, julgando-os merecedores da tutela do Direito, ou, em particular, da tutela mais severa do direito penal".[16]

---

13. *Lições de Direito Penal*, v. I, p. 5.
14. *Direito Penal.* ..., pp. 5-6.
15. Hans-Heinrich Jescheck, *Tratado* ..., v. 2, pp. 5 e ss.
16. *Direito Penal – Parte Geral*, t. I, p. 15.

JUSTIÇA CRIMINAL: CONFLITO E CONSENSO 33

Ocupa-se o direito penal, assim, com a tutela de valores ético-sociais e bens/interesses de relevo, mas sempre tendo em vista o interesse da coletividade como um todo. Mesmo quando tutela bens/interesses individuais o direito penal o faz em atenção ao todo social. Apenas por via indireta é que a tutela se refere ao interesse individual. O crime, em realidade, é um acontecimento que atenta contra o equilíbrio social.

Não há, assim, qualquer necessidade lógica e fundamental que exija a cominação de pena criminal a toda e qualquer conduta que infrinja um preceito legal. Ao contrário – na lição de Manzini –, de toda conveniência a diminuição de condutas sancionadas com a pena criminal.[17]

Realmente, é preciso liberar o direito penal de fatos insignificantes, deixando-o dedicado estritamente ao desenvolvimento de sua função protetora daqueles valores considerados fundamentais pela coletividade.[18]

2.4 Criminalidade de bagatela

A doutrina, de um modo geral, relaciona a criminalidade de bagatela aos fatos de escassa reprovabilidade,[19] que representam ataque a bem jurídico de menor importância,[20] sendo que sua maior incidên-

---

17. In Jaime Miguel Peris Riera, *El Proceso Depenalizador*, p. 20.

18. Aludindo à despenalização – e aplaudindo-a –, em alguns ordenamentos jurídicos, dos chamados "crimes sem vítima", como a prostituição e a homossexualidade, o que está ocorrendo na Alemanha e nos Países Nórdicos, Jaime Miguel Peris Riera justifica o processo dizendo que "hoy en día ya no se reconoce al Estado la carga de imponer ninguna clase de moral que deba regular el comportamiento de sus súbditos" . Porém, adverte ele: "Lo cierto es que en cada caso habrá que tener presentes las costumbres predominantes en la sociedad de que se trate porque – como muy bien se ha dicho – cuando en una colectividad se otorga importancia a valores específicos, emergen, alrededor de los mismos, concretos intereses, y esos intereses pueden convertirse inmediatamente en el objeto jurídico de un delito" (*El Proceso* ..., p. 16).

19. Luiz Flávio Gomes salienta que "a criminalidade de bagatela (no sentido que usamos a expressão no Brasil) encontra melhor disciplina no âmbito do princípio da insignificância (v. Carlos Vico Manas, 1994). Infração de menor potencial ofensivo não é a mesma coisa que infração de ofensividade insignificante. Aquela deve entrar no sistema penal (embora não justifique a prisão), esta deve ficar fora, porque não há ofensividade que justifique a intervenção penal" (Luiz Flávio Gomes, *Suspensão* ..., 2ª ed., p. 36).

20. Teresa Armenta Deu, *Criminalidad de Bagatela y Principio de Oportunidad: Alemania y España*, p. 23.

cia se dá nos crimes contra o patrimônio e no trânsito. Outra característica da criminalidade de bagatela, agora de natureza político-criminal – conforme Costa Andrade –, consiste "na dispensabilidade da pena do ponto de vista da prevenção geral se não mesmo sua inconveniência do ponto de vista da prevenção especial".[21]

Adverte Luiz Flávio Gomes para uma forte tendência metodológica de separar a "grande" da "pequena e média" criminalidade; esta última a criminalidade de bagatela, e a primeira a criminalidade de alta reprovabilidade. O ordenamento jurídico, por sua vez, deve prever para cada espécie de criminalidade reações próprias, não só quantitativa senão também qualitativamente distintas, com instrumentos e processos – procedimentos distintos. Ao lado do espaço de conflito (para a criminalidade grave), o espaço de consenso (para a criminalidade de bagatela).[22]

A chamada "criminalidade de bagatela" delineou-se na Europa como problema de índole geral e progressivamente crescente ocorrido a partir da I Guerra Mundial, e acentuado ao final da segunda confrontação, com o aumento considerável de delitos patrimoniais, como conseqüência do problema sócio-econômico gerado por aquelas guerras. Teresa Armenta Deu aponta como características da criminalidade de bagatela: a) sua escassa reprovabilidade; b) menor importância do bem jurídico lesado; c) habitualidade; d) maior incidência nos crimes de trânsito e contra o patrimônio.[23]

Com o tempo, o aumento considerável destes crimes de bagatela acabou acarretando uma sobrecarga na administração da Justiça, sobretudo nos ordenamentos jurídicos que não tinham disciplina processual específica para estes delitos menores. O fenômeno, por outro lado, passou a gerar uma desvalorização do direito penal, porque os delitos, embora de pequena gravidade, atingiam grande parcela da população, e a punição acabava não vindo com a celeridade necessária, pois a Justiça Criminal não estava aparelhada para enfrentar esta nova situação; a ausência de punição, ou sua demora, praticamente eliminava a função ameaçadora da pena. Por outro lado, ainda que se considere a falta de importância do delito de bagatela, tomado em

---

21. In Luiz Flávio Gomes, *Suspensão* ..., 2ª ed., p. 22.

22. Luiz Flávio Gomes, "Tendências político-criminais quanto à criminalidade de bagatela", *Revista Brasileira de Ciências Criminais*, número especial de lançamento, p. 89.

23. *Criminalidad de Bagatela* ..., pp. 23-24.

JUSTIÇA CRIMINAL: CONFLITO E CONSENSO   35

sua individualidade, o certo é que sua massificação acabou por gerar apreensão, a exigir a busca de soluções para este tipo de criminalidade.

Aventaram-se, então, algumas soluções, destacando-se o encurtamento dos processos, com a exclusão, em alguns casos, até mesmo da própria participação dos órgãos jurisdicionais, e a descriminalização, com o estabelecimento de reações penais mais suaves diante de tais crimes.[24]

Luiz Flávio Gomes, após referir-se a Krumpelman, renomado estudioso desta matéria na Alemanha, acaba por conceituar o crime de bagatela como "a infração que individualmente considerada produz lesão ou perigo de lesão de escassa repercussão social, razão pela qual não se justifica uma 'reação' jurídica grave (como a prisão, por exemplo)".[25]

Essa "criminalidade de bagatela", muito freqüente e intensa, acaba por sobrecarregar, de modo brutal, a administração da Justiça Criminal. Além disso, elimina a eficácia ameaçadora da pena (prevenção geral), tendo em conta o grande número de infrações que não chegam a ser apuradas convenientemente (a chamada "cifra negra").

O certo é que esta criminalidade de bagatela exige (quando realmente exige) disciplina jurídica específica, diversa daquela dispensada aos crimes de maior gravidade. Aliás, como já ficou dito, o que se nota, hoje, é uma nítida tendência metodológica de separar a "grande" da "pequena e média" criminalidade, prevendo-se normatização processual diversa para cada espécie.

2.5 Princípio da intervenção mínima

É no campo fértil da "criminalidade de bagatela" que o princípio da intervenção penal mínima vem encontrando marcante aceitação nos países mais adiantados.

Partindo do pressuposto que o direito penal deve mesmo ser reservado apenas e tão-somente para a punição de fatos de maior gravidade, que atingem bens jurídicos de maior relevo, e com maior intensidade, tem prevalecido na doutrina moderna o chamado "princípio da intervenção penal mínima".

---

24. Teresa Armenta Deu, *Criminalidad de Bagatela* ..., pp. 24-25.
25. "Tendências político-criminais ...", *Revista Brasileira de Ciências Criminais*, número especial de lançamento, p. 91.

Como salienta Luiz Flávio Gomes: "Nesse campo pode-se falar num verdadeiro 'novo horizonte político-criminal', conduzido por idéias como 'informalidade, cooperação, consenso, oportunidade, eficácia e celeridade, não publicidade, diversão e ressocialização'; trata-se da implantação de um novo modelo de solução de conflitos baseado no consenso e muito mais próximo de um Estado de Direito material e social que o clássico modelo conflitivo, vinculado ao Estado de Direito *tout court*".[26]

É este princípio que orienta e limita o poder incriminador do Estado.[27] Pode ser encarado sob um ponto de vista *positivo*, no sentido de que através dele se obteria uma aplicação mais igualitária do direito penal, evitando-se a impunidade de alguns privilegiados, que se têm beneficiado de uma intervenção penal "abaixo do mínimo"; e sob um ponto de vista *negativo*, consistente em cortar o excesso de punição.[28]

A tutela penal, portanto, deve abranger apenas aqueles valores considerados, em determinado momento histórico, mais relevantes pela sociedade, e, ainda assim, dos ataques que se apresentem mais intoleráveis. Daí o caráter fragmentário do direito penal,[29] que não sanciona todas as condutas lesivas a bens jurídicos, mas somente aquelas que representam maior perigo para o equilíbrio social.

Assinala Maurício Antônio Ribeiro Lopes que "o princípio da intervenção mínima visa a restringir a incidência das normas incri-

---

26. "Tendências político-criminais ...", *Revista Brasileira de Ciências Criminais*, número especial de lançamento, p. 93.

27. Cézar Roberto Bitencourt ensina que: "O princípio da intervenção mínima, também conhecido como *ultima ratio*, orienta e limita o poder incriminador do Estado, preconizando que a criminalização de uma conduta só se legitima se constituir meio necessário para a proteção de determinado bem jurídico. Se outras formas de sanção ou outros meios de controle social revelarem-se suficientes para a tutela desse bem, a sua criminalização é inadequada e não recomendável. Se para o restabelecimento da ordem jurídica violada forem suficientes medidas civis ou administrativas, são estas que devem ser empregadas e não as penais" (*Manual* ..., v. 1, p. 31).

28. Luiz Flávio Gomes, *Suspensão* ..., 2ª ed., p. 18.

29. Na lição de Jaime Miguel Peris Riera, "al actuar, el derecho penal no lo hace en todos los ámbitos del ordenamiento jurídico sino que se encarga de proteger solamente determinados valores; en concreto, aquellos valores que son considerados por la sociedad como los más relevantes, y más en concreto; todavía, no protege a estos valores más relevantes de cualquier ataque que pudieran sufrir sino sólo de aquellos que se presenten como más intolerables. Por ello, se ha dicho que el derecho penal presenta carácter fragmentario, porque no sanciona todas las conductas lesivas de bienes jurídicos sino sólo las modalidades de ataques más peligrosos para ellos" (*El Proceso Depenalizador*, p. 46).

JUSTIÇA CRIMINAL: CONFLITO E CONSENSO 37

minadoras aos casos de ofensas aos bens jurídicos fundamentais, reservando-se para os demais ramos do ordenamento jurídico a vasta gama de ilicitudes de menor expressão em termos de dano ou de perigo de dano. A aplicação do princípio resguarda o prestígio da ciência penal e do magistério punitivo contra os males da exaustão e da insegurança a que conduz a chamada inflação legislativa".[30]

Além disso, levando-se em conta os princípios orientadores de uma adequada política criminal, no sentido de que a sanção penal deve ser a *ultima ratio*, pode-se dizer que o direito penal tem, também, um caráter subsidiário.

Luigi Ferrajoli, depois de aludir ao parâmetro benthamiano e beccariano da "máxima finalidade dividida entre o maior número", tido como o tipo de utilitarismo comum a todas as doutrinas do fundamento preventivo da pena, aponta a necessidade de se recorrer a um segundo fundamento para uma adequada doutrina da justificação externa e, ao mesmo tempo, dos limites do direito penal: além do máximo bem-estar possível dos não desviados, também o mínimo mal-estar necessário para os desviados.

Isso – prossegue ele – demonstra que o fim de prevenir delitos não serve para fixar limite máximo às penas, mas somente o limite mínimo, sem o quê a sanção, "como dijo Hobbes, no es ya una 'pena' sino una 'tasa' totalmente carente de capacidad disuasoria". Por isso, há outro tipo de finalidade da pena que deve ser ajustado ao princípio da pena mínima, a saber, a prevenção não dos delitos, mas de outro tipo de mal antitético, que é a maior reação – informal, selvagem, espontânea, arbitrária, punitiva mas não penal – que a falta de penas poderia gerar a partir da parte ofendida ou de forças sociais ou institucionais solidárias com ela. Assim, o segundo e fundamental fim justificador do direito penal seria impedir que este mal, de que seria vítima o réu, ocorra. Daí por que a pena não serve apenas para "prevenir los injustos delitos, sino también los castigos injustos; que no se amenaza con ella y se la impone solo *ne peccetur*, sino también *ne punietur*; que no tutela sólo a la persona ofendida por el delito, sino también el delincuente frente a las reacciones informales, públicas o privadas". "Y, a diferencia del de la prevención de los delitos, este fin es también idóneo para indicar, en razón de su homogeneidad con el medio, el límite máximo de la pena por encima del cual no se justifica el que sustituya a las penas informales".

30. "Alternativas para o direito penal e o princípio da intervenção mínima", *RT* 757/407.

E o penalista italiano completa, mais adiante: "Puede decirse sin embargo que la pena está justificada como mal menor – lo que es tanto como decir sólo si es menor, o sea, menos aflictivo y menos arbitrario – respecto a otras reacciones no-jurídicas que es lícito suponer que se producirían en su ausencia; y que, más en general, el monopolio estatal de la potestad punitiva está tanto más justificado cuanto más bajos sean los costes del derecho penal respecto a los costes de la anarquía punitiva".[31]

Nélson Hungria, seguindo uma tradição européia, ao salientar que somente quando a sanção civil se apresenta ineficaz para a reintegração da ordem jurídica é que se justifica a enérgica sanção penal, de certa forma já estava a antever a teoria da intervenção penal mínima.[32]

Portanto, relativamente à chamada "criminalidade de bagatela" deve prevalecer a adoção do princípio da intervenção penal mínima, naquele sentido negativo, evitando-se o excesso de intervenção do sistema legal.[33]

O ordenamento jurídico dispõe de inúmeras opções para fazer valer seus preceitos. Há as sanções civis, as administrativas e as criminais. Estas sanções, outrossim, devem ser aplicadas conforme a maior ou menor gravidade da conduta lesiva. A pena criminal, como se sabe, importa sacrifício e importantes restrições aos direitos do autor do fato – direitos, estes, cujo respeito e garantia é função do Estado; conseqüentemente, só se justifica tal sacrifício quando necessário à paz e à conservação sociais, ou seja, à própria defesa dos direitos e garantias individuais, que constituem a base de todo regime democrático.

Assim, uma conduta somente deve ser tipificada como ilícito penal quando não possa ser conveniente e eficazmente tutelada por outro modo (sanções civis ou administrativas).[34] Somente os ataques mais intoleráveis aos bens jurídicos considerados fundamentais para

31. Luigi Ferrajoli, *Derecho y Razón. Teoría del Garantismo Penal*, pp. 331-336.

32. *Comentários ao Código Penal*, v. VII, p. 178.

33. Luiz Flávio Gomes, *Suspensão* ..., 2ª ed., p. 19.

34. Eis, a respeito da questão, as palavras de Jaime Miguel Peris Riera:"Una conducta no debe ser incriminada cuando el bien que se trata de proteger con su incriminación puede ser tutelado de otro modo, ya sea dentro del ámbito civil o dentro del ámbito administrativo, porque la elección de la sanción penal debe presuponer en todo caso que los objetivos que con ella se persiguen no sea posible alcanzarlos a través de otro tipo de sanciones: a la tutela penal se debe recurrir sólo en el caso de la ineficacia de otras formas de tutela ya que, de otro modo, se puede incurrir en una eficacia vana o en una desvalorización de la sanción penal" (*El Proceso Depenalizador*, p. 46).

JUSTIÇA CRIMINAL: CONFLITO E CONSENSO 39

a coletividade, como já ficou dito, é que devem ser penalizados. E assim mesmo quando a proteção a tais ataques somente seja possível, eficazmente, através do direito penal, não sendo suficientes outras medidas de controle, mais moderadas e menos gravosas para o cidadão e para a sociedade. O direito penal não pode ser um mero remendo de incipientes desajustes sociais, mas sim o último recurso da comunidade.[35] Nisso consiste, em síntese, a doutrina da *extrema ratio* do direito penal.

Aliás, o direito penal mínimo tem por fundamento três constatações irrefutáveis: "a) a falência da ideologia do tratamento ressocializador e das prisões (v. Cervini, 1993, pp. 21 e ss.; v. ainda Cézar Bitencourt, 1993); b) o elevadíssimo custo da operacionalização do sistema penal, que, pelo que representa socialmente em termos de 'benefícios', ostenta mais efeitos negativos que positivos (v. Cervini, 1993, pp. 39 e ss.); c) a deslegitimação do sistema em virtude de sua inerente e irremediável seletividade e discriminatoriedade, seja frente ao 'selecionado', seja diante da vítima (v. Zaffaroni, 1990)".[36]

Este princípio da intervenção penal mínima tem sido o principal condutor da moderna tendência descriminalizadora no campo da criminalidade de pequena ou média gravidade (no chamado "espaço de consenso").[37]

Merecem menção as palavras de René Ariel Dotti: "Trata-se de uma via intermediária entre as posições extremadas do movimento de lei e de ordem, que prega a imposição das penas de morte e de prisão perpétua e o maior endurecimento do processo, e do movimento abolicionista, que advoga a supressão do Direito e a extinção dos juristas".[38]

Não se há de confundir, no entanto, o *princípio da intervenção mínima* com o *princípio da insignificância*, "cunhado pela primeira vez por Claus Roxin em 1964, que voltou a repeti-lo em sua obra *Política Criminal y Sistema del Derecho Penal*, partindo do velho adágio latino *minima non curat praetor*", de vez que "a insignificân-

---

35. Raúl Cervini, *Los Procesos de Decriminalización*, 2ª ed., p. 165.

36. Luiz Flávio Gomes, *Suspensão ...*, 2ª ed., p. 99.

37. Como salienta Luiz Flávio Gomes, "neste campo 'conflitivo', ajuda muito pouco – o que não significa que 'não ajuda nada' – a moderna tendência descriminalizadora, baseada no princípio da intervenção mínima do direito penal" (*Suspensão ...*, 2ª ed., p. 31).

38. "A reforma do processo penal", *RT* 714/499.

40 TRANSAÇÃO PENAL

cia da ofensa afasta a tipicidade. Mas essa insignificância só pode ser valorada através da consideração global da ordem jurídica. Como afirma Zaffaroni, 'a insignificância só pode surgir à luz da função geral que dá sentido à ordem normativa e, conseqüentemente, à norma em particular, e que nos indica que esses pressupostos estão excluídos de seu âmbito de proibição, o que resulta impossível de se estabelecer à simples luz de sua consideração isolada'".[39]

2.6 O processo penal e sua finalidade

A função do processo penal é tornar efetivo o direito penal, "de modo que la sanción prescrita en la ley pueda alcanzar efectivamente al trasgresor".[40] Em outras palavras, possibilitar a punição dos autores de crimes, desde que comprovada a culpabilidade.[41] O que pode atuar no processo penal é o chamado *ius puniendi* do Estado.[42]

Realmente, Joaquim Canuto Mendes de Almeida, após aludir à solidariedade funcional, no processo, de ação e jurisdição, completa dizendo que "seu fim comum é a efetividade coativa do Direito, que, sendo direito penal e, portanto, público, importa o dever da ação pública".[43]

---

39. Cézar Roberto Bitencourt, *Manual* ..., v. 1, pp. 45-46.

40. Cf. Giuseppe Maggiore, *Derecho Penal*, v. I, p. 44.

41. Partindo-se do pressuposto de que o processo penal tem por meta descobrir a *verdade real*, a introdução de soluções consensuadas nos procedimentos penais faz com que essa *verdade real* somente possa ser alcançada casualmente, visto como o objetivo do processo passa a ser a obtenção de uma condenação aceita pelo acusado, independentemente de que o fato que sustenta a acusação tenha ou não ocorrido realmente. A finalidade mesma do processo penal, nesta hipótese, passa a ser uma *verdade consensual* (cf. Leopoldo Puente Segura, *La Conformidad en el Proceso Penal Español*, p. 15).

42. "Explica el profesor Almagro Nosete que en el Estado Democrático Social y de Derecho el *jus puniendi* constituye una potestad exclusiva de naturaleza pública, y de titularidad estatal, cuyo origen ha de hallarse en el derecho de defensa, que corresponde primariamente a la persona y secundariamente a la sociedad, para repeler las agresiones ilegítimas contra las reglas elementales de la convivencia y obtener las reparaciones adecuadas" (Leopoldo Puente Segura, *La Conformidad* ..., p. 7). Por sua vez, eis a lição, a respeito do tema, de Rogério Lauria Tucci: "O poder-dever de punir encontra-se, sempre, estreitamente relacionado com a realização do bem comum, que se traduz, em sua mais simples expressão, no convívio dos indivíduos, membros da comunhão social, em paz e liberdade. O respeito à liberdade, destarte, integra a própria essencialidade do poder-dever de punir, que se faz exclusivo do Estado, justamente por dever ser ele o guardião-mor das garantias individuais" ("Processo penal e direitos humanos no Brasil", *RT* 755/465).

43. *Processo Penal. Ação e Jurisdição*, p. 101.

JUSTIÇA CRIMINAL: CONFLITO E CONSENSO 41

Mas ao Estado de Direito não basta condicionar a efetividade do *jus puniendi* à demonstração, em um processo, da culpabilidade do autor do fato. É necessário, também, dotar esse processo de garantias assecuratórias de direitos fundamentais do réu, como pessoa humana e cidadão.

Assim, a finalidade do processo penal não se resume na efetividade do direito penal. Vai além, pois tem a finalidade, também, de garantir o cidadão frente ao arbítrio do Poder Público. Daí as garantias do devido processo legal, da presunção de inocência etc.

Na verdade, a função judicial no processo penal persegue diversos fins. Num primeiro momento a atividade processual tende a descobrir a verdade real do fato imputado, ou "a reconstituição histórica do crime, a fim de formar o convencimento do julgador".[44] Esta a finalidade imediata ou próxima. Mas o processo penal não é um instrumento exclusivo para lograr o castigo do culpado. Constitui – isto, sim – um instrumento de que se utiliza o Estado para investigar a verdade do fato e fazer atuar em concreto o direito penal. Mas constitui também um instrumento de defesa do cidadão contra o arbítrio do Estado. Há, pois, a tutela de interesse público não só na averiguação da verdade, para que a lei penal possa atuar de forma justa, como também pela defesa da liberdade e dos interesses individuais; além da tutela dos interesses da vítima, quando sofre dano tutelado pela lei civil.[45]

Para atingir esta finalidade específica o processo penal dispõe de regras procedimentais, as quais se assentam, fundamentalmente, em alguns princípios.

Dentre os princípios que animam o processo penal assim configurado, dois deles se digladiam quanto à atuação do órgão do Estado incumbido da persecução penal: o da obrigatoriedade (ou legalidade) e o da oportunidade. Nos sistemas regidos pelo princípio da obrigatoriedade o órgão estatal incumbido da acusação não goza de qualquer discricionariedade. Não tem a disponibilidade da ação penal. Assim, "presentes as condições da ação, deve exercitá-la, ainda que

44. Jacinto Nelson de Miranda Coutinho, "Introdução aos princípios gerais do processo penal brasileiro", *Revista da Faculdade Mineira de Direito* 2/79, ns. 3 e 4.

45. Cf. Alfredo Vélez Mariconde, *Derecho Procesal Penal*, t. II, pp. 97 e ss.. Eis como o professor da Universidade de Córdoba conclui o tema: "En definitiva, pues, la función judicial tutela, simultáneamente, intereses autónomos por la verdad, la justicia y la defensa de la libertad personal y de los bienes individuales que el Derecho protege abstractamente" (p. 100).

42 TRANSAÇÃO PENAL

não exista previsão expressa na lei".[46] Até como conseqüência do monopólio estatal do *jus puniendi*.[47] O mesmo não ocorre nos sistemas em que prevalece o princípio da oportunidade, quando aquele órgão do Estado tem a total disponibilidade da ação penal.

Os defensores do princípio da oportunidade baseiam-se em considerações que se podem incluir na denominação genérica de "utilidade pública" ou "interesse social". Assim, fazem referência a delitos que produzem ínfima lesão social, em relação aos quais não há qualquer interesse em sua persecução. Também se invoca a possibilidade de se propiciar à vítima uma rápida reparação pelo dano sofrido com o crime, com a desistência do exercício da ação penal. Evitar os efeitos criminógenos das penas privativas de liberdade de curta duração e diminuir a carga de trabalho dos tribunais são outras das razões invocadas em sua defesa.

2.7 Princípios do processo penal (legalidade e oportunidade)

Reveste-se de inegável importância o estudo dos princípios gerais do processo penal, porque eles "dão sentido à multidão das normas, orientação ao legislador e permitem à Dogmática não apenas explicar, mas verdadeiramente compreender os problemas do direito processual penal e caminhar com segurança ao encontro da sua solução".[48]

Realmente, a ciência processual moderna fixou certos preceitos fundamentais que dão forma e caráter aos sistemas processuais. Alguns deles são comuns a todos os sistemas. Outros vigem somente em certos ordenamentos jurídicos. Desta forma, cada sistema processual se calca em determinados princípios, o que os particulariza.[49]

46. Jacinto Nelson de Miranda Coutinho, "Introdução ...", *Revista da Faculdade Mineira de Direito* 2/77.

47. José Laurindo de Souza Netto, *Processo Penal. Modificações da Lei dos Juizados Especiais Criminais*, 1ª ed., p. 28.

48. Cf. Jorge de Figueiredo Dias, *Direito Processual Penal*, v. 1, p. 113.

49. Dizem Antônio Carlos de Araújo Cintra *et al.*: "Através de uma operação de síntese crítica, a ciência processual moderna fixou os preceitos fundamentais que dão forma e caráter aos sistemas processuais. Alguns desses princípios são comuns a todos os sistemas; outros vigem somente em determinados ordenamentos. Assim, cada sistema processual se calca em alguns princípios que se estendem a todos os ordenamentos e em outros que lhe são próprios e específicos" (Antônio Carlos de Araújo Cintra, Ada Pellegrini Grinover e Cândido Rangel Dinamarco, *Teoria Geral do Processo*, 18ª ed., p. 50).

JUSTIÇA CRIMINAL: CONFLITO E CONSENSO 43

O processo penal, da mesma forma que o civil, é eminentemente dialético. Através dele procura-se chegar à verdade, por uma série de atos processuais. O debate que nele se instaura deve ser necessariamente um debate ordenado e com igualdade dè oportunidades entre as partes. Esta circunstância leva a assinalar uma série de princípios que o regulam.[50]

O próprio texto constitucional começa por impor ao legislador ordinário alguns destes princípios. Assim, ninguém pode ser condenado sem o devido processo (CF, art. 5º, LIV); a todos os acusados são assegurados o contraditório e a ampla defesa (art. 5º, LV); presume-se a inocência até o trânsito em julgado da sentença condenatória (art. 5º, LVII). São princípios processuais constitucionais a serem obrigatoriamente seguidos pelo legislador ordinário.

Os princípios gerais do processo penal são agrupados por Jorge de Figueiredo Dias em quatro espécies: a) princípios relativos à promoção processual; b) princípios relativos à prossecução processual; c) princípios relativos à prova; e d) princípios relativos à forma. Dentre os primeiros (promoção processual) aponta os princípios da oficialidade, da legalidade e da acusação. Dentre os segundos (prossecução processual), os princípios da investigação, do contraditório e audiência, da suficiência e as questões prejudiciais e o da concentração. Dentre os terceiros (prova), os princípios da investigação ou da verdade material, da livre apreciação da prova e o do *in dubio pro reo*. Por último, dentre os quartos (forma), os princípios da forma, da publicidade e da oralidade e imediação.[51]

Em nosso Direito, Jacinto Nelson de Miranda Coutinho os agrupa em: a) princípios relativos aos sistemas processuais (inquisitivo e dispositivo); b) princípios relativos à jurisdição (da imparcialidade, do juiz natural, da indeclinabilidade e da inércia da jurisdição); c) princípios relativos à ação (da oficialidade e da obrigatoriedade ou legalidade); d) princípios relativos ao processo (do contraditório, da verdade material e do livre convencimento).[52]

Júlio Fabbrini Mirabete, por seu turno, faz alusão aos princípios do estado de inocência, do contraditório, da verdade real, da oralidade, da publicidade, da obrigatoriedade, da oficialidade, da indisponibili-

---

50. Cf. Eduardo J. Couture, *Fundamentos del Derecho Procesal Civil*, p. 181.
51. Jorge de Figueiredo Dias, *Direito Penal*, ..., pp. 115 e ss.
52. "Introdução ...", *Revista da Faculdade Mineira de Direito* 2/65 e ss.

44 TRANSAÇÃO PENAL

dade do processo, do juiz natural, da iniciativa das partes e do impulso oficial.[53]

Dada a íntima correlação com os temas tratados neste trabalho, limitar-nos-emos a abordar os princípios da legalidade e da oportunidade.

2.7.1 Princípio da legalidade

Diga-se, de início, que a doutrina, de um modo geral, usa as expressões "princípio da obrigatoriedade" e "princípio da legalidade" como sinônimas para se referir ao dever que tem o Ministério Público de exercer a ação penal condenatória pública. Preferível, no entanto – como salienta Afrânio Silva Jardim –, a denominação "princípio da legalidade", "a fim de tornar mais claro que o dever legal de o Ministério Público exercitar a ação penal é, na verdade, uma decorrência do próprio princípio da legalidade, que, numa perspectiva mais ampla, informa a atuação dos órgãos públicos no chamado Estado de Direito".[54]

Segundo este princípio,[55] praticada uma infração penal, e estando presentes as condições da ação, obriga-se o órgão estatal (Ministério Público, em nosso caso) a promover a ação penal respectiva, objetivando tornar efetivo o *jus puniendi* do Estado.[56]

Realmente, com a prática do crime nasce o *jus puniendi* do Estado. Contudo, como esse direito é de coação indireta, não é auto-executável, exige um pronunciamento judicial para concretizar-se, o que se dá através do processo penal. É a regra *nulla poena sine judicio*, segundo a qual não se pode aplicar qualquer sanção sem o devido processo penal e sentença judicial,[57] consagrada no art. 5º, LIV, da

---

53. *Processo Penal*, pp. 41 e ss.

54. *Ação Penal Pública – Princípio da Obrigatoriedade*, 3ª ed., p. 48.

55. Na lição de José Laurindo de Souza Netto: "A doutrina de um certo modo é unânime em afirmar que o fundamento do princípio da legalidade se situa na ideologia do Estado de Direito, de limitação (subsunção) dos Poderes Públicos à lei, em respeito aos direitos do cidadão" (*Processo Penal.* ..., 1ª ed., p. 27).

56. Conforme salienta Leopoldo Puente Segura, "un sistema procesal estará así regido por el principio de legalidad cuando el proceso penal haya de ser incoado necesariamente tan pronto se obtenga la *notitia criminis*, sin que el Ministerio Fiscal venga autorizado a solicitar el sobreseimiento, en tanto subsistan los presupuestos materiales que lo hayan provocado, viniendo además obligado a solicitar la condena en los términos legalmente previstos cuando del resultado de las pruebas practicadas aparezca acreditada la responsabilidad del acusado" (*La Conformidad* ..., p. 8).

57. Cf. José Laurindo de Souza Netto, *Processo Penal.* ..., 1ª ed., p. 27.

JUSTIÇA CRIMINAL: CONFLITO E CONSENSO 45

Constituição Federal: "ninguém será privado da liberdade ou de seus bens sem o devido processo legal".

De fato, como já ficou dito, os bens jurídicos considerados fundamentais para o equilíbrio social são tutelados pelo direito penal, sob a grave sanção da pena criminal, porque a infração penal agride um valor social relevante. E o processo penal é a única forma admitida pelo Estado de Direito para tornar efetivo o *jus puniendi*, que pertence ao Estado, o qual – no dizer de José da Costa Pimenta – "nasce independentemente da vontade dos particulares. É ao Estado, através do Ministério Público, seu órgão especializado, que, adquirida a *notitia criminis*, compete o impulso inicial do processo".[58]

Assim, tratando-se de crime de ação penal pública incondicionada, e estando presentes os pressupostos legais,[59] está o Ministério Público[60] obrigado a persegui-lo, intentando a ação penal.[61] Fica excluída, pois, qualquer possibilidade de condicionar a decisão a questões de conveniência e oportunidade de persecução no caso concreto.[62]

---

58. *Introdução ao Processo Penal*, p. 109.

59. Na lição de Afrânio Silva Jardim: "Para o regular exercício do direito de ação penal, exigem-se a legitimidade das partes, o interesse de agir, a possibilidade jurídica do pedido e a justa causa (suporte probatório mínimo que deve lastrear toda e qualquer acusação penal). São as chamadas condições da ação, que, na realidade, não são condições para a existência do direito de agir, mas condições para o seu regular exercício. Por ser abstrato, o direito de ação existirá sempre. Sem o preenchimento destas condições mínimas e genéricas, teremos o abuso do direito trazido ao plano processual. Às três condições que classicamente se apresentam no processo civil, acrescentamos uma quarta: a justa causa, ou seja, um lastro mínimo de prova que deve fornecer arrimo à acusação, tendo em vista que a simples instauração do processo penal já atinge o chamado *status dignitatis* do imputado. Tal arrimo de prova nos é fornecido pelo inquérito policial ou pelas peças de informação, que devem acompanhar a acusação penal (arts. 12, 39, § 5º, e 46, § 1º, do CPP)" (*Ação Penal Pública* – ..., 3ª ed., p. 36).

60. É ainda Afrânio Silva Jardim quem nos ensina que, "partindo-se da correta premissa estabelecida pelo grande Calamandrei de que 'el Estado defiende con la jurisdicción su autoridad de legislador', destina-se a legitimação ativa para a *persecutio criminis in judicio*'ao Ministério Público, em alguns países de forma exclusiva, em outros outorgando-se legitimação extraordinária ao ofendido para casos específicos, pois não mais se discute que o *jus puniendi* (poder-dever de punir) é da sociedade política e juridicamente organizada" (*Ação Penal Pública* – ..., 3ª ed., p. 49).

61. Na lição de Jorge de Figueiredo Dias: "A atividade do Ministério Público desenvolve-se, em suma, sob o signo da estrita vinculação à lei (daí falar-se em princípio da legalidade) e não segundo considerações de oportunidade de qualquer ordem, *v.g.*, política (*raison d'État*) ou financeira (custas)" (*Direito Processual Penal*, v. 1, pp. 126-127).

62. Salienta Teresa Armenta Deu: "Se afirma, en tal sentido, que es dicho principio el que mejor garantiza la legalidad estricta de la justicia punitiva, correspondiendo a toda época histórica preocupada fundamentalmente por la constitución del Estado de Derecho y de las garantías del mismo" (*Criminalidad de Bagatela* ..., p. 189).

46 TRANSAÇÃO PENAL

Por outro lado, se o Estado é o titular deste *jus puniendi*. nada mais justo e correto que a legitimação ativa para o exercício da ação penal seja concedida a um órgão do Estado – no caso, o Ministério Público. E a esse órgão não é dado perquirir, para o exercício deste direito, razões de conveniência e oportunidade.[63]

O Ministério Público, portanto, está obrigado a promover a ação penal sempre que estiverem presentes os seus pressupostos – fáticos e jurídicos, substanciais e materiais –, sem qualquer dose de discricionariedade.[64]

A obrigatoriedade de propor a ação penal, no entanto, não impede que o promotor, após a colheita de provas, concluindo pela inocência do acusado, peça sua absolvição. Com isso não está, em absoluto, violando o princípio da legalidade.[65]

Contudo, durante o curso do processo não pode o órgão incumbido da acusação dispor de seu conteúdo – o que é diferente do pedido final de absolvição, se as provas caminharem no sentido da inocência do acusado –, em face do princípio da indisponibilidade, mas a

63. Silva Jardim, depois de dizer que "é princípio assente no Direito que a ninguém é dado dispor do que não lhe pertence, mormente em se tratando de valores sociais absolutamente relevantes", completa, mais adiante: "Grande parte da doutrina mais autorizada enfatiza que o princípio da obrigatoriedade do exercício da ação penal pública é, sob certo aspecto, um consectário lógico do princípio da oficialidade da ação penal condenatória. Em outras palavras: se a aplicação do direito penal depende da atuação dos órgãos públicos, devem eles agir inarredavelmente" (*Ação Penal Pública* – ..., 3ª ed., pp. 49-50).

64. Jorge de Figueiredo Dias nos ensina que "o Ministério Público está obrigado a proceder e dar acusação por todas as infracções de cujos pressupostos – factuais e jurídicos, substantivos e processuais – tenha tido conhecimento e tenha logrado recolher, na instrução, indícios suficientes. Não há pois lugar para qualquer juízo de oportunidade sobre a promoção e prossecução do processo penal, antes esta se apresenta como um dever para o Ministério Público, uma vez dadas as seguintes condições: a) existência de pressupostos processuais (*v.g.*, competência) e inexistência de obstáculos processuais (*v.g.*, imunidade); b) punibilidade do comportamento segundo o direito penal substantivo (*v.g.*, ilicitude, culpa, condições objetivas de punibilidade); c) conhecimento da infracção (art. 165º do CPP) e existência de indícios suficientes (art. 349º) ou prova bastante (a contrario dos arts. 345º do CPP e 26º do Decreto-lei n. 35.007), que fundamentam a acusação" (*Direito Processual Penal*, v. 1, p. 126).

65. De fato, na lição de Afrânio Silva Jardim: "O Ministério Público atua inicialmente como órgão acusador do Estado, submisso ao princípio da obrigatoriedade do exercício da ação penal pública. Ao depois, diante da prova produzida, deve pugnar livremente pela correta aplicação da lei ao caso concreto, funcionando como *custos legis*, já que o Estado não tem qualquer interesse de ver acolhida uma pretensão punitiva que se demonstre como injusta, seja na sua essência, seja na sua quantidade" (*Ação Penal Pública* – ..., 3ª ed., p. 26).

JUSTIÇA CRIMINAL: CONFLITO E CONSENSO 47

toda evidência a partir da mesma matriz de legalidade, vinculadora dos órgãos públicos e seu agir.[66]

Jacinto Nelson de Miranda Coutinho, depois de aludir à relatividade desta indisponibilidade, e que ela se refere ao processo e não à ação, diz que, "em *ultima ratio*, indisponível, para a doutrina, na realidade, é o dito *jus puniendi*, o qual não pode ser objeto de acordo entre as partes. Mas, ainda assim, em um sentido de aplicação, positivo, isto é, a punição é vedada na esfera extrajudicial". Porque na ação penal privada a atitude de disposição do querelante é tão significativa que, mesmo querendo o Estado punir, não poderá fazê-lo se assim aquele não o desejar. Desta forma, mesmo não tendo uma disposição direta sobre o *jus puniendi*, o certo é que o querelante pode reduzi-lo a um nada. Há, ainda – como lembra o autor –, aquela situação do promotor que não recorre da sentença absolutória em processo instaurado em ação penal pública, sendo certo que da sentença ao trânsito em julgado há processo, e, conseqüentemente, conteúdo. Daí por que – conclui ele – a indisponibilidade não é total.[67]

Mas, voltando ao princípio da obrigatoriedade (ou legalidade), é preciso salientar que o aludido autor, com muita propriedade, em seu trabalho sobre os princípios do processo penal, observa que, na prática, a subjetividade na análise do caso concreto acaba por gerar um certa relativização do princípio, o que vai de encontro à idéia de um processo penal democrático, com o objetivo primordial de atender ao interesse público.[68]

66. Como salienta Fernando da Costa Tourinho Filho: "A rigor, o princípio da indisponibilidade significa e traduz para o Ministério Público não poder dispor do conteúdo material do processo, isto é, da *res in judicio deducta*" (*Processo Penal*, v. 1, p. 43).

67. Jacinto Nelson de Miranda Coutinho, *A Lide e o Conteúdo do Processo Penal*, pp. 130-131.

68. Realmente, "é preciso ressaltar que a obrigatoriedade de o Ministério Público promover a acusação, nos casos de ação pública, não está colocada de forma absoluta, uma vez que só se obtém a tutela jurisdicional, quando do exercício da ação, se presentes as chamadas questões prévias, incluídas aí as condições da ação e os pressupostos processuais analisáveis no juízo de admissibilidade". Mais adiante prega uma relativização do princípio, após transcrever lição do professor Jorge de Figueiredo Dias: "Relativização, assim, a fim de se atender ao interesse público, não implica admitir a sua manipulação. Por óbvio, pode-se a ela chegar por mera constatação: sendo as condições da ação requisitos exigidos pela lei (art. 43 c/c art. 18, ambos do CPP), abre-se, às escâncaras, um largo espaço à exegese, à adequação objeto/regra, à relação semântica. O intérprete, então, passa a ter papel fundamental, porque é imenso o espaço a ser preenchido pela subjetividade. Nesse passo, como parece sintomático, o Direito depende dos homens; e não das leis. E é justamente deles que se espera o sentimento de

48 TRANSAÇÃO PENAL

O princípio da legalidade representa uma garantia, ao menos formal, de que os órgãos públicos atuarão em todos os casos em que o monopólio da ação penal é do Estado, tornando efetivo o princípio da igualdade.[69]

O princípio da obrigatoriedade, portanto, é conseqüência direta do fato de haver o Estado assumido o monopólio do *jus puniendi*.[70]

Diga-se, ainda, haver equívoco naquelas manifestações que vêem na possibilidade de arquivamento do inquérito policial pelo órgão do Ministério Público uma mitigação ao princípio da legalidade. Porque o dever de agir do Ministério Público na ação penal pública está subordinado ao preenchimento de certos pressupostos legais. O dever de agir só existe quando presentes tais pressupostos. Na ausência deles, outro caminho não lhe resta que não o pedido de arquivamento.[71]

2.7.2 Princípio da oportunidade

Oposto ao da legalidade, o princípio da oportunidade comete ao órgão encarregado da persecução penal uma dose de discricionariedade, permitindo-lhe opção entre o ajuizamento ou não da ação penal. Trata-se de uma "exceção e ao mesmo tempo um complemento do princípio da legalidade processual".[72]

Na lição de Armenta Deu os partidários da vigência absoluta do princípio da legalidade obedecem a uma concepção kantiana do direito penal, segundo a qual a função do Estado, para alcançar a justiça no

justiça, da qual, por sinal, são promotores" (Jacinto Nelson de Miranda Coutinho, "Introdução ...", *Revista da Faculdade Mineira de Direito* 2/78-79).

69. Teresa Armenta Deu, *Criminalidad de Bagatela* ..., pp. 186-187.

70. Como salienta Afrânio Silva Jardim, "absolutamente certo, pois, o professor Canuto Mendes de Almeida quando escreveu que os interesses tutelados pelas normas penais são, sempre, eminentemente públicos, sociais, motivo pelo qual a sua atuação é imposta ao Estado não como simples faculdade, mas como obrigação funcional de realizar um dos fins essenciais de sua própria constituição, qual seja, a manutenção e reintegração da ordem jurídica" (*Ação Penal Pública* – ..., 3ª ed., p. 51).

71. Completa Afrânio Silva Jardim: "Destarte, se falta uma condição para o regular exercício da ação ou se a lei cria outro obstáculo intransponível, não há obrigatoriedade no sentido de o Ministério Público manifestar a pretensão punitiva, muito pelo contrário, deve requerer o arquivamento. Não surgindo o dever de agir, não se coloca a questão da obrigatoriedade da ação penal" (*Ação Penal Pública* – ..., 3ª ed., p. 54).

72. Luiz Flávio Gomes, *Suspensão* ..., 2ª ed., p. 43.

JUSTIÇA CRIMINAL: CONFLITO E CONSENSO   49

campo criminal, é perseguir e castigar todo fato delituoso (teoria absoluta do direito penal).[73]

Já os defensores do princípio da oportunidade costumam apoiálo em considerações que podem ser englobadas sob a denominação genérica de "utilidade pública"ou "interesse social". Assim, há delitos que produzem escassa lesão social, sendo mínimo o interesse da sociedade na persecução de seus autores – tudo a justificar, no fim das contas, o não exercício do *jus puniendi*. Além disso, sua adoção traz a possibilidade de estimular a rápida reparação à vítima, além de evitar o efeito criminógeno das penas privativas de liberdade de curta duração. Ainda, permite a obtenção da recuperação do delinqüente, submetendo-o a atividades voluntárias de readaptação.[74]

Juan Montero Aroca, depois de dizer que se as razões de utilidade pública e de interesse social, apontadas como fundamento do princípio, efetivamente se concretizassem seria justificável sua implantação, anota que a busca que se faz, com tal princípio, é evitar os efeitos criminógenos das penas privativas de liberdade de pequena duração e obter a reinserção social do delinqüente, mediante sua submissão voluntária a um procedimento de readaptação. Contudo, alerta ele para uma desvirtuação do direito penal. De fato, a tipificação de condutas é resultado daquilo que uma determinada sociedade entende, num determinado momento histórico, como um atentado a seus interesses gerais, a necessitar de uma resposta penal. Se assim é, ao se admitir que o Ministério Público, discricionariamente, exercite ou não a ação penal, peça uma pena distinta ou inferior àquela legalmente prevista para o delito cometido, ou encerre o processo antes de seu julgamento, estar-se-ia caindo na perversão de todo o sistema material penal.[75]

Dai a importante observação que faz: "Lo más grave del caso es que todo el esfuerzo del legislador penal, las decisiones políticas adoptadas al tipificar una conducta y al señalarse una pena pueden quedar privadas de sentido y en virtud de una norma no-penal por la que se

---

73. Eis suas palavras: "Para los partidarios de la primera posición, la vigencia absoluta del principio de legalidad, sin posible excepción, obedece a una concepción kantiana del derecho penal, hoy en día superada, y tendente a considerar la función del Estado en dicho ámbito como obtención de la justicia a través de la persecución y castigo de todo hecho delictivo (la llamada teoría absoluta del derecho penal)" (Teresa Armenta Deu, *Criminalidad de Bagatela* ..., p. 60).

74. Cf. Leopoldo Puente Segura, *La Conformidad* ..., pp. 8-9.

75. Juan Montero Aroca, *Principios del Proceso Penal. Una Explicación Basada en la Razón*, pp. 73-78.

50   TRANSAÇÃO PENAL

autorice al Ministerio Público a disponer de la aplicación de ese derecho penal en los casos concretos. Si la norma que establezca el principio de oportunidad hubiera de calificarse de procesal, se llegaría al contrasentido de que todo el Código Penal quedaría sujeto en su aplicación a una norma procesal penal, a una única norma, con la cual podría decirse que quedan vacías de contenido todas las normas materiales penales".[76]

Dentro desta perspectiva, o princípio da oportunidade significaria o reconhecimento da incapacidade do legislador penal para adequar as condutas típicas às reais necessidades da coletividade.

Contudo, alguns dos defensores do princípio da oportunidade, abandonando a idéia de que ele pressupõe um avanço científico, batem-se por considerações de outra ordem. O Poder Judiciário deve utilizar-se da melhor maneira possível dos limitados recursos pessoais e materiais de que dispõe para o cumprimento de suas funções. A experiência demonstra que na grande maioria dos países o número de crimes cometidos supera – e em muito – o número de processos criminais que podem ser conduzidos pelos órgãos do Poder Judiciário. Isso acarreta um atraso considerável na prestação jurisdicional, eliminando por completo o efeito dissuasório e de reabilitação da pena criminal. Há, pois, uma necessidade prática de adequação da Justiça Criminal à realidade. O que combina com aqueles fins de utilidade pública e interesse social que fundamentam politicamente o princípio da oportunidade.[77]

Na lição de Jorge de Figueiredo Dias, "o princípio da oportunidade não deixou de ser olhado com alguma simpatia, até o momento em que certas experiências totalitárias revelaram o enorme perigo que nele se continha (quando elevado à categoria de princípio geral do processo penal) para as garantias fundamentais do cidadão".[78]

Segundo Armenta Deu, como o princípio da oportunidade se apresenta como oposto ao da legalidade, ou elemento flexibilizador deste último, que tem como inequívoco destinatário o Poder Público, também ele – o princípio da oportunidade – tem o mesmo âmbito de aplicação, a saber, as faculdades ou limites dos Poderes Públicos.[79] Por isso – prossegue – não se pode considerar como manifesta-

76. Idem, ibidem, p. 79.

77. Cf. Juan Montero Aroca, *Principios del Proceso Penal.* ..., pp. 73 e ss.

78. *Direito Processual Penal*, v. 1, pp. 129-130.

79. Neste sentido também a lição de Luiz Flávio Gomes, para quem "o princípio da oportunidade, encarado restritivamente, está sempre vinculado, desde a perspectiva

JUSTIÇA CRIMINAL: CONFLITO E CONSENSO 51

ção do princípio da oportunidade a opção que o ordenamento jurídico oferece, em determinados delitos, às vítimas, para a sua persecução.[80]

É por isso que se não integram no conceito do princípio da oportunidade institutos como o da ação penal privada, ou da ação penal pública condicionada.[81]

O que leva o Estado, em determinados delitos, a condicionar o exercício da ação penal à representação do ofendido, ou deixar a atividade persecutória à própria vítima, ou seus representantes, são considerações de outra ordem. De fato, às vezes há uma colisão de

subjetiva, com o Ministério Público e com o juiz (em regra, é este quem determina o arquivamento, atendendo a solicitação daquele), e, desde a perspectiva objetiva, com suas atribuições dentro do processo penal, impostas pelo princípio da legalidade. Para completar esses conceitos só resta acrescentar que essa faculdade de arquivamento só vem sendo admitida em casos de 'escassa relevância ou reprovabilidade social' e/ou falta de interesse público na persecução" (*Suspensão* ..., 2ª ed., p. 46).

80. São de Armenta Deu as seguintes palavras a respeito do tema: "Por todo ello, el principio de oportunidad se plantea como opuesto al de legalidad o como correlativo o, simplemente, corrector o elemento de flexibilización de éste. En definitiva, si el principio de oportunidad se perfila – como parece – en relación dialéctica con el de legalidad, su ámbito riguroso de aplicación ha de ser necesariamente el mismo: las facultades y límites de los Poderes Públicos. No cabe por tanto considerar una manifestación del principio de oportunidad – pues no supone modificación alguna del de legalidad que afecta a los Poderes Públicos – la opción que el ordenamiento pueda ofrecer a una persona para instar o no la persecución de un delito. No es un poder público el que se trata de regular evitando así su arbitrariedad sino que obedece – como se verá – a consideraciones de otra índole. En definitiva, resulta adecuado hablar del principio de legalidad en el marco del derecho público, donde nace su concepto, se desarrolla su doctrina y cumple una misión específica de garantía para los particulares. En un sentido estricto, pues, el principio de oportunidad – con independencia ahora de la concepción que sobre el mismo se mantenga – debe venir referido al fiscal y al órgano jurisdiccional. No en cuanto a aquellos delitos, según el ejemplo citado, cuya persecución viene atribuida – al menos en su inicio – a los perjudicados por el delito. Sometido su funcionamiento a principios propios del marco privado (principio dispositivo), conduce a confusión hablar, en dichos supuestos, de manifestaciones del principio de oportunidad" (*Criminalidad de Bagatela* ..., pp. 185-186).

81. Também neste sentido a lição de Juan Montero Aroca: "Este pretendido principio lo que supone exactamente es reconocer al titular de la acción penal la facultad para disponer, bajo determinadas circunstancias, de su ejercicio con independencia de que se haya acreditado la existencia de un hecho punible cometido por un autor determinado. Hay que advertir, inmediatamente, que cuando se habla del 'titular de la acción penal' se está haciendo referencia al Ministerio Público, con lo qué la oportunidad lo es sólo para el órgano incardinado o en la órbita del Poder Ejecutivo, que es el Ministerio Público". E, mais adiante: "La oportunidad no se refiere a los particulares y a su poder de disposición del proceso penal, sino que antes al contrario la oportunidad pretendida lleva a auspiciar bien la supresión bien la limitación de la acusación en manos de los ciudadanos" (*Principios del Proceso Penal.* ..., pp. 71-72).

52 TRANSAÇÃO PENAL

interesses entre a exigência de repressão ao crime e o interesse da própria vítima, de tal forma que o Estado, atendendo ao fato de que a conduta atinge mais diretamente a esfera íntima da vítima, prefere deixar a esta o exercício da persecução penal.[82]

Como se percebe, tanto na ação penal pública condicionada a representação do ofendido como na ação penal privada, embora não se possa negar a discricionariedade – em seu sentido mais amplo – da vítima ou de seu representante legal na decisão de exercer ou não a ação penal ou o direito de representação, não se pode ver manifestação do princípio da oportunidade, que se dirige especificamente àqueles órgãos públicos.[83]

Luiz Flávio Gomes, depois de anotar que a doutrina majoritária hodierna não se insurge contra o princípio da oportunidade de forma absoluta, mas reclama – isto, sim – a total independência do Ministério Público em relação ao Executivo, bem assim a limitação de seu poder discricionário, com previsão taxativa das hipóteses em que pode ocorrer o arquivamento do caso, aponta como objetivos a serem alcançados pela sua utilização os seguintes: "a) oferecer uma solução de natureza processual (e econômica) para o problema do controle da criminalidade de menor ou médio potencial ofensivo; b) desburocratização, aceleramento e simplificação da Justiça Criminal; c) evitar a imposição de qualquer 'pena' e do seu efeito anti-socializante (assim como o próprio processo, a condenação, os antecedentes etc.) nesta criminalidade de relativa importância; d) permitir que a Justiça Criminal cuide com maior atenção da criminalidade de maior importância; e) impedir o incremento da pequena e média criminalidade; f) permitir a realização da moderna política criminal

---

82. Conforme salienta Damásio E. de Jesus, "em certos crimes, a conduta típica atinge tão seriamente o plano íntimo e secreto do sujeito passivo que a norma entende conveniente, não obstante a lesividade, seja considerada a sua vontade de não ver o agente processado, evitando que o bem jurídico sofra outra vez a lesão por meio do *strepitus fori*. Há uma colisão de interesses entre a exigência de repressão do sujeito ativo e a vontade da vítima de que a sociedade não tome conhecimento do fato que lesionou a sua esfera íntima. Nestes casos, em consideração ao segundo interesse, o Estado permite que a conveniência do exercício da ação penal seja julgada pela vítima ou seu representante legal" (Damásio Evangelista de Jesus, *Direito Penal*, v. 1, p. 650).

83. Jorge de Figueiredo Dias, corroborando a assertiva, diz, a respeito do princípio da legalidade, que "ele contém a directiva, dirigida ao titular público da acusação, de que exerça os poderes que a lei lhe confere sem atentar no estado ou nas qualidades da pessoa, ou nos interesses de terceiros – ressalvadas, naturalmente, as limitações derivadas dos pressupostos processuais ou de condições de aplicabilidade do próprio direito penal substantivo" (*Direito Penal, ...*, pp. 128-129).

JUSTIÇA CRIMINAL: CONFLITO E CONSENSO   53

baseada na intervenção mínima do direito penal; g) permitir uma maior utilização da chamada 'justiça pactuada ou consensuada', em que o sujeito assume algumas responsabilidades jurídicas (reparação dos danos em favor da vítima, por exemplo) que ocupam o lugar da 'pena', sem as desvantagens desta; e h) assegurar, de modo rápido e descomplicado, o acesso à Justiça da vítima do delito, desfazendo-se a nada abonadora imagem generalizada de que o Judiciário é de difícil acesso, moroso, caro etc.".[84]

Nesse rumo, pelo estabelecimento de limitações ao princípio da legalidade, a lição de Jorge de Figueiredo Dias: "Uma coisa, porém, é o princípio geral da oportunidade – hoje praticamente fora de questão –, outra diferente a existência de limitações ao princípio da legalidade no sentido da oportunidade, ou mesmo a consagração, para certos domínios limitados e sob certas possibilidades de controle, do princípio da oportunidade. Aceitam ainda hoje a via das limitações legislações como a alemã e a italiana, a via da consagração limitada da oportunidade legislações como a francesa, a belga, a holandesa, a japonesa, a israelita e, sobretudo, a inglesa e a americana".[85]

Uma das críticas mais fortes ao princípio da oportunidade relaciona-se com o perigo de eliminar o efeito cominatório da sanção penal, pois sua aplicação faria desaparecer a segurança jurídica implícita na certeza de que o órgão estatal irá perseguir todos aqueles que infringirem a lei penal, em termos de absoluta igualdade.[86]

Outra crítica – nem tanto ao princípio em si, mas ao seu alcance – relaciona-se com a total independência que ele consagra ao Ministério Público; prega-se, então, uma limitação do poder discricionário atribuído ao órgão oficial incumbido da persecução penal, com previsão taxativa das hipóteses em que se admite o arquivamento do caso.[87]

---

84. *Suspensão* ..., 2ª ed., p. 47
85. *Direito Processual Penal*, v. 1, p. 130.
86. Tereza Armenta Deu, *Criminalidad de Bagatela* ..., p. 196.
87. É ainda Teresa Armenta Deu quem salienta: "Importante precisión en estas y otras definiciones es la limitación que se efectúa en cuanto a la determinación legal del número de casos en que cabe otorgar tal facultad discrecional. Lo contrario, sostienen los autores, conduciría a que el fiscal pudiera determinar por sí qué hechos son perseguibles y cuales no, con clara intromisión en funciones que sólo corresponden al legislador penal y consecuente violación del derecho material, la igualdad ante la ley, los principios de prevención general y el principio de legalidad penal" (*Criminalidad de Bagatela* ..., p. 65).

54 TRANSAÇÃO PENAL

As novas tendências da política criminal, com o prestígio do princípio da intervenção mínima, bem assim o estágio atual da doutrina relativa à finalidade da pena,[88] tudo acrescido à utilidade prática, decorrente da necessidade de se aliviar a sobrecarga na administração da Justiça, estão a indicar a necessidade de concessões ao princípio da oportunidade – o que acabou ocorrendo, no Brasil, com a Lei 9.099/1995.

2.8 Processos de descriminalização

2.8.1 O "Informe sobre Descriminalização"

No período de 8 a 12 de maio de 1973, em Bellagio, Norte da Itália, província de Como, reuniram-se os maiores expoentes do mundo em ciências penais, penitenciárias e criminológicas para tratar de um tema de grande importância: a *descriminalização*.

Os relatórios e os debates ali desenvolvidos constituíram, sem dúvida, a semente deste movimento renovador, que se apresenta como uma lufada de ar fresco sobre a política criminal e a dogmática penal de nossos tempos.[89]

Algum tempo depois, mais precisamente em 1980, em Estrasburgo, foi dado conhecimento ao público do "Informe sobre Decriminalización", elaborado no seio do "Comitê Europeu sobre Problemas da Criminalidade", onde se unifica todo um sistema conceitual, cujas raízes se encontram exatamente nos relatórios e debates havidos naquela reunião de Bellagio.[90]

Sem dúvida, reveste-se de grande importância a unificação dos discursos e dos conceitos, tomando-se como referencial uma adequada partida teórica, sempre que se reformulam institutos jurídicos. Exatamente o caso da Lei 9.099/1995. E isso ocorreu entre nós, ainda que

---

88. Como assinala Claus Roxin, "con el rechazo, al menos parcial, en el derecho penal, de las teorías absolutas o retributivas sobre la pena y el ingreso masivo de teorías utilitarias para legitimar la pena y acordarte su fin, el principio de legalidad pierde todo sustento ideológico, al contrario, es precisamente la utilidad, como fin y fundamento legitimante de la pena, la regla que justifica el principio opuesto: la oportunidad" (*Strafuerfahrensrecht*, Munique, C. H. Beck, 1987, p. 68, *apud* Júlio B. J. Maier, *Derecho Procesal Penal Argentino*, t. I, p. 533).

89. Raúl Cervini, *Los Procesos ...*, 2ª ed., p. 19.

90. Raúl Cervini, idem, ibidem.

JUSTIÇA CRIMINAL: CONFLITO E CONSENSO   55

timidamente, com várias reuniões de estudiosos, sobretudo magistrados e membros do Ministério Público, para o compartilhamento de
experiências e uniformização de procedimentos relacionados com
os Juizados Especiais Cíveis e Criminais. Como exemplo os Encon-
tros Nacionais de Coordenadores de Juizados Especiais, o sétimo
deles realizado na cidade de Vila Velha, Espírito Santo, de 24 a 27 de
maio de 2000.

2.8.2 O movimento despenalizador

A doutrina moderna tem-se insurgido contra o "alargamento"
do campo de incidência do direito penal, naquilo que o professor
Franco Bricola chama de *proceso de inflación penal*,[91] que, iniciado
com a mudança do Estado Absoluto para o Estado Constitucional,
tinha por fim submeter toda e qualquer forma de punição penal ao
império de certas garantias, tidas por fundamentais. Este processo de
"inflação penal" foi objeto de críticas tanto dos clássicos como dos
positivistas. Os primeiros denunciando o excessivo recurso a sanções penais para a disciplina de setores estranhos ao campo de competência do direito penal, e os segundos assinalando o efeito paradoxal
desta expansão, que acabava ativando uma verdadeira espiral crimi-
nógena, multiplicando de modo artificial as infrações e ampliando o
insensato desenvolvimento das penas de breve duração.

Para isso tem concorrido, sem dúvida, o apontado fracasso do
processo de tratamento ressocializador do delinqüente – na lição de
Raúl Cervini[92] –, cujo objetivo era sua reabilitação. É certo que esta
assertiva é contestada por Antonio García-Pablos de Molina, que admite apenas um "escasso êxito" deste tratamento ressocializador: "A
suposta ineficácia de todo tratamento é outra falácia que só alimenta
a virtualidade de conhecidas 'profecias', assim como de círculos vicio-
sos. Urge enfrentar a evidência científico-empírica do escasso êxito.
Cabe questionar, desde logo, a viabilidade de um determinado tratamento reabilitador, ou a de qualquer intervenção em certos casos ou
grupos de infratores. Mas negar, de antemão, a possibilidade de se levar
a cabo uma intervenção positiva e benéfica na população reclusa, cienti-
ficamente programada, é tanto como negar a realidade diária".[93]

---

91. Jaime Miguel Peris Riera, *El Proceso Depenalizador*, "Prólogo", p. VII.
92. *Los Procesos* ..., 2ª ed., p. 19.
93. *Criminologia*, 3ª ed., p. 431.

56 TRANSAÇÃO PENAL

Embora não se possa deixar de reconhecer que nunca se tentou realmente levar a sério esse processo de ressocialização do delinqüente, podendo-se mesmo dizer que isso foi uma estratégia de governos que nunca quiseram gastar um vintém com ele, o certo é que, na prática, não se têm conseguido resultados.

Diante desse fracasso ou "escasso êxito" do processo ressocializador – e, em contraposição –, o procedimento da despenalização, tido como o motivo condutor da política criminal de nosso tempo,[94] e a concepção do direito penal como *extrema ratio*, são perspectivas unidas entre si, contribuindo para reduzir a área do ilícito penal.[95]

Num primeiro momento a despenalização caracterizou-se como um movimento para conversão de certas infrações penais em infrações administrativas.[96] Implicava, pois, uma transformação do ilícito penal em ilícito não penal; em outras palavras, a retirada da carga penal de um determinado ilícito. Ao fundamento de que a conduta despenalizada não tem relevo suficiente para justificar a incidência da grave sanção penal.

Contudo – como observa Raúl Cervini –, "no obstante, que si bien la tendencia decriminalizadora es abiertamente dominante en el panorama doctrinario, en el terreno legislativo, por el contrario, muchos países desarrollados participan actualmente de una orientación crecientemente represiva que se traduce en un aumento del número de conductas punibles".[97]

Há, portanto, uma aberta contradição entre os postulados da doutrina e a atividade legislativa.

94. Cf. Franco Brícola, no "Prólogo" da obra de Jaime Miguel Peris Riera, *El Proceso Depenalizador*, p. VII.

95. Franco Brícola, no "Prólogo" da obra de Jaime Miguel Peris Riera, *El Proceso Depenalizador*, assinala que: "El proceso de transformación del ilícito penal en ilícito administrativo (depenalizado) aparece, por ello, oscilando entre estas dos perspectivas: una primera que tiende a modelar, por razones de garantía del ciudadano, el ilícito administrativo sobre el tipo del ilícito penal (y en este sentido aparece, aún cuando sea con algunos claroscuros, orientada la reciente Ley penal italiana n. 689, de 1981, en el intento de formular una parte general del ilícito depenalizado), una segunda que, consciente de las peculiaridades del ilícito administrativo, tiende a diferenciar éste bajo el perfil sea de las técnicas de tutela sea de las garantías sustanciales y procesales" (p. IX).

96. Jaime Miguel Peris Riera salienta que: "En una primera aproximación, la depenalización es un movimiento consistente en la conversión de determinadas infracciones penales en infracciones administrativas cuando se considera que el ataque al ordenamiento jurídico, que presuponen dichas infracciones, no tiene una relevancia tal como para justificar la adopción de una medida penal" (*El Proceso Depenalizador*, p. 7).

97. *Los Procesos ...*, 2ª ed., p. 164.

JUSTIÇA CRIMINAL: CONFLITO E CONSENSO

Jaime Miguel Peris Riera, endossando o magistério de Paliero, ensina que na atualidade assiste-se a um fenômeno, presente na generalidade dos sistemas jurídicos ocidentais, chamado de "hipertrofia penal", consistente num aumento exagerado da esfera de abrangência penal.[98]

É certo que o desenvolvimento social cria novas formas de condutas que agridem a ordem jurídica, a demandar a criação, também, de novos tipos penais. Mas o direito penal deve ser reservado apenas para os casos que efetivamente necessitem da sanção penal.[99]

A instauração do Estado de Direito, em substituição ao Estado de Polícia, como já se viu, levou à tipificação penal certas condutas consideradas meras infrações administrativas. Tinha início, então, um movimento "pendular",[100] penalizando-se condutas tidas, até então, com caráter de ilícito meramente administrativo.

Essa era considerada a única fórmula capaz de garantir o particular frente ao arbítrio da Administração, porque até então as infrações administrativas eram sancionadas pela própria autoridade de quem emanava o ato, em um procedimento administrativo em que se não asseguravam as mínimas garantias aos particulares. Assim, penalizando a conduta, asseguravam-se ao particular as garantias típicas da Justiça Penal.[101]

Assiste-se, hoje, sobretudo nas legislações européias, a uma volta neste processo "pendular", que continua agora em sentido inverso, isto é, de transformação de determinadas infrações penais em infrações meramente administrativas. Isso porque, com a crescente potencialização das garantias dos cidadãos mesmo nos processos administrativos, desapareceu aquele motivo que levara à penalização.[102]

---

98. *El Proceso Depenalizador*, p. 8.

99. É ainda Jaime Miguel Peris Riera quem afirma: "En realidad, resulta normal que la nueva forma de vivir, el nuevo sistema de vida, comportase unas nuevas necesidades y unos nuevos valores, pero también es normal y necesario que la protección que el derecho penal puede ofrecer a los mismos se utilizase en los casos en que realmente existiese lesión de estos" (*El Proceso Depenalizador*, p. 8).

100. A expressão aparece com G. D'Agostino, no artigo "Despenalizzazione e Costituzione", publicado na *Rivista di Polizia*, 1969, citado por Jaime Miguel Peris Riera: "Según el autor, el proceso de depenalización es destacado por la doctrina como un 'retorno pendular' que se origina a continuación de un amplio proceso de 'penalización' de anteriores sanciones que eran irrogadas en vía administrativa" (*El Proceso Depenalizador*, p. 9).

101. Jaime Miguel Peris Riera, *El Proceso Depenalizador*, p. 9.

102. Idem, ibidem.

58 TRANSAÇÃO PENAL

Um setor da doutrina coloca o processo despenalizador num marco mais amplo, qual seja, o de "movimento mundial de reforma das leis penais",[103] cujas notas marcantes são a descriminalização, a substituição da pena privativa de liberdade de pequena duração pela multa e novas formas de sanção penal.

É ainda Jaime Miguel Peris Riera – agora acolhendo ensinamento de Jeschek – quem aponta como processos de descriminalização a serem seguidos: a) os crimes de bagatela, que centralizam, nos dias de hoje, os problemas mais delicados e urgentes da política criminal, não devem continuar sancionados criminalmente; b) concessões ao princípio da oportunidade, solução de caráter processual, possibilitando ao Ministério Público o arquivamento condicional do processo, em certos casos de menor gravidade, evitando-se o início da ação penal;[104] c) a possibilidade que se dá ao imputado, em determinadas hipóteses, de reparar o dano e, assim, demonstrando boa intenção, evitar a ação penal;[105] d) supressão do caráter penal de algumas condutas tidas como de maior gravidade, como no caso do aborto.[106]

As penas privativas de liberdade de longa duração acabaram mostrando-se fatores criminógenos, além de causarem a desintegração social e psíquica do indivíduo quando de seu retorno familiar. E as penas de curta duração não lograram prevenir a reincidência, e nem tampouco readaptar o delinqüente. Até porque há um grande número de delinqüentes ocasionais, de índole marcantemente circunstancial, não necessitando nem de tratamento, nem de reclusão.

Outrossim, a crise da administração da Justiça Penal é provocada, entre outras coisas, pelo divórcio entre o discurso e a realidade dos sistemas penais, traduzindo-se em variados fatores: a inflação legislativa, os serviços policiais, a sobrecarga de serviço nos tribunais, a ineficácia das penas clássicas etc.[107]

103. Jaime Miguel Peris Riera, *El Proceso Depenalizador*, p. 11.
104. Na Alemanha, em delitos de pequena gravidade, o Ministério Público pode, com o consentimento do imputado, impor uma sanção pecuniária, sendo que, depois de um certo tempo, com boa conduta e com o cumprimento de certas tarefas, leva à renúncia, por aquele, da ação penal (Jaime Miguel Peris Riera, *El Proceso Depenalizador*, p. 15).
105. Procedimento também adotado na Alemanha, diferindo do anterior pelo fato de ser dirigido pelo próprio tribunal, e não pelo Ministério Público (Jaime Miguel Peris Riera, *El Proceso Depenalizador*, p. 15).
106. Idem.
107. Raúl Cervini, *Los Procesos* ..., 2ª ed., pp. 57-58.

2.8.3 Descriminalização e despenalização

Não há acordo entre os doutrinadores quanto aos conceitos de *despenalização* e *descriminalização*. O próprio Comitê Europeu sobre Problemas da Criminalidade, em seu "Informe sobre Decriminalización al Consejo de Europa", assinala que "es considerable la confusión que existe sobre algunos conceptos que se utilizan en el campo de investigación del Subcomité".[108]

Jaime Miguel Peris Riera informa que o termo "despenalização" é um neologismo criado com a Lei de 3 de maio de 1967, n. 317, qualificado de duvidoso gosto estilístico, e que significaria "redimensionar algunas infracciones penales del ordenamiento, de escaso o de ningún peligro social, al rango de simples infracciones administrativas, según una valorización más serena y objetiva que en el pasado".[109]

Mais adiante o ilustre professor da Universidade de Valência relata que *despenalização* significa a renúncia a toda sanção punitiva em relação a certos fatos, ou seja, abandona-se qualquer tipo de sanção, seja penal, administrativa, civil. E *descriminalização* significa a transformação de infrações penais em infrações administrativas.[110]

Apresenta ele, então, seu entendimento a respeito, dizendo que a expressão "descriminalização" "debe ser reservada a la designación de los casos en los que el delito no se transforma en infracción diversa sino que se convierte en un hecho para el cual no está prevista en la ley sanción alguna".[111]

Mas a distinção, segundo ele, tem valor puramente nominalístico, pois, em realidade, ambas as expressões servem para indicar – e este o ponto fundamental – a perda de um determinado e único caráter, ou seja, o da punibilidade com sanção penal.[112]

Aduz ainda que, sob o ponto de vista etimológico, têm razão aqueles que reservam o termo "descriminalização" para significar a transformação de infrações penais em infrações administrativas, porque neste sentido se descriminaliza, e não se despenaliza – isto é,

---

. 108. Consejo de Europa, "Informe del Comité Europeo sobre Problemas de la Criminalidad, Estrasburgo, 1980", *Decriminalización,* Buenos Aires, Editorial Ediar, 1987, p. 19.

109. *El Proceso Depenalizador*, p. 26.

110. Idem, pp. 27-28.

111. Jaime Miguel Peris Riera, *El Proceso Depenalizador*, p. 28.

112. Idem, p. 29.

60 TRANSAÇÃO PENAL

perde o fato a natureza criminal e, conseqüentemente, a possibilidade de punibilidade com sanção penal, mas não a possibilidade de impor outro tipo de sanção. Enquanto o termo "despenalização" se mostra mais adequado para aludir às intervenções mais radicais, que eliminam qualquer tipo de pena, e não só a criminal, convertendo o fato antes apenado em um fato lícito.

Como se percebe, é grande a divergência a respeito do tema.

A maioria dos autores italianos adota como definitivo o conceito de *despenalização* para expressar aquela troca de infração de índole penal para infração de índole administrativa.[113]

Em seu "Informe" sobre o tema "descriminalização", o Comitê Europeu sobre Problemas da Criminalidade assinala que: "Se entienden por *decriminalización* aquellos procesos por los cuales la 'competencia' del sistema penal para aplicar sanciones, como una reacción ante cierta forma de conducta, se suprime respecto de esa conducta específica".[114]

Raúl Cervini, adotando este conceito, informa que a descriminalização pode apresentar-se de três formas: a) descriminalização formal, ou em sentido estrito (quando há o desejo de outorgar um reconhecimento legal e social a um comportamento descriminalizado); b) descriminalização substitutiva (as penas criminais são substituídas por sanções de outra natureza); c) descriminalização de fato (o sistema penal deixa de atuar sem que tenha perdido competência para isso; em outras palavras, sob o aspecto técnico-jurídico resta intacto o caráter de ilícito penal, eliminando-se somente a aplicação efetiva da pena).[115]

Outrossim, o Comitê Europeu sobre Problemas da Criminalidade apresenta o conceito de *despenalização* como sendo "todas las formas de atenuación dentro del sistema penal. En este sentido el traspaso de un delito de la categoría de 'crimen' o 'felonía' a la de delito menor puede considerarse como una despenalización. Esto también ocurre cuando se reemplazan las penas de prisión por sanciones con menores efectos negativos o secundarios, tales como multas, sistema de la prueba, trabajos obligatorios".[116]

---

113. Jaime Miguel Peris Riera, *El Proceso Depenalizador*, p. 30.
114. In *Decriminalización*, p. 19.
115. *Los Procesos ...*, 2ª ed., pp. 61-63.
116. In *Decriminalización*, p. 23.

JUSTIÇA CRIMINAL: CONFLITO E CONSENSO   61

Em nosso Direito, com a precisão e clareza que lhe são próprias, assinala Luiz Flávio Gomes que *descriminalizar* "significa retirar o caráter de ilícito ou de ilícito penal do fato". E aponta as duas vias para se atingir a descriminalização: a) a legislativa, formal, com a alteração da lei, que deixa de incriminar conduta anteriormente tipificada como ilícito penal (*abolitio criminis*); b) a judicial, que implica uma descriminalização fática. Isto é, os juízes, tendo em vista a mudança da consciência social relativamente a certa conduta, deixam de aplicar a norma penal incriminadora. Outrossim, a descriminalização pode implicar a retirada do caráter ilícito do fato de maneira abrangente, isto é, o fato passa a ser lícito perante todo o ordenamento jurídico (descriminalização global); pode retirar o caráter de ilícito penal da conduta, mas remetê-la ao campo do ilícito civil ou administrativo (descriminalização setorial).

Por sua vez, *despenalizar* significa "adotar processos substitutivos ou alternativos, de natureza penal ou processual, que visam, sem rejeitar o caráter ilícito do fato, a dificultar, evitar, substituir ou restringir a aplicação da pena de prisão ou sua execução ou, ainda, pelo menos, sua redução".[117]

2.8.4 Razões do processo despenalizador

Como *razão substancial* aponta-se a criticada hipertrofia do direito penal. Esta a base e fundamento de todas· as razões justificadoras do processo despenalizador.

E como *razão formal* a consideração de que, com a transformação de competências, diminui-se a atividade dos juízes, permitindo, ao menos teoricamente, a concentração de seus esforços sobre fatos que apresentam maior relevância social.

Não concordamos, com a devida vênia, com Jaime Miguel Peris Riera, para quem só se justifica o processo despenalizador com as razões ditas substanciais. Diz ele que "no se trata de que los jueces tengan demasiado trabajo y que la causa de ello se deba despenalizar sino que se despenaliza porque la tarea que le corresponde al juez no es acorde con el valor de los intereses en conflicto, lo que equivale a indicar que la despenalización se justifica cuando los ataques a la

117. Luiz Flávio Gomes, *Suspensão* ..., 2ª ed., p. 111.

62 TRANSAÇÃO PENAL

norma no revisten la suficiente relevancia social y no merecen la calificación de infracciones penales".[118]

Realmente, libertos das questões menores, os juízes terão mais tempo para se dedicar aos delitos de maior gravidade, e desta forma contribuirão para o desafogo da Justiça Criminal. Assim, não se pode deixar de ver na despenalização um sentido formal, sob o ponto de vista prático.[119]

Considere-se, ainda, que uma outra sanção, de natureza civil ou administrativa, no mais das vezes, pode exercer mais efeito que a pena criminal, sobretudo em relação a certas pessoas. Isso não só justifica como recomenda as soluções despenalizadoras.

2.9 O consenso no processo penal

O consentimento assume fundamental importância nas relações no campo do direito privado. Como salienta Caio Mário da Silva Pereira: "Filho da vontade humana, o negócio jurídico é a mais alta expressão do subjetivismo, se atentarmos em que o ordenamento jurídico reconhece à atividade volitiva do Homem o poder criador de efeitos no mundo do Direito".[120]

Orlando Gomes, por seu turno, refere-se ao princípio da autonomia da vontade – um dos quatro princípios em que repousa o direito contratual – como a própria liberdade de contratar.[121]

---

118. *El Proceso Depenalizador*, p. 41.

119. Como salienta Nicolás Rodríguez García, "los legisladores tienen que idear y plasmar nuevos instrumentos que sean capaces de satisfacer las necesidades represivas de la sociedad, operando normalmente una selección de los ilícitos, vía depenalización, y destinándose la mayoría de los recursos a la persecución de los delitos más graves. Esta insuficiencia de medios obligará a muchos ciudadanos a pagar el precio de verse privados de un proceso ordinario con todas las garantías, el Estado renunciará a observar alguno de sus principios estructurales primando otros con la finalidad de obtener el beneficio de una mayor eficacia de la maquinaria judicial en conjunto" (*La Justicia Penal Negociada. Experiencias de Derecho Comparado*, p. 121).

120. *Instituições de Direito Civil*, 12ª ed., v. I, p. 331.

121. São de Orlando Gomes as seguintes palavras: "Significa o poder dos indivíduos de suscitar, mediante declaração de vontade, efeitos reconhecidos e tutelados pela ordem jurídica. No exercício desse poder, toda pessoa capaz tem aptidão para provocar o nascimento de um direito, ou para obrigar-se. A produção de efeitos jurídicos pode ser determinada assim pela vontade unilateral, como pelo concurso de vontades" (*Contratos*, 12ª ed., p. 25).

JUSTIÇA CRIMINAL: CONFLITO E CONSENSO 63

No âmbito criminal, no entanto, o princípio em questão não goza de prestígio. O processo penal, em sua formulação clássica, sempre foi tido como o palco de um conflito entre acusador e réu: o primeiro pretendendo a imposição de uma pena criminal ao segundo, e este se defendendo. O conflito sempre foi a marca registrada deste processo penal clássico, no qual não sobrava qualquer espaço para o consenso. Até mesmo por força dos princípios da legalidade e da indisponibilidade do processo.

Como acentua Schreiber, referido por Manuel da Costa Andrade, "o processo penal não pode ser uma comunidade de linguagem ideal, isenta de coerção, um diálogo racional no sentido de liberdade de domínio, com a finalidade única de conduzir a uma unificação entre os participantes".[122]

Porém, reiterando o que já ficou dito, diante da crise em que se encontra a Justiça Criminal – crise, essa, que assume ares de maior gravidade se olharmos para a importância dos direitos e liberdades que desfilam diante dela –, cresce a necessidade de busca de mecanismos de simplificação.

Isso se deve, dentre outros motivos, a uma imperiosa necessidade de acelerar a atividade processual e evitar o colapso da administração da Justiça Criminal, fato gerador de desestabilização social e aumento do sentimento de insegurança da sociedade, colocando em risco o próprio Estado de Direito.

Na busca desse novo modelo de Justiça Criminal, assume especial relevo o *consenso*, um dos pontos cardeais dessa nova estrutura processual penal.

Neste sentido a lição de Leopoldo Puente Segura, que, após dizer que o consenso não pode ser considerado um novo princípio inspirador do processo penal, em paridade com os de legalidade e oportunidade, completa: "El consenso, como forma de resolver la contienda penal, podrá prosperar tanto en un sistema presidido por el principio de legalidad – cual entiendo que sucede con el derecho procesal español – como en el que lo esté por el principio de oportunidad – paradigmáticamente, el sistema procesal norteamericano. La diferencia, naturalmente, residirá en el margen de maniobra del que habrán de disponer las acusaciones. Así, el principio de legalidad no permite mejor oferta que la menor de las penas que pudiera imponerse al reo

---

122. Manuel da Costa Andrade, "Consenso e oportunidade", *Jornadas de Direito Processual. O Novo Código de Processo Penal*, p. 328.

64 TRANSAÇÃO PENAL

no-conforme. En cambio, en un sistema animado por el principio de oportunidad, las acusaciones podrán realizar al imputado proposiciones mucho más ventajosas, cuyos beneficios no podrá nunca gozar un acusado díscolo en el caso de que resultara finalmente condenado".[123]

Manuel da Costa Andrade aponta três teses relacionadas com o significado geral do consenso no processo penal: a primeira, de autoria de Figueiredo Dias, no sentido de que "a tentativa de consenso deve ser levada tão longe quanto possível, para o quê importa melhorar sensivelmente as estruturas de comunicação entre os sujeitos e as diferentes formas processuais"; a segunda relacionada com a impossibilidade de um processo penal perspectivado e estruturado em termos de consensualidade absoluta; e a terceira no sentido de que um modelo de consenso puro, além de inviável, seria, no aspecto ético-jurídico, indesejável.[124]

Não resta dúvida de que o consenso também deve atuar no processo penal, ainda que de forma limitada.

O consentimento constitui uma das expressões mais marcantes da autonomia pessoal, que encontra garantia da Constituição. Porém, o certo é que o consentimento nem sempre está ao abrigo de abusos e desvios. Assim, é preciso questionar em que medida o interessado pode consentir na lesão a um direito constitucionalmente garantido.

De fato, como salienta Manuel da Costa Andrade, "o problema assume relevo doutrinal e pragmático quando se questiona em que medida o interessado pode consentir na lesão, por parte dos agentes das instâncias formais de controlo, dos direitos fundamentais constitucionalmente garantidos: integridade física e moral, reserva da vida privada, direito à imagem e à palavra, sigilo da correspondência e das telecomunicações, inviolabilidade do domicílio. Para além de realização da autonomia pessoal, este consentimento pode em concreto estar preordenado à promoção de interesses legítimos do respectivo titular. Daí que seja forçoso defender a sua validade e eficácia de princípio".[125]

Fala-se, contudo, que o sacrifício de certos direitos, ainda que baseado no consentimento, implica afronta aos princípios basilares

123. La Conformidad ..., p. 13.
124. Manuel da Costa Andrade, "Consenso ...", Jornadas de Direito Processual Penal. ..., pp. 325-330.
125. Idem, pp. 331-332.

JUSTIÇA CRIMINAL: CONFLITO E CONSENSO 65

do processo penal em um Estado de Direito. Porque tais direitos não se destinam a proteger apenas o cidadão, mas também interessam à própria comunidade como um todo – a saber, que o processo penal decorra segundo as regras do Estado de Direito.[126] Assim, a renúncia a tais regras implicaria violação de um direito de toda a coletividade.[127]

Não se pode, no entanto, deixar de reconhecer a existência de situações díspares, a reclamar pela diversificação de soluções. De fato, como diz Manuel da Costa Andrade: "De um lado, as expressões da vida protagonizadas por um argüido que transpõe os umbrais do tribunal já pacificado com os 'outros significantes', que terão sido referentes determinantes da sua conduta. E que, para além disso, se mostra disposto a colaborar na procura da verdade (através, por exemplo, de confissão espontânea) e a aceitar os caminhos que lhe são propostos como os mais adequados ao seu reencontro com os valores e os modelos de acção do Estado de Direito. Do outro, inversamente, perfilam-se as manifestações da criminalidade violenta, organizada, imputada a agentes que recusam obstinadamente qualquer colaboração processual, qualquer crença nos valores da ordenação democrática da sociedade e qualquer predisposição para aceitar as sanções".[128]

Assim, não há como negar a necessidade – sobretudo em determinados tipos de infrações penais, de menor gravidade – de se abrir um espaço para o consenso no processo penal.

126. Na lição de Canotilho, os direitos fundamentais do Homem constituem elemento constitutivo do Estado de Direito e elemento básico para a realização do princípio democrático. Segundo ele, "ao pressupor a participação igual dos cidadãos, o princípio democrático entrelaça-se com os direitos subjetivos de participação e associação, que se tornam, assim, fundamentos funcionais da Democracia. Por sua vez, os direitos fundamentais, como direitos subjetivos de liberdade, criam um espaço pessoal contra o exercício de poder antidemocrático, e, como direitos legitimadores de um domínio democrático, asseguram o exercício da Democracia mediante a exigência de garantias de organização e de processos com transparência democrática (princípio majoritário, publicidade crítica, direito eleitoral)" (*Direito Constitucional e Teoria da Constituição*, 3ª ed., p. 284).

127. Conforme salienta Manuel da Costa Andrade "Em causa está a tese da chamada *dupla natureza* ou *dupla dimensão* que a moderna doutrina constitucional adscreve aos direitos fundamentais. Resumidamente: 'os direitos fundamentais não podem ser pensados apenas do ponto de vista dos indivíduos, enquanto faculdades ou poderes de que estes são titulares; antes, valem juridicamente também do ponto de vista da comunidade como *valores* ou *fins* que esta se propõe prosseguir'" ("Consenso ...", *Jornadas de Direito Processual Penal.* ..., pp. 332-333).

128. "Consenso ...", *Jornadas de Direito Processual Penal.* ..., p. 334.

66 TRANSAÇÃO PENAL

Neste sentido a conclusão de Manuel da Costa Andrade, a quem recorremos mais uma vez: "Tudo aponta, pois, para a compreensão e estruturação do processo penal assente na tensão dialéctica: entre espaços naturalmente predispostos para soluções de consenso; e outros em que as soluções de conflito não conhecem alternativa".[129]

Mas uma coisa é certa: não se pode deixar de reconhecer a utilidade prática das soluções consensuadas no processo penal, pois com isso se consegue a diminuição do peso que recai sobre os órgãos jurisdicionais, permitindo, em conseqüência, uma maior dedicação aos processos mais graves (justificação formal do processo despenalizador).

É a perspectiva prática que melhor fundamenta a introdução do consenso no processo penal, mitigando-se o rigor do princípio da legalidade: a) serve, como já foi visto, para desafogar os tribunais, evitando o colapso da Justiça Criminal; b) implica economia processual; c) dá relevo à assertiva de que é preferível, e mais eficaz, um castigo imediato, ainda que menor, que um processo completo, com todas as garantias, mas do qual deriva uma justiça tardia. Não é demais repetir que o consenso no processo penal exclui a criminalidade de maior gravidade – esta, sim, sujeita a um procedimento completo, com todas as garantias dele decorrentes.

Há que se considerar, ainda, que isso vem ao encontro do interesse público, pelas razões acima. Logo, é mais democrático.

O confronto consenso/conflito constitui um eixo vertical de um sistema de coordenadas. A fronteira entre a pequena e a grave criminalidade constitui o seu eixo horizontal.

Para a pequena criminalidade, a Justiça Penal consensual (espaço de consenso).[130]

---

129. Idem, ibidem.

130. Manuel da Costa Andrade acentua que: "No espaço de consenso, o conteúdo material do Estado de Direito Social realiza-se sobretudo pela acentuação do *ethos* da ressocialização. 'As outras componentes do próprio Estado de Direito Social como a igualdade fáctica de oportunidades do argüido, bem como as do Estado de Direito sem mais (por exemplo, a presunção de inocência), podem dentro de certos limites recuar' (Wolter). O mesmo valerá a propósito da *verdade*. Isto tendo sempre presente que o consenso significa mais do que a mera disponibilidade para se aceitar uma decisão sugerida e elaborada pelas instâncias de controlo e proposta à adesão pura e simples. Para se poder, em rigor, falar de consenso, acentua Schreber, a 'decisão terá de emergir como resultado de uma interpenetração de posições contrastantes e, por isso, aceitável por todos ou parte dos intervenientes. Quando é possível proceder a uma discussão conjunta do problema, em estilo dialógico, ganha-se em informação e alargam-se os horizontes. E aumentam as oportunidades de se encontrar uma decisão mais acertada e suscetível de superar a situação real subjacente bem como as hipóteses da sua aceitação,

JUSTIÇA CRIMINAL: CONFLITO E CONSENSO   67

Para a grave criminalidade, a Justiça Penal de conflito (espaço de conflito).[131]

É inegável que o princípio da legalidade[132] – tido, nas últimas décadas, como uma das pedras basilares do Estado de Direito – enfrenta, no momento atual, uma crise, especialmente quanto ao seu sentido e alcance tradicionais. Isso tanto no plano do direito penal como no da criminologia e da política criminal.[133]

Além disso, a experiência cotidiana dos crimes, durante os últimos anos, tem induzido a procura de respostas inovadoras. O aumento considerável da criminalidade, como já foi dito, colocou o sistema formal num verdadeiro estado de necessidade: "Confrontado com um caudal de delinqüência que ultrapassa as suas possibilidades reais, o sistema formal tem-se visto compelido a definir prioridades e áreas preferenciais de mobilização e intervenção dos seus (escassos) recursos. O que obriga a desguarnecer outras frentes ou pelo menos a rarefazer os meios a elas afectados".[134]

O Direito Comparado, que até então oferecia um panorama dominado por dois sistemas contrastantes, agrupados em torno daqueles dois princípios antagônicos – de um lado ordens jurídicas que obedeciam ao princípio da legalidade, como a Itália, a Espanha, Portugal, Alemanha Federal, e de outro países que consagram o princípio da oportunidade, como os Estados Unidos, a França, a Inglaterra e a Holanda –, mostra-nos, nos dias atuais, naqueles primeiros, certas concessões ao consenso, nos crimes de escassa gravidade.[135]

---

mesmo por aqueles que vêm a ser atingidos pela sanção'" ("Consenso ...", *Jornadas de Direito Processual Penal.* ..., pp. 335-336).

131. "Inversamente, já no espaço de conflito se há de estimular a expressão do antagonismo e da contraditoriedade, fazendo-se intervir toda a pletora de garantias processuais decantadas no decurso do longo (e doloroso) processo histórico de formação e afirmação do Estado de Direito. Com destaque para a presunção de inocência, a busca da verdade material, as proibições de prova e a recusa de todo o paternalismo e de toda a ressocialização imposta" (Manuel da Costa Andrade, "Consenso ...", *Jornadas de Direito Processual Penal.* ..., p. 336).

132. Visto "no sentido de a investigação e sobretudo a promoção processual valerem sem alternativa em relação aos factos clarificados em termos de a condenação dos respectivos agentes se apresentar como nitidamente provável" (Manuel da Costa Andrade, "Consenso ...", *Jornadas de Direito Processual Penal.* ..., p. 336).

133. Manuel da Costa Andrade, "Consenso ...", *Jornadas de Direito Processual Penal.* ..., p. 339.

134. Manuel da Costa Andrade, "Consenso ...", *Jornadas de Direito Processual Penal.* ..., p. 341.

135. No dizer de Leopoldo Puente Segura: "El consenso, como forma de resolver la contienda penal, podrá prosperar tanto en un sistema presidido por el principio de

68 TRANSAÇÃO PENAL

Esta a feliz síntese de Manuel da Costa Andrade: "Em síntese, quanto a este ponto e na medida em que a antinomia legalidade/oportunidade continua a ter sentido e valência para fins de exposição e sistematização: a legitimação que é possível continuar a emprestar ao princípio da legalidade é a mesma que abre a porta a margens, maiores ou menores, mas igualmente legítimas, de 'oportunidade'".[136]

O fenômeno não é exclusivo de ordenamento jurídico algum. Ao contrário, é comum a todos. Daí a necessidade de exame da questão sob a ótica do Direito Comparado, que constitui um complemento necessário no método de conhecimento e investigação, e instrumento indispensável à perfeita compreensão do fenômeno local.

A comparação dos Direitos, considerados em sua diversidade geográfica, é tão antiga como a própria ciência do Direito. Porém, seu desenvolvimento como ciência é um fenômeno recente no mundo jurídico. Atualmente constitui, sem dúvida, elemento necessário de toda a ciência e de toda a cultura jurídicas. É de grande utilidade para um melhor conhecimento e aperfeiçoamento do Direito nacional.[137]

O estudo começa pelo ordenamento jurídico norte-americano, onde o *plea bargaining* se constitui na forma mais comum de decisão criminal – sistema que exerceu inegável influência nas modificações operadas em outros países. Em seguida, Itália, Portugal e Espanha, que, embora mantendo a vigência do princípio da legalidade, admitiram elementos consensuados em diferentes etapas processuais.

2.10 O Direito Norte-Americano: o "plea bargaining"

Na apreciação da incidência do princípio da oportunidade, o ponto de partida há de ser o Direito Norte-Americano, cujo modelo de Justiça Criminal, embasado na generalização das declarações negocia-

legalidad – cual entiendo que sucede con el derecho procesal penal español – como en el que lo esté por el principio de oportunidad – paradigmáticamenente, el sistema procesal norteamericano. La diferencia, naturalmente, residirá en el margen de maniobra del que habrán de disponer las acusaciones. Así, el principio de legalidad no permite mejor oferta que la menor de las penas que pudiera imponerse al reo no-conforme. En cambio, en un sistena animado por el principio de oportunidad las acusaciones podrán realizar al imputado proposiciones mucho más ventajosas, cuyos beneficios no podrá nunca gozar un acusado díscolo en el caso de que resultara finalmente condenado" (*La Conformidad* ..., p. 13).

136. "Consenso ...", *Jornadas de Direito Processual Penal*. ..., p. 346.

137. René David, *Os Grandes Sistemas do Direito Contemporâneo*, pp. 9 e ss.

JUSTIÇA CRIMINAL: CONFLITO E CONSENSO   69

das de culpabilidade como modo de resolução rápida dos conflitos, tem sido a fonte de inspiração para a reforma legislativa em muitos países afetados pelo colapso de seus tribunais.

A imensa maioria das condenações criminais nos Estados Unidos da América resulta de uma declaração de culpa do acusado (*guilty plea*).[138] E o maior número dessas declarações de culpa é conseqüência de acordos celebrados entre acusado e Ministério Público (*plea bargaining*), chegando a atingir um percentual superior a 90%.[139]

O povo estadunidense está acostumado a ver, na imensa maioria dos processos criminais, o acusado declarar-se culpado em troca de concessões por parte da acusação.[140] Normalmente se chega à declaração de culpa através de negociações entre acusação e defesa.[141] O promotor goza de discricionariedade, decidindo livremente se, quando, como e por que delitos acusar alguém,[142] podendo mesmo renunciar à ação penal ainda que já iniciada – o que representa, sem dúvida, a mais pura aplicação do princípio da oportunidade.[143]

Estatísticas das *U.S. District Court* indicam que no ano de 1989, do total de 54.643 acusados, 44.524 foram condenados, sendo que 38.681 através das *pleas of guilty* e *nolo contendere*, o que representa um percentual de 86,87%. E no ano de 1990, para um total de 56.519 acusados, ocorreram 46.725 condenações, sendo 40.452 atra-

---

138. Como salientam Harry I. Subin *et al.*: "The vast majority of federal criminal prosecutions are resolved by guilty plea, following an agreement between the prosecutor and defense" (cf. Harry I. Subin, Chester L. Mirsky e Ian S. Weinstein, *The Criminal Process – Prosecution and Defense Functions*, p. 131).

139. Cf. Charles H. Whitebread e Chistopher Slobogin, *Criminal Procedure – An Analysis of Cases and Concepts*, 4ª ed., p. 666.

140. No entanto – como assinala Kimberlee A. Cleaveland –, "there is no constitutional right to plea bargain" ("Criminal procedure project – Guilty pleas", *The Georgetown Law Journal* 87/1.433, n. 5).

141. Na lição de Yale Kamisar *et al.*: "In practice, however, the *locus* of the criminal process has shifted largely from trial to plea bargaining. In the vast majority of cases, guilty and the applicable range of sentences are determined through informal negotiations between the prosecutor and the defense attorney" (Yale Kamisar, Wayne R. Lafave, Jerold H. Israel e Nancy J. King, *Advanced Criminal Procedure*, p. 1.274).

142. De fato, "in such an agreement, the prosecutor may move for dismissal of other charges, make a non-binding sentencing recommendation to the court, agree not to oppose the defendant's request for a particular sentence, or agree that a specific sentence is appropriate for the disposition of the case" (cf. Kimberlee A. Cleaveland, "Criminal procedure project – ...", *The Georgetown Law Journal* 87/1.433).

143. Cf. Nicolás Rodríguez García, *El Consenso en el Proceso Penal Español*, p. 42.

70 TRANSAÇÃO PENAL

vés daquelas *pleas*, num percentual de 86,57%. Nos anos anteriores este percentual nunca foi inferior a 80%, chegando a superar este percentual nos anos de 1964 (90,06%) e 1965 (90,14%).[144]

Estatísticas mais recentes, relativas ao período de 1º de outubro de 1996 a 30 de setembro de 1997, são no mesmo sentido. Assim, de um total de 64.956 acusados em casos julgados (*most serious offense*), 87,1% foram condenados; sendo que, deste total de 56.570 condenados, 52.570 (93,31%) o foram através das *pleas*,[145] e apenas 3.781 (6,69%) através de decisão de um juiz de primeira instância.[146]

Plea bargaining, que é objeto desta parte do trabalho, significa um acordo negociado entre o Ministério Público e o acusado por meio do qual aquele concede a este algumas vantagens em troca de uma declaração de culpa. Essas concessões incluem a redução de certas acusações, especialmente as mais sérias, e a recomendação de uma sentença mais benéfica.[147]

Luís Alfredo Diego Díez assim define o instituto: "es el acto del reo mediante el cual, manifestando su conformidad con los cargos que se le imputan, renuncia a su derecho al juicio oral y pierde voluntariamente la posibilidad que los causes procesales le ofrecen de ser absuelto".[148]

Por sua vez, Nicolás Rodriguez García assim se refere a ele: "el proceso de negociación que conlleva discusiones entre la acusación y la defensa en orden a obtener un acuerdo por el cual el acusado se declarará culpable, evitando así la celebración del juicio, a cambio de una reducción en los cargos o de una recomendación por parte del Ministerio Público".[149]

---

144. Nicolás Rodriguez García, *La Justicia Penal Negociada.* ..., pp. 116-117.

145. O termo *plea* pode ser conceituado como uma resposta formal do acusado em face da acusação que lhe é feita pelo Ministério Público. Como se lê em James E. Clapp (*Dictionary of the Law*, p. 330): "*Plea*: a criminal defendant's formal response to the charges: guilty, not-guilty, or *nolo-contendere*. At arraignment, the usual plea is 'not-guilty', but this is often changed later, usually as the result of a 'plea bargain'".

146. Office of Justice Programs, *Bureau of Justice Statistics*, September 1999, NCJ 171680, revised in 10.1.1999 th., by John Scalia, *BJS Statistician*, and William J. Sabol, Ph.D., *The Urban Institute*.

147. Cf. James E. Clapp, *Dictionary* ..., p. 330: "a negotiated agreement between the prosecution and a criminal defendant whereby the prosecution grants some concessions in exchange for the defendant's plea of guilty to at least one charge. Typical concessions include dropping certain charges, especially the most serious one, and agreeing to make a particular sentencing recommendation!".

148. *Justicia Criminal Consensuada* ..., p. 31.

149. *La Justicia Penal Negociada.* ..., p. 35.

JUSTIÇA CRIMINAL: CONFLITO E CONSENSO

Finalmente, no Direito Norte-Americano esta é a definição dada por Paul Bergman e Sara J. Berman-Barret: "A plea bargain is an agreement between the defense and the prosecutor in which the defendant agrees to plead guilty or no contest in exchange for an agreement by the prosecution to drop some charges, reduce a charge to a less serious charge or recommend to the judge a specific sentence acceptable to the defense".[150]

Este sistema do *plea bargaining*, que nada mais é que uma negociação entre as partes para obtenção de uma declaração de culpa em troca de determinas vantagens, é resultado de "fatores muito complexos, profundamente enraizados na dinâmica social do povo americano",[151] e implica o predomínio, sobre todos os demais, do princípio da oportunidade, conferindo-se uma extraordinária liberdade de negociação ao promotor público.[152]

O procedimento do *plea bargaining* existe no Direito Norte-Americano desde épocas mais remotas, mas de forma relativamente clandestina, no início sem aprovação legislativa ou dos tribunais.[153]

150. *The Criminal Law Handbook*, pp. 20-23.

151. Assinala Nicolás Rodriguez García que "este *plea bargaining system* es el resultado de factores muy complejos, profundamente radicados en la dinámica social del pueblo norteamericano, como ocurre por ejemplo con la institución del jurado, de ahí que no existan las dificultades que se está encontrando en la actualidad en España con la reciente Ley del Jurado para constituir los mismos; no se produce la disociación entre los deseos de que se instaure el jurado y la participación real que están dispuestos a tener esos mismos ciudadanos. Por ello, su desarrollo hay que atribuirlo a las peculiaridades procedimentales de ese país fruto de las condiciones sociales en que se tiene que desarrollar" (*El Consenso* ..., p. 42). Este jurista espanhol, em outra obra (*La Justicia Penal Negociada.* ...), já assinalara que "el desarrollo de esta institución en los EE.UU. hay que atribuirlo a las peculiaridades procedimentales de ese país fruto de las condiciones sociales en las que se tiene que desarrollar" (p. 27).

152. Leopoldo Puente Segura, *La Conformidad* ..., p. 38.

153. Na lição de Harry I. Subin *et al.*, "plea bargaining was not openly recognized by the Supreme Court until 1960's. Thereafter both the Court and Congress took steps to regulate the guilty plea process, in order to increase its visibility and fairness" (*The Criminal Process –* ..., p. 131). No mesmo sentido a lição de Nicolás Rodriguez García: "En el procedimiento penal norteamericano, en donde un juez imparcial – mero espectador de la discusión procesal – decide un conflicto de partes enfrentadas en un plan de igualdad, el fenómeno de las declaraciones negociadas no es nuevo. Frente a la teoría de que en el *commom law* un acusado sólo puede ser condenado por un jurado después de un procedimiento contradictorio con todas las protecciones y garantías, en el cual su abogado y el Ministerio Público discuten duramente sobre su culpabilidad o inocencia, la realidad se muestra diferente puesto que en muchos casos no se llega a ese juicio. La disposición de los cargos criminales antes del juicio es tan vieja como el propio derecho criminal, puesto que ya, desde los primeros momentos, el acusado podía ser condenado

72 TRANSAÇÃO PENAL

Até o ano de 1960 a Suprema Corte não reconhecia o procedimento. A partir daí, tanto a Corte como o Congresso tomaram medidas para regulamentar o procedimento das declarações de culpa, objetivando reforçar sua viabilidade e imparcialidade.[154]

Saliente-se, ainda, que não há uniformidade no procedimento do *plea bargaining* no Direito Norte-Americano, não só pela visão diferenciada com que seus operadores – juízes e membros do Ministério Público – aplicam o instituto, como também, e principalmente, pelas diferenças entre as legislações penais e processuais penais dos Estados que compõem a Federação (há 51 diferentes sistemas de Justiça Criminal nos EEUU).[155]

2.10.1 Procedimento

Embora não haja uniformidade entre os procedimentos adotados pelos Estados que compõem a Federação, em nível federal o sistema do *plea bargaining* está regulamentado pelo art. 11 das Regras Federais do Procedimento Criminal.

Quando alguém é acusado de um delito realiza-se uma audiência prévia (*arraignment*),[156] ocasião em que ele – acusado – comparece perante o juiz. Neste momento é oficialmente informado da acusação que lhe é feita, recebendo uma cópia da peça acusatória. O juiz, após ler a acusação, convida o acusado a se manifestar (*pleading*).

---

con base en su confesión a reconocer que el había cometido los hechos que se le imputaban, lo que implicaba que no se llegara a juicio" (*La Justicia Penal Negociada.* ..., pp. 29-30, com citação de vários juristas, dentre outros: Milton Heumann, "A note of plea bargaining and case pressure", *Law & Soc. Rev.* 9/13, n. 3, *spring*/1975; Lawrence M. Fieldman, "Plea bargaining in historical perspective", *Law & Soc. Rev.* 13/258, n. 2, *winter*/1979; Justin Miller, "The compromise of criminal cases", *Southern Cal. L. Rev.* II/6 e ss., n. 1, novembro/1927; Kevin L. Swick, "Plea bargainings: what to do when the prosecutor says no", *U. Dayton L. Rev.* 6/95, n. 1, *winter*/1981; Donald Newman, "Making a deal", in Normal Johnson e Leonrad Savitz, *Legal Process and Corrections*, John Wiley & Son, Inc., 1982, p. 94).

154. Cf. Harry I. Subin *et al.*, *The Criminal Process* – ..., p. 131.

155. Conforme o magistério de Nicolás Rodriguez García, segundo quem "en la práctica el *plea bargaining* no es seguido uniformemente en todo el país" (*La Justicia Penal Negociada.* ..., p. 27).

156. *Arraignment* é o procedimento pelo qual o acusado de um crime é conduzido perante a Corte, formalmente cientificado das acusações que lhe são feitas, e solicitado a fazer uma *plea*, ou seja, uma declaração formal sobre as acusações (cf. James E. Clapp, *Dictionary* ..., p. 34).

JUSTIÇA CRIMINAL: CONFLITO E CONSENSO   73

O acusado, então, pode recorrer a três *pleas*: a) declarar-se inocente (*plea of not-guilty*"); b) declarar-se culpado (*plea of guilty*); c) declarar o *nolo contendere*.[157]

Declarando-se inocente, tem início o processo penal, com a escolha dos jurados. Saliente-se que na maior parte dos casos (excetuados os crimes de morte) pode o acusado renunciar a seu direito de ser julgado por jurados, optando por um juiz unipessoal (*bench trial*).[158]

Declarando-se culpado (*plea of guilty*), o juiz, depois de verificar que a declaração foi produzida livre e conscientemente,[159] fixa data para a sentença, ocasião em que se decidirá a respeito da pena a ser imposta.

Na terceira hipótese o acusado declara o *nolo contendere*, isto é, que se não opõe à acusação (*I will not contest it*), definido pela Suprema Corte como "una declaración por la cual el acusado no admite expresamente su culpabilidad, sino que tan sólo renuncia a su derecho a un juicio y autoriza al tribunal, por lo que a su caso concierne, a tratarlo como si fuera culpable".[160] Em outras palavras: o acusado renuncia ao direito de se opor ou discutir as acusações que lhe são feitas, mas não se reconhece formalmente culpado. Trata-se de um artifício pelo qual o acusado manifesta sua vontade de que "não quer

157. Cf. Harry I. Subin *et al.*: "Rule 11(a) states that the available pleas are: not-guilty; guilty, or *nolo contendere*. Rule 11(a) also contains a provision for a conditional plea. With the consent of the court and the government, a defendant may enter such a plea in cases which there has been a decision adverse to the defendant on a pretrial motion – commonly a motion to suppress evidence – which the defendant wishes to appeal. If the decision is reversed, the defendant is then permitted to withdraw the guilty plea, and would do so if the reversal significantly affected the government's case at tribal. The purpose of the rule is to avoid the necessity of a trial held for the primary purpose of giving the defendant standing to appeal the decision on the pretrial motion" (*The Criminal Process* – ..., p. 132). No mesmo sentido Kimberlee A. Cleaveland: "A defendant may enter a conditional plea of guilty, reserving in writing the right to appeal specified pretrial motions. Conditional pleas require the approval of the court and the consent of the government. A defendant who prevails on appeal may later withdraw the conditional plea" ("Criminal procedure project – ...", *The Georgetown Law Journal* 87/1.446).

158. Luís Alfredo Diego Díez, *Justicia Criminal Consensuada* ..., p. 39. *Bench trial*, conforme James E. Clapp, *Dicionary of the Law*, já referido, significa procedimento pelo qual as evidências contra um acusado são apresentadas a um juiz, mas não na presença do Júri, e no qual as questões fáticas do caso são decididas pelo juiz (p. 436).

159. A prática tem ensinado – como diz Nicolás Rodriguez García – que a verificação destas exigências pelos órgãos jurisdicionais é mais aparente que real (*El Consenso* ..., p. 43).

160. Luís Alfredo Diego Díez, *Justicia Criminal Consensuada* ..., p. 40.

74 TRANSAÇÃO PENAL

contestar". É uma admissão dos fatos contidos no *indictment* ou na *information*,[161] mas não é uma admissão de culpa. A admissão dos fatos não os converte em fatos certos. Aí a diferença com a *plea of guilty*, sendo que com ela o acusado se reserva expressamente o direito de apelar, não podendo esta *plea* ser levada em conta em processos posteriores que lhe sejam movidos.[162]

(aquí)Segundo Luís Alfredo Diego Díez, "su única ventaja consiste en que no puede servir de prueba en una ulterior instancia sobre responsabilidad civil: la víctima de la infracción no podrá invocarlo como prueba del hecho dañoso a efectos civiles".[163]

2.10.2 A negociação

As negociações de culpa devem se dar exclusivamente entre o promotor e a defesa. Não é permitido qualquer envolvimento da Corte nesta fase.[164]

Outrossim, para incentivar as declarações negociadas de culpabilidade, a Regra Federal de n. 11 estabelece que nenhum dos fatos que são objeto da declaração de culpa nem qualquer declaração feita durante este procedimento podem ser usados em qualquer outro processo civil ou criminal.

---

161. *Indictment* é o ato do Grande Júri acusando alguém formalmente de um crime, ou o instrumento escrito levando adiante uma acusação formal. O indiciamento escrito é redigido pelo promotor público, votado pelo Grande Júri após ouvidas as evidências e endossado com as palavras *a true Bill* ("uma denúncia verdadeira") se aprovada pelo Júri, e então considerada proposta a ação criminal perante a Corte, tornando-se o instrumento sobre o qual o resto do caso se baseará. *Information* é o instrumento formal através do qual se imputa um crime a alguém, valendo como início da ação penal pelo promotor ao invés de um *indictment*, nos casos em que a lei não exige o envolvimento de um Grande Júri. Nas Cortes Federais isso só é possível nos crimes menores ou contravenções. Como se percebe, tanto *indictment* como *information* são instrumentos formais de uma acusação pelo promotor público. A diferença está em que o primeiro é típico dos casos submetidos ao Grande Júri, e o segundo não, é típico dos crimes menores ou contravenções (*misdemeanor*), em que não se exige o envolvimento do Grande Júri (cf. James E. Clapp, *Dictionary* ..., pp. 233 e 236).

162. Realmente, "a *nolo plea* has all of the implications of a guilty plea in terms of punishment, but avoids some of the civil consequences. It is most commonly used in criminal anti-trust cases" (Harry I. Subin *et al.*, *The Criminal Process* – ..., p. 133, nota de rodapé 2).

163. *Justicia Criminal Consensuada* ..., p. 41.

164. Porque – como informam Harry I. Subin *et al.* – "this is because a 'question of fundamental fairness' is raised by the prospect of pitting the negotiating power of the judge against that of the defendant" (*The Criminal Process* – ..., p. 133).

JUSTIÇA CRIMINAL: CONFLITO E CONSENSO

A decisão final pela aceitação ou não da declaração de culpa, com imposição de uma sentença condenatória, pertence à Corte. Por isso, todo e qualquer acordo celebrado entre as partes tem sua validade condicionada à aprovação da Corte.[165]

Das negociações podem resultar dois tipos diferentes de *plea bargaining*. O primeiro, conhecido como *sentence bargaining*, implica uma recomendação, por parte do promotor, no sentido de uma sentença *light* por acusações específicas, em troca da declaração de culpa do acusado e de não contestar a acusação. O segundo, conhecido como *charge bargaining*, implica um acordo pelo qual o promotor suprime alguma ou algumas das acusações, ou reduz a acusação a uma menos grave, em troca da declaração de culpa do acusado.[166]

2.10.3 A confissão de culpa ("plea of guilty")

A confissão de culpa (*plea of guilty*) implica renúncia a três direitos constitucionalmente assegurados no Direito Norte-Americano: a) o de não testemunhar contra si próprio; b) o de inquirir as testemunhas que o acusam; c) o de ser julgado por um corpo de jurados.[167]

Outrossim, três as formas de confissão de culpa na prática norte-americana: a) *voluntária* – o acusado confessa ou porque entende que sua culpa se mostra tão evidente que o processo será mera formalidade, ou por força do sentimento de remorso, ou então por não entrever vantagem alguma na negativa; b) *induzida* – a confissão resulta do conhecimento que o acusado tem das vantagens que o fato lhe trará; c) *negociada* – aquela obtida através de uma negociação entre o promotor e o defensor, seja sobre o crime, seja sobre a pena a ser imposta, seja sobre ambos.

Esta última é decorrência do *plea bargaining*. Como salienta Luís Alfredo Diego Díez, "se trata de una fórmula de definición del proceso penal que consiste en las negociaciones llevadas a cabo en-

---

165. Cf. Harry I. Subin *et al.*, *The Criminal Process* – ..., pp. 133-134.

166. Paul Bergman e Sara Berman-Barret, *The Criminal Law Handbook*, pp. 20-23.

167. Conforme salienta Kimberlee A. Cleaveland: "A guilty plea waives most non-jurisdictional constitutional rights such as the right to a Jury trial, the right to confront one's accusers, and the privilege against self-incrimination" ("Criminal procedure project – ...", *The Georgetown Law Journal* 87/1.442). No mesmo sentido Harry I. Subin *et al.*, *The Criminal Process* – ..., p. 132.

76 TRANSAÇÃO PENAL

tre el fiscal y la defensa, en torno a la obtención de un acuerdo transaccional (*agreement*) mediante el cual el acusado se confiese culpable o *nolo contendere*, evitando así la celebración del juicio, a cambio de una *light sentence*, esto es, de una reducción de los cargos o de una recomendación de indulgencia hecha por el fiscal".[168]

Por força do princípio da oportunidade, tem o promotor grande soma de poderes discricionários na condução das negociações com a defesa. Assim, pode comprometer-se, em troca da confissão de culpa, a exercitar a ação penal apenas por uma ou algumas das práticas criminosas a ele imputadas, a formular recomendação ao juiz sobre a sentença a ser lavrada[169] ou a não se opor à sentença sugerida pela defesa.

Não há, pois, qualquer obstáculo a que o órgão da acusação celebre acordo com o acusado para obter dele uma declaração de culpabilidade.

2.10.4 O objeto da negociação

São amplos os poderes do acusador público, como já se disse, na negociação com o acusado. Mas, fundamentalmente, ela pode ter por objeto: a) o *conteúdo da condenação* (*sentence bargaining*) – diante da declaração de culpabilidade, o acusador, mantendo a acusação original, pode comprometer-se a formular uma petição de recomendação (*recommendation*) de uma pena mais leve,[170] ou pode comprometer-se a não fazer uma recomendação desfavorável; b) o *conteúdo da acusação* (*charge bargaining*) – o órgão da acusação,

---

168. *Justicia Criminal Consensuada* ..., p. 35.

169. Neste caso, como o juiz não está obrigado a atender a esta recomendação, deve advertir deste fato a pessoa acusada antes de lhe aceitar a declaração de culpa. Mas a decisão do procurador de não exercitar a ação penal, ou de exercitá-la apenas em relação a algum ou alguns dos fatos, não pode ser recusada pela Corte.

170. Se o juiz não acatar a recomendação do Ministério Público o acusado será informado, podendo, então, retirar sua *plea* (*Rule II (e) (2)*: "The court may accept or reject the agreement, or may defer its decision as to the acceptance or rejection until there has been an opportunity to consider the presence report"; *Rule II (e) (4)*: "If the court rejects plea agreement, the court shall, on the record, inform the parties of this fact, advice the defendant personally in open court or, on a showing of good cause, in camera, that the court is not a bound by the plea agreement, afford the defendant the opportunity to then withdraw the plea, and advise the defendant that if the defendant persists in a guilty plea or plea of *nolo contendere* the disposition of the case may been less favorable to the defendant than that contemplated by the plea agreement").

JUSTIÇA CRIMINAL: CONFLITO E CONSENSO

em face do acordo celebrado com o acusado, pode (1) substituir o delito originariamente imputado por outro menos grave (desde que entre eles haja um nexo de união que os relacione); (2) retirar da acusação alguns dos delitos, quando vários são os imputados.

Nada impede, no entanto, que a negociação tenha outros objetos, como, por exemplo, o cumprimento da pena em determinado instituto prisional, ou que o tempo de prisão provisória seja abatido do tempo de pena privativa de liberdade imposta.

2.10.5 Requisitos

Da *guilty plea* decorrem graves conseqüências para o acusado. Por isso, sua aceitação pelo juiz depende da presença de certos requisitos: a) *voluntariedade da declaração* – a confissão de culpa deve ser voluntária, o que pressupõe no acusado capacidade de consentir e liberdade absoluta (não pode ser fruto de coação ou ameaça) na manifestação de vontade. O juiz, antes de aceitá-la, deve verificar sua capacidade e, dirigindo-se publicamente ao acusado, indagar se não é fruto de ameaças ou promessas ilícitas; b) *perfeito entendimento de seu alcance* – o juiz também deve verificar se o acusado tem perfeita compreensão do alcance e conseqüências de seu ato. Assim, deve procurar saber se ele tem conhecimento de que está renunciando a importantes direitos constitucionais. Deve verificar se ele compreende a natureza das acusações que lhe são feitas, e que elas deverão ser provadas para determinar sua culpa, não sendo suficiente a simples leitura da peça acusatória. Deve verificar se o acusado tem compreensão das penas fixadas para os delitos e suas conseqüências; c) *exatidão da declaração* – o juiz deve, ainda, examinar se há uma base fática para a declaração. Em outras palavras, se há correlação entre os fatos que admitiu ter praticado e os delitos dos quais é acusado.[171]

De fato, como ensina Kimberlee A. Cleaveland: "By pleading guilty, the defendant admits all of the elements of the charged crime. Because a defendant waives many constitutional rights by pleading guilty, the plea must be entered knowingly and voluntarily, with the

---

171. Como ensinam Harry I. Subin *et al.*: "Rule 11 requires the court to conduct a hearing designed to insure that before a plea is accepted the court is satisfied that the defendant's decision is both knowing and voluntary, and that there is an adequate factual basis upon which to base a judgment of guilt" (*The Criminal Process* – ..., p. 134).

advice of competent counsel. In addition, the defendant must be competent to enter a guilty plea".[172]

Neste sentido também a lição de Harry I. Subin *et al.*: "A valid waiver of that right requires that the defendant act knowingly, intelligently and voluntarily".[173]

Não há, portanto, para o acusado, um direito absoluto de se declarar culpado, pois os tribunais podem não aceitar tal declaração. Como salienta Marco Antônio Marques da Silva: "Uma alegação de culpa tem que ser feita perante um juiz. Antes que o juiz aceite a admissão de culpa, o acusado será interrogado para haver certeza de que ele compreende seus direitos, dentre os quais o de poder insistir em sua inocência, exigir um julgamento e que sua alegação de culpa seja voluntária. Além disso, deve compreender os termos do acordo e as conseqüências de sua alegação e que não foi obrigado e nem induzido por promessas falsas por parte do procurador. Se o juiz não estiver satisfeito com as respostas do acusado, não aceitará sua alegação, o acordo ou transação".[174]

2.10.6 A importância da participação do advogado

A Constituição dos Estados Unidos garante a todos os acusados em um procedimento criminal a assistência de advogado. Esta assistência abrange todas as fases do procedimento, inclusive na audiência inicial, de suma importância, pois é nela que o acusado toma uma das decisões mais importantes do processo: declarar-se *guilty*, *not-guilty* ou *nolo contendere*. Tão grande é a importância do advogado, que é ele o primeiro a sugerir ao acusado que se declare culpado em 56,2% dos casos; e em 56,7% dos casos é a opinião do advogado que é levada em conta para que o acusado se declare culpado. É o que salienta Nicolás Rodriguez García, endossando lição de Goldstein e Orland.[175]

Vale transcrever, no particular, a lição de Harry I. Subin e outros a respeito do tema: "The system's primary means of guaranteeing

---

172. "Criminal procedure project – ...", *Georgetown Law Journal* 87/1.441-1.442.

173. *The Criminal Process* – ..., p. 132.

174. "Organização da Justiça Norte-Americana. O procedimento penal", *RT* 736/452.

175. Nicolás Rodriguez García, *La Justicia Penal Negociada.* ..., p. 53.

JUSTIÇA CRIMINAL: CONFLITO E CONSENSO   79

that the plea is knowing and intelligent is the assignment of counsel. It is unquestionable that the guilty plea is a critical stage requiring that the defendant be represented by counsel, and counsel must be present at the time of entering a plea. That right, of course, is not just to have representation, but to have 'effective' assistance. Counsel must engage in investigation of the relevant law and facts, consult with the defendant, and recommend a guilty plea only when, in counsel's opinion, conviction after trial is probable. Constitutional rules relating to voluntaries are designed to protect the defendant against pleading guilty because of extra-legal threats of force or other inducements. Threats of higher sentences after trial, or promises of leniency for waiving the right to trial, however, are considered appropriate, and do not render the waiver involuntary".[176]

2.10.7 O controle judicial

O juiz deve, antes de aceitar a declaração de culpa, verificar a presença dos requisitos para sua validade.[177] Não está obrigado a acatar a recomendação do procurador para a sentença, devendo advertir deste fato o acusado, antes de obter dele a declaração de culpa. Não se satisfazendo com as respostas do acusado, pode não aceitar sua declaração, o acordo ou a transação. Por isso, o acordo a que chegaram as partes está condicionado à aceitação pela Corte. E o acusado pode retirar sua declaração de culpa se a Corte rejeita um

176. *The Criminal Process – ...*, p. 132.
177. Conforme relata Kimberlee A Cleaveland, "Rule 11 establishes guidelines to ensure that a guilty plea is made knowingly and voluntarily. To ensure that a plea is made knowingly, a judge must address the defendant in open court to establish that the defendant understands (1) the nature of the charge; (2) the mandatory minimums and maximum sentences for the charge, including any special parole, supervised release, and restitution terms; (3) the constitutional rights waived by a guilty plea; and (4) that answers to the court's questions, if under oath, on the record, and in the presence of defendant's counsel, may be used against her in a subsequent proceeding. The court need not, however, inform the defendant of any collateral consequences of pleading. To ensure that a plea is made voluntarily, the court must establish that the guilty plea is not the result of force, threats, or promises apart from the plea agreement. A guilty plea may be set aside as involuntary if the defendant demonstrates that fear of the possible consequences of not pleading guilty destroyed her ability to balance the risk and benefits of going to a trial. A guilty plea may also be set aside as involuntary if the defendant can establish prejudice from prosecutorial misconduct" ("Criminal procedure project – ...", *Georgetown Law Journal* 87/1.452-1.455).

80 TRANSAÇÃO PENAL

acordo a respeito de uma sentença específica a ser imposta.[178] Contudo, se o acordo foi celebrado com o entendimento de que o promotor vai recomendar uma sentença determinada, ou não vai se opor à sentença pleiteada pelo acusado, a declaração de culpa não pode ser retirada mesmo se a Corte decidir impor uma sentença mais severa.[179]

A Regra 11 estabelece um roteiro para assegurar que a declaração de culpa foi feita consciente e voluntariamente pelo acusado. Assim, para constatar a consciência do acusado, o juiz precisa perguntar-lhe, numa sessão pública, se entende (1) a natureza das acusações; (2) a pena mínima e a máxima que poderão ser aplicadas no caso; (3) os direitos constitucionais aos quais renunciou com a declaração de culpa; (4) que as respostas que der às questões formuladas pela Corte, sob juramento, e perante seu advogado, poderão ser usadas contra ele num procedimento subseqüente. E para constatar que a declaração de culpa foi feita voluntariamente a Corte precisa estabelecer que não resultou ela de força, ameaça ou promessas separadas do acordo.[180]

Outrossim, para assegurar que há uma base fática para a declaração, a Regra 11 (f) determina que o juiz pergunte ao acusado quais atos ele cometeu, e com que intenção.[181]

2.10.8 Críticas

São divergentes as opiniões a respeito do sistema da *guilty plea*. A maior parte dos doutrinadores assume que esse sistema é essencial para a eficiência da Justiça Criminal. Fosse maior o número de casos

---

178. Kimberlee A. Cleaveland, "Criminal procedure project – ...", *Georgetown Law Journal* 87/1.447.

179. De fato, "the ultimate power to accept a plea and impose a sentence, however, rests with the court, and therefore any agreement reached by the parties is conditional on the court's approval. The parties may, however, present their agreement to the court in different forms, with different consequences to the defendant in terms of the court's decision on the agreement. Thus, the defendant may withdraw his or her plea if the judge rejects an agreement between the parties that a specific sentence be imposed. When, however, the defendant agrees to plead guilty simply on the understanding that the prosecution will recommend a specific sentence, or will not oppose the defendant's request for one – the most common form of plea agreement between the parties –, the plea may not be withdrawn even if the court decides to impose a harsher sentence" (Harry I. Subin *et al.*, *The Criminal Process – ...*, p. 134).

180. Kimberlee A. Cleaveland, "Criminal procedure project – ...", *The Georgetown Law Journal* 87/1.449 e ss.

181. Harry I. Subin *et al.*, *The Criminal Process – ...*, p. 135.

JUSTIÇA CRIMINAL: CONFLITO E CONSENSO   81

submetidos a julgamento, e certamente haveria um colapso no sistema. É por isso que a maior parte das críticas não objetiva a eliminação desta prática, mas sim o seu aperfeiçoamento.[182]

Mas alguns insistem em dizer que o Júri e os juízes é que deveriam ser os árbitros finais das disputas criminais, e não os promotores e escritórios de Advocacia, e que o alto grau de liberdade que o sistema dá aos promotores acaba por produzir resultados impróprios. Em última instância, tem-se notado que, de dois acusados com idênticas acusações, aquele que se declara culpado recebe uma sentença menos severa que aquele que vai a julgamento.

Há, no entanto, muitos aspectos positivos. A pessoa que se declara culpada está muitas vezes merecendo a indulgência, desde que seu ato indique arrependimento, potencialidade de recuperação, cooperação com as autoridades para trazer à Justiça outros acusados. Há quem diga, também, que as negociações de culpa podem resultar, ao menos teoricamente, numa solução mais justa que o julgamento normal.[183]

Como quer que seja, as Cortes Norte-Americanas têm considerado as declarações de culpa como parte necessária do sistema de Justiça Criminal. Charles H. Whitebread e Christopher Slobogin, depois de fazerem referência a uma decisão da Suprema Corte favorável ao sistema, no caso "Brady *vs.* United States", completam: "One year later in 'Santobello *vs.* New York', the Court was even more affirmative: The disposition of criminal charges by agreement between the prosecutor and the accused, sometimes loosely called 'plea bargaining', is an essential component of the administration of Justice. Properly administered, it is to be encouraged".[184]

Nicolás Rodriguez García, criticando o sistema, salienta que este procedimento retira do juiz sua função tradicional de decisão, convertendo-o em um mero ratificador daquilo que as partes acordaram

---

182. Como salientam Charles H. Whitebread e Chirstopher Slobogin: "The response to the guilty plea process has been mixed. Most commentators and courts assume that guilty pleas and plea bargaining are essential to the efficient administration of an increasingly overburdened system of Criminal Justice. As one Manhattan prosecutor stated: 'Our office keeps eight courtrooms extremely busy trying 5% of the cases. If even 10% of the cases ended in a trial, the system would break down'. As a result, most criticisms of guilty pleas and plea bargains do not call for their elimination, but rather focus on the manner by which they are obtained and the lack of openness surrounding the process" (*Criminal Procedure* – ..., 4ª ed., p. 666).

183. Charles H. Whitebread e Christopher Slobogin, *Criminal Procedure* ..., 4ª ed., p. 667.

184. Idem, p. 668.

82 TRANSAÇÃO PENAL

e decidiram.[185] Além disso, geralmente o delito pelo qual o acusado se declara culpado é inferior e muitas vezes nada tem a ver com o que realmente cometeu. Assinala, ainda, que, segundo estatísticas do *New York City District Attorney*, cerca de 80% de todos os acusados de *first degree robbery* ("roubo em primeiro grau"), que seriam punidos com pena de 10 a 30 anos de prisão, declaram-se culpados de um delito de menor gravidade ou contravenção (*misdemeanor*), que tem pena máxima de 1 ano. Esta troca de papéis entre os sujeitos que participam do processo leva-o a dizer que se trata de um sistema hipócrita de Justiça, no qual a faculdade de ditar sentenças pertence ao escritório do Ministério Público, e não aos tribunais.[186]

É ainda o ilustre professor da Universidade de Salamanca quem arrola os argumentos favoráveis e os desfavoráveis ao sistema norte-americano.

Inicialmente as negociações trazem a vantagem de ser uma forma mais flexível de distribuir justiça, com ativa participação do acusado na tomada de decisões que influirão em seu destino. Outrossim, dentre as recíprocas vantagens assinala as seguintes: a) para o acusado, que poderá, vendo uma possibilidade, ainda que remota, de ser condenado, evitar o julgamento, obtendo uma série de concessões por parte do Ministério Público; além disso, ficará livre dos temores e incertezas decorrentes do processo; b) os promotores também querem evitar o processo, porque desta forma se vêem aliviados em seu trabalho e evitam o risco de absolvição do acusado. Além disso, a colaboração do acusado poderá ajudar o Ministério Público a obter evidências e provas que permitam resolver esse ou outros casos; c) para os advogados também há vantagens, com redução de seu trabalho e sobra de tempo para a preparação de outros casos; d) finalmente, para o Estado as vantagens consistem na imposição mais rápida da penalidade, logo após a confissão de culpa, forma mais efetiva de atingir os fins da pena, além de permitir um maior tempo para se dedicar a outros casos mais complexos. Em suma, para seus defensores, o procedimento do *plea bargaining* é um procedimento simples e rápido, que favorece o desenvolvimento do princípio da economia processual, permitindo a resolução pronta da imensa maioria

185. Com a devida vênia, parece-nos que não é bem assim. Embora realmente o juiz não decida o caso, não se o pode considerar um mero homologador daquilo que acordaram as partes. Porque, como vimos, desempenha ele importante papel na verificação do preenchimento dos requisitos legais. Além disso, não está obrigado a acatar a recomendação do promotor para a sentença.

186. Nicolás Rodriguez García, *La Justicia Penal Negociada*. ..., p. 42.

JUSTIÇA CRIMINAL: CONFLITO E CONSENSO

dos processos criminais, com benefícios econômicos e de tempo para todos os participantes.

Como argumentos contrários, arrola os seguintes: a) implica violação do princípio da igualdade, eis que trata com discriminação pessoas que cometeram o mesmo delito; b) implica subversão do princípio da legalidade, pois o sistema ensina aos criminosos que juízes, promotores e advogados podem ignorar o Direito quando atuam, o que leva muitos a qualificarem-no como um "mercado persa", um bazar, onde tudo tem preço; c) implica o desaparecimento das genuínas funções dos sujeitos processuais, com perigo de levar a uma desjudicialização; d) as declarações negociadas de culpabilidade têm lugar em um momento em que o conhecimento do caso pelas partes ainda é limitado. Assim, realizadas em momento em que se desconhece a certeza das provas, implica incremento da função repressiva do processo penal; e) implica tratamento nitidamente discriminatório em relação aos que decidem ir a julgamento normal; f) leva a uma hipervalorização da confissão de culpa, com o perigo de pessoas inocentes, especialmente de baixo nível cultural e reduzido poder econômico, ante as evidências existentes, serem induzidas a se declarar culpadas diante do temor de, em caso de condenação, serem mais severamente apenadas.[187]

Costuma-se dizer, ainda, que o sistema gera a convicção de que os advogados mais experientes acabam por manipular, com inteligência, os mecanismos legais para conseguir a liberdade de acusados culpados. Daí a pergunta: onde estão, neste sistema, os princípios da igualdade, da legalidade e proporcionalidade, visto como a jurisprudência mostra tratamentos discriminatórios em relação a várias pessoas condenadas pelo cometimento dos mesmos crimes?

Contudo, como já se disse, o certo é que a prática do *plea bargaining* é aceita pela Suprema Corte como um componente essencial à administração da Justiça Criminal.

Além disso, como salienta Luiz Flávio Gomes, "todas essas críticas resultam em grande parte invalidadas quando se considera que o 'acordo' resulta da livre manifestação da vontade do implicado, sempre assistido, ademais, por profissional técnico. E não haveria praticamente nada a ser censurado se a manifestação dessa vontade fosse feita perante o juiz".[188]

---

187. Nicolás Rodriguez García, *La Justicia Penal Negociada.* ..., pp. 96-105.
188. *Suspensão* ..., 2ª ed., p. 52.

84 TRANSAÇÃO PENAL

Luís Alfredo Diego Díez, acolhendo o magistério de Daley, sustenta que o sistema do *plea bargaining* não representa apenas um meio de resolver as causas criminais, mas também um meio oferecido ao acusado e à sociedade para evitar os elevados custos que implica um procedimento inútil, mantendo, assim, um nível eficiente de utilização dos recursos e da estrutura do sistema judicial.

E completa ele: "el procedimiento de la *plea bargaining* constituye, utilizando palabras de Amodio, 'una verdadera y propia exaltación de la autonomía de las partes'. La negociación entre el 'prosecutor' y el imputado se ha convertido, estadísticamente, en el modo más habitual de definir los procesos penales como alternativa al sofisticado mecanismo impuesto por el *Jury trial*. No es de extrañar que esto haya sucedido: un sistema de enjuiciamiento criminal que fundamenta su estructura sobre el poder dispositivo de las partes, permitiendo al órgano de la acusación renunciar a la pretensión penal y al imputado admitir el fundamento de la misma (*guilty plea*), no puede por menos que ver crecer desmesuradamente la 'justicia negociada' en una sociedad, como la moderna, que asiste a la explosión del número de delitos dentro de un contexto de recursos del aparato judicial dotado de limitada elasticidad y, por ello, incapaz de absorver el *input* siempre creciente de demanda de justicia penal".[189]

Encerrando, recorremos, uma vez mais, à preciosa lição de Luiz Flávio Gomes, um estudioso do assunto: "As vantagens desse sistema, dentre outras, são: a) permite um pronto julgamento da maioria dos assuntos penais; b) evita os efeitos negativos que a 'demora' do processo provoca, sobretudo quando o imputado está preso; c) facilita uma pronta 'reabilitação' do infrator; d) com menos recursos humanos e materiais – economia – são julgados mais casos – eficiência –, etc.".[190]

2.11 O Direito Italiano: "patteggiamento"

O Código de Processo Penal Italiano de 1930 (conhecido como *Código Rocco*), editado ao tempo da Ditadura Fascista de Mussolini, com uma estrutura mista, mas marcantemente inquisitiva – fruto,

189. Luís Alfredo Diego Díez, *Justicia Criminal Consensuada*. ..., pp. 75-76.
190. "Tendências político-criminais ...", *Revista Brasileira de Ciências Criminais*, número especial de lançamento, p. 100.

JUSTIÇA CRIMINAL: CONFLITO E CONSENSO

aliás, do momento histórico em que se desenvolveu[191] –, foi sofrendo, ao longo do tempo, inúmeras modificações, até mesmo por força da mudança do regime. Transformou-se, por isso, numa verdadeira colcha-de-retalhos. Nos últimos tempos pregava-se a necessidade de uma total reforma do sistema processual penal italiano.[192]

Essa reforma veio com o Código de Processo Penal Italiano de 1989, introduzindo um processo tipicamente acusatório,[193] amparado em três vigas-mestras: a) separação de funções; b) separação do processo em fases distintas; c) simplificação.

Esse diploma legal criou cinco procedimentos especiais, sendo que em quatro deles, integrantes do chamado *patteggiamento*,[194] a nota marcante é o consenso. Assim, havendo conformidade do acusado e anuência do Ministério Público, pode-se optar ou pelo juízo abreviado (com eliminação do debate), ou pelo juízo imediato (com eli-

---

191. Cf. Nicolás Rodriguez García, *La Justicia Penal Negociada.* ..., p. 121. Segundo se vê de sua lição, o processo, neste Código, tinha duas fases: uma preparatória, conduzida por um magistrado do Ministério Público, destinada à atividade probatória, com o imputado numa posição de total inferioridade; a segunda fase, de julgamento, pública e oral, cuja parte principal estava nos debates. Portanto, as provas eram colhidas, inquisitorialmente, na primeira fase, e valiam na segunda, embora nesta também se produzissem provas.

192. Como assinala Nicolás Rodriguez García: "Ante la incapacidad de la administración de justicia para haver frente a los problemas derivados de la acumulación de asuntos que tenía que resolver, el legislador italiano se vió en la necesidad de establecer soluciones alternativas al proceso penal ordinario como trámite obligatorio en el enjuiciamiento de conductas ilícitas, y le pareció que la solución mejor sería aquella que se inspirara en la lógica de la diferenciación de los modelos procesales: en este sentido se quiere privilegiar al máximo las soluciones que, siendo compatibles con la naturaleza del delito y con la dificultad de las averiguaciones, se caracterizan por la rapidez y por la agilidad, conviniéndose en *una sorta di transazione sull'esito del processo*. Buscando cumplir con la exigencia del art. 6 del Convenio de Roma, que el proceso penal tuviera una duración 'razonable', componente esencial del más amplio derecho a un proceso 'justo', se procedió a hacer más rápido el *iter* procedimental 'sopprimendo fasi o abolendo stadi processuali, ovvero a farlo venir meno del tutto, orientando verso altri sbocchi la reazione sociale all'illecito'" (*La Justicia Penal Negociada.* ..., p. 139).

193. O anterior Código de Processo Penal Italiano, de 1930, conhecido como *Código Rocco*, previa uma fase processual preliminar, chamada "Juizado de Instrução", em que eram obtidas as provas – sem as garantias do contraditório –, que seriam utilizadas posteriormente na fase de julgamento. Como nesta segunda fase, do *giudizio*, eram asseguradas aos réus as garantias do contraditório, o que não ocorria na primeira, com caráter nitidamente inquisitorial, pode-se falar que o sistema processual penal era misto (cf. Nicolás Rodriguez García, *La Justicia Penal Negociada.* ..., pp. 121-122).

194. Conforme salienta Carmine Covino, "la definizione 'patteggiamento' costituisce, a nostro avviso, una volgarizzazione, nella pratica applicativa, dell'istituto così e come formulato dal legislatore" (*Patteggiamento e Giudizio Abbreviato*, p. 11).

86 TRANSAÇÃO PENAL

minação da fase probatória), ou pela aplicação da pena a pedido das partes (até dois anos), com redução de um-terço, ou pelo procedimento por decreto (a pedido do Ministério Público, o juiz, por decreto, fixa a pena e depois dá conhecimento ao acusado, que não é ouvido previamente e pode concordar com ela – hipótese em que se encerra o assunto – ou dela discordar – hipótese em que a pena não é exeqüível).[195]

O Ministério Público passa a desempenhar papel fundamental, já que não só se incumbe da ação penal, como também da escolha do mais adequado dentre os procedimentos possíveis (um ordinário e cinco simplificados), de forma a não sobrecarregar os já saturados tribunais italianos.[196]

Um dos objetivos fundamentais perseguidos pelo legislador italiano foi, sem dúvida, obter a máxima celeridade do processo penal.[197] Para tal, foram previstas, ao lado do procedimento ordinário, categorias de procedimentos penais simplificados, como alternativa ao esquema do procedimento ordinário.[198]

Esses novos procedimentos, baseados na vontade das partes, constituem o estandarte de um novo processo penal italiano.[199]

O procedimento ordinário inicia-se com as *indagini preliminari* (investigações preliminares);[200] prossegue com a *udienza preliminare*

195. Cf. Luiz Flávio Gomes, "Tendências político-criminais ...", *Revista Brasileira de Ciências Criminais*, número especial de lançamento, p. 104).

196. Nicolás Rodriguez García, *La Justicia Penal Negociada. ...*, p. 120.

197. Luís Alfredo Diego Díez, *Justicia Criminal Consensuada ...*, p. 124.

198. Nicolás Rodriguez García ensina que: "Al tener dificultades de realizar la obligatoriedad del ejercicio de la acción penal, puesto que se produce una distorsión entre el cumplimiento absoluto del principio y la carencia de recursos para hacerlo operativo, va a alcanzar una especial relevancia la introducción de procedimientos simplificados y alternativos al procedimiento ordinario, manifestaciones del principio dispositivo, en un intento de acelerar el 'tempo' de los procesos penales, buscando conjugar los principios de eficacia y garantía" (*La Justicia Penal Negociada. ...*, p. 120).

199. Nicolás Rodriguez García, *La Justicia Penal Negociada. ...*, p. 135.

200. Esta fase inicial de investigações preliminares, sem caráter procedimental, é comum ao procedimento ordinário e aos especiais. Não existe mais o chamado "Juizado de Instrução", em que se produziam as provas inquisitorialmente. Agora, a fase das investigações preliminares tem por objetivo a descoberta de fatos e meios de prova que permitirão ao Ministério Público acusar, a exemplo do nosso inquérito policial. Mas não se produzem provas nesta fase, salvo em situações excepcionais, quando não há possibilidade de produção das provas em juízo, em que num incidente probatório, com a presença do acusado e seu defensor e com as garantias do contraditório, se colhem provas que vão produzir efeito nas fases posteriores.

JUSTIÇA CRIMINAL: CONFLITO E CONSENSO 87

(audiência preliminar); e termina com o *giudizio* (audiência de instrução e julgamento).[201]

Na audiência preliminar, de posse dos autos das investigações preliminares, o juiz avalia, em contraditório e após o debate entre as partes, a existência ou não de elementos suficientes para que o Ministério Público sustente, em juízo, uma acusação. Faltando condições de procedibilidade ou indícios suficientes da autoria, ou se o fato não é típico ou está prescrito, por exemplo, o juiz rejeita a acusação (*sentenza di non luogo a procedere*). Se, ao contrário, entender que há elementos suficientes para sustentar a acusação, o juiz a admite (*decreto che dispone il giudizio*), e marca data para a *udienza dibattimentale*, indicando o juiz competente para presidi-la (*giudice del giudizio*). Este juiz que irá presidir a fase do *giudizio* não é o mesmo da fase da audiência preliminar. Saliente-se que os atos produzidos na fase das *indagini preliminari*, excetuadas aquelas provas colhidas sob o amparo do contraditório, não são levados ao conhecimento do juiz que vai presidir o *giudizio*, em respeito ao princípio do processo penal acusatório.

Já os procedimentos especiais compreendem: a) o *giudizio abbreviato* (processo abreviado) – o juiz, na audiência preliminar, havendo acordo entre o acusado e o Ministério Público, profere decisão de mérito, com base nas provas colhidas nas investigações preliminares, diminuindo a pena de um-terço em caso de condenação;[202] b) *giudizio su richiesta delle parti* (aplicação da pena a pedido das partes) – quando há acordo entre o acusado e o Ministério Público a respeito da pena a ser imposta; c) o *giudizio direttissimo* (processo diretíssimo) – não há a audiência preliminar, sendo o acusado encaminhado diretamente à fase de julgamento (ao *giudizio*); isso ocorre nas hipóteses em que o fundamento da acusação é muito evidente, a dispensar aquela audiência preliminar: quando há prisão em flagrante ou confissão do acusado; d) o *giudizio immediato* (processo imediato) – também implica a eliminação da audiência preliminar, tendo como pressuposto uma prova evidente, mas não a prisão em flagrante ou confissão; pode ser requerido tanto pelo Ministério Público quanto pelo acusado; e) o *procedimento per decreto* – importa a supressão da fase da audiência preliminar e dos debates, sendo próprio de crimes menores, com pena reduzida; a condenação pode ocor-

201. Luís Alfredo Diego Díez, *Justicia Criminal Consensuada* ..., p. 124.
202. A iniciativa de requerer o juízo abreviado é exclusiva do acusado.

88 TRANSAÇÃO PENAL

rer logo em seguida às investigações preliminares, sem prévio contraditório; a pena a ser aplicada somente pode ser a de multa, ainda que em substituição a uma privativa de liberdade.

Embora todos estes procedimentos se inspirem em critérios de economia processual, pode-se observar que seus pressupostos e efeitos são bem distintos entre si. Apresentam, ainda, como nota singular a sua conversibilidade,[203] isto é, a possibilidade que têm as partes de solicitar, mesmo durante o seu curso, a substituição de um processo alternativo por outro. Há, no entanto, uma característica comum a todos eles: a eliminação de algumas das fases do procedimento ordinário (investigação preliminar, audiência preliminar, impugnação). Assim, no procedimento diretíssimo e no imediato, que são também chamados de "procedimentos antecipatórios", suprime-se a audiência preliminar e se antecipa a fase dos debates orais. Na aplicação da pena a pedido da parte encerra-se imediatamente o processo e se elimina a apelação (salvo na hipótese em que o Ministério Público tenha manifestado sua discordância). E no procedimento por decreto é suprimida a audiência preliminar, e, eventualmente, os debates orais.[204]

Dentre estes procedimentos especiais, aqueles do *giudizio su richiesta delle parte* e do *giudizio abbreviato*, incluídos na denominação ampla *patteggiamento*, têm "certamente avuto maggior successo, comparato con tutti gli altri 'riti speciali'", até porque "l'intento perseguito dal legislatore di accelerare la durata dei processi e pervenire a una loro rapida definizione s'incentra, quindi, massimamente sui due istituti in esame". Mencione-se que aqueles outros três "sono connotati da una minore frequenza e già preesistevano nel vecchio Codice".[205]

A questão que se coloca, neste passo, é saber se nesses dois tipos de procedimentos especiais existe uma concessão ao princípio da oportunidade.

Lembre-se que o princípio da oportunidade, como já foi visto, opondo-se ao da obrigatoriedade, comete ao órgão encarregado da persecução penal uma dose de discricionariedade, *permitindo-lhe opção entre o ajuizamento ou não da ação penal*. Este princípio, tal qual o da obrigatoriedade, tem como inequívoco destinatário o Poder Público.

---

203. Nicolás Rodriguez García, *La Justicia Penal Negociada.* ..., p. 138.
204. Luís Alfredo Diego Díez, *Justicia Criminal Consensuada* ..., pp. 124-125.
205. Carmine Covino, *Patteggiamento* ..., p. 7.

JUSTIÇA CRIMINAL: CONFLITO E CONSENSO 89

Ora, no procedimento abreviado (*giudizio abbreviato*) o juiz profere, desde logo, decisão de mérito, a pedido do acusado e com o consentimento do Ministério Público, com base nos atos produzidos nas investigações preliminares; sendo que, se condenatória a sentença, diminui a pena em um-terço – o que constitui estímulo para o acusado pleitear esse tipo de procedimento especial. Assim, a concordância do Ministério Público circunscreve-se ao julgamento, desde logo, conforme pedido do acusado, bem assim a diminuição da pena. Não deixa ele de exercer a ação penal. Pode-se falar, desta forma – e quando muito –, num afastamento do princípio da indisponibilidade do conteúdo do processo, já antes inexistente no processo penal italiano, mas não do acolhimento do princípio da oportunidade.

O mesmo ocorre na aplicação da pena a pedido das partes, em que se soluciona o processo sem ingressar na fase dos debates; aqui há um acordo prévio entre o Ministério Público e o acusado quanto à pena a ser imposta. Mas não há, por parte do órgão acusador, exercício de opção quanto ao ajuizamento ou não da ação penal.

Representam esses dois procedimentos especiais – isto, sim – a admissão do consenso no processo penal.

2.11.1 A aplicação da pena a pedido das partes

O procedimento da "aplicação da pena a pedido das partes" já era conhecido no Direito Italiano anteriormente ao novo Código de Processo Penal.[206] Pode-se dizer que foi introduzido com a reforma do processo penal, conseqüência da Lei Delegada 108, de 3.4.1974;[207] porém, foi com o Código de Processo Penal de 1989 que recebeu elaboração mais precisa, ampliando-se, inclusive, seu campo de ação.[208]

---

206. Carmine Covino nos ensina que "l'istituto non è nuovissimo in quanto 'fu introdotto – seppur entro limiti piuttosto ristretti – già dalla Legge 24 dicembre 1981, n. 689'; parentela, è stata ravvista, ma con 'caratteristiche fortemente trasformate', con questa legge" (*Patteggiamento* ..., p. 19).
207. Cf. Nicolás Rodriguez García, *La Justicia Penal Negociada.* ..., p. 139.
208. Como informa Nicolás Rodriguez Garcia, "con la nueva regulación del *patteggiamento* en los arts. 444 a 448 del CPP italiano, su ámbito de aplicación se ha visto ampliado, puesto que no va a quedar reducido a las bagatelas, extendiéndose a aquellas formas de criminalidad medio-graves, siendo aplicable en la mayor parte de los procedimientos penales" (*La Justicia Penal Negociada.* ..., p. 168).

90 TRANSAÇÃO PENAL

Esse procedimento da "aplicação da pena a pedido das partes" (*giudizio su richiesta delle parti*) afigura-se como um verdadeiro *patteggiamento*. O verbo *patteggiare* significa "pactuar", "celebrar acordo". Realmente, neste procedimento da aplicação da pena a pedido das partes nos encontramos diante de um acordo entre o acusado e o órgão da acusação – acordo, este, relacionado com a pena a ser aplicada.[209]

Como está no art. 444 do Código de Processo Penal Italiano: "L'imputato e il Pubblico Ministero possono chiedere al giudice l'applicazione, nella specie e nella misura indicata, di una sanzione sostitutiva o di una pena pecuniária, diminuita fino a un-terzo, ovvero di una pena detentiva quando questa, tenuto conto delle circostanze e diminuita fino a un-terzo, non supera due anni di reclusione o di arresto, soli o congiunti a pena pecuniária".

Pressuposto básico e imprescindível da aplicação da pena a pedido das partes, como se pode ver do texto legal, é a confluência de vontades sobre a pena a ser imposta, com o quê se evita a fase dos debates orais.

A iniciativa pode ser tanto do acusado como do órgão da acusação, conjunta ou individualmente.[210] Quando individual a iniciativa, depende da concordância da outra parte. Havendo acordo, em qualquer fase em que se encontre o processo, deve ele ser trancado, após imediata decisão do juiz.

Excepcionalmente, quando injustificada a recusa do Ministério Público, pode o juiz acolher a petição de pena formulada pelo acusado, desconsiderando a recusa.[211]

A *richiesta* deve ser subscrita pelo próprio acusado, ou por procurador com poderes especiais, tratando-se de ato personalíssimo do sujeito passivo do processo penal; independe, mesmo, de assentimento do defensor, porque se trata de manifestação de vontade que terá influência na esfera patrimonial e de liberdade pessoal do acusado. A petição pode tomar a forma oral ou escrita, conforme ocorra na

---

209. Luís Alfredo Diego Díez, *Justicia Criminal Consensuada* ..., pp. 126-127.

210. Salienta Nicolás Rodriguez García que "la base del instituto está en que es la voluntad de ambas partes, su consenso, la que da lugar a su funcionamiento, debido a que ambas van a resultar beneficiadas" (*La Justicia Penal Negociada.* ..., p. 172).

211. Mas isto somente é possível após o procedimento ordinário, de modo que a discordância do Ministério Público apenas impede a definição antecipada do feito, não impedindo o acolhimento da petição do imputado (Luís Alfredo Diego Díez, *Justicia Criminal Consensuada* ..., p. 136).

JUSTIÇA CRIMINAL: CONFLITO E CONSENSO 91

audiência ou fora dela. Sendo escrita, a firma do acusado deve ser autenticada por um notário ou pelo advogado.[212] Pode ser formulada desde as investigações preliminares (art. 447.1), quando da audiência preliminar (art. 448. 1.) e até a abertura dos debates em primeira instância (*dibattimento*) (art. 446.4). Este é o último momento em que pode ser apresentado o pedido de aplicação de pena pelo autor do fato.[213]

Sob este aspecto – papel predominante das partes na definição da pena a ser imposta – constata-se uma certa influência do *plea bargaining* norte-americano. Porém – adverte Luís Alfredo Diego Díez –, existe notável diferença entre os dois institutos: "Esta última encuentra su base esencial y su amplio desarrollo en el principio de discrecionalidad de la acción penal, reconocida a la Policía y al Ministerio Fiscal, en tanto que la legislación italiana está vinculada al principio constitucional de legalidad en el ejercicio de la acción penal (art. 112 de la Constitución)".[214]

No mesmo sentido a lição de Carmine Covino.[215]

Este procedimento do *giudizio su richiesta delle parti* tem como antecedente histórico no Direito Italiano os arts. 77 a 85 da Lei 689, de 24.11.1981, segundo os quais o juiz podia, concorrendo determinados pressupostos, aplicar ao acusado uma sanção substitutiva. Esta sanção substitutiva, de natureza muito controvertida, implicava a declaração de extinção do delito e também dava lugar a uma execução com mecanismo distinto daquele previsto para as penas.

---

212. Luís Alfredo Diego Díez, *Justicia Criminal Consensuada* ..., pp. 136-137.

213. Alberto Macchia, *Il Patteggiamento*, pp. 67-68.

214. *Justicia Criminal Consensuada* ..., p. 127.

215. Eis suas palavras: "Sebbene la dottrina sai unanime nel ritenere gli istituti e le prassi di oltroceano (*plea guilty* or *not-guilty* e *plea bargaining*) como gli antenati e, certamente o più sicuramente, gli ispiratori dell'istituto della richiesta di applicazione della pena è, del pari, indiscutibile che una profonda differenza divida gli istituti nei due diversi ordinamenti giuridici. È noto il pragmatismo del Diritto Anglosassone e Americano, che non si a immerso, como notava un illustre studioso di Diritto Romano, nella esperienza romanistica; questo pragmatismo no caratterizza il nostro Diritto, talché sono sempre sussistenti i principi della obbligatorietà dell'azione penale e del controllo del giudice sulle instanze delle parti. Se questo, e non vi è ragione di dubitare, è il principio informativo della nostra legge, non può parlarsi di 'patteggiamento' secondo il Diritto di oltreoceano e, quindi, di un contenuto meramente contrattuale della richiesa di applicazione di pena. Il legislatore italiano, pur avendo presente il modello americano, non lo hà in pieno realizzato, né forse poteva, con riferimento alle specifiche tradizione giuridiche del nostro paese e agli archetipi e alle sedimentazioni del nostro Diritto" (*Patteggiamento* ..., p. 15).

92 TRANSAÇÃO PENAL

Estes preceitos admitiam, pois, a aplicação de sanções substitutivas a pedido do acusado, com o consentimento do órgão acusatório.

Luós Alfredo Diego Díez afirma que "era la primera vez que se hablaba de transacción sobre el resultado del proceso penal; era la primera vez que en un sistema moderno se llegaba, sustancialmente, a dar valor de prueba legal a la confesión del imputado o, más bien, era la primera vez que la confesión venía incentivada a cambio de aplicar una norma de naturaleza premial".[216]

2.11.1.1 Limites de aplicação

Clara a intenção do legislador processual penal italiano de 1989 de tratar diferentemente a delinqüência de menor gravidade, estabelecendo, em relação a ela, a possibilidade da imposição de pena de forma consensual. Daí por que limitou este procedimento especial às penas privativas de liberdade até o máximo de dois anos. Realmente, o acordo pode prever a aplicação de pena substitutiva àquela prevista na lei, ou a aplicação de pena detentiva, diminuída de um-terço ou, de qualquer forma, não superior a dois anos de privação de liberdade.[217]

De fato, segundo Díez, "el nuevo *patteggiamento* cubre las hipótesis de sanciones substitutivas, penas pecuniarias y penas privativas de libertad. Si bien, en estas últimas se establece un techo: sólo podrá aplicarse una pena privativa de libertad a instancia de las partes si, teniendo en cuenta las circunstancias del delito y calculando la disminución de la pena hasta el máximo de un-tercio, no supera los dos años de prisión o de arresto, ya sea sola o conjuntamente con una pena pecuniaria (art. 444.1). Dicho en otros términos: el límite de los dos años se determina en concreto, después de haber operado la disminución 'hasta un-tercio' de la pena a imponer, prevista por el legislador para incentivar el recurso por parte del imputado a este procedimiento especial".[218]

---

216. *Justicia Criminal Consensuada* ..., p. 129.

217. Anota Nicolás Rodriguez García que objeto do consenso só podem ser sanções substitutivas (liberdade controlada ou semidetenção), penas pecuniárias ou privativas de liberdade cuja duração, tendo em conta as circunstâncias e diminuídas até um-terço, não supere os dois anos de prisão, só ou conjuntamente com outras penas pecuniárias (*La Justicia Penal Negociada*. ..., pp. 174-175).

218. *La Justicia Penal Negociada*. ..., p. 135.

JUSTIÇA CRIMINAL: CONFLITO E CONSENSO 93

Salienta Alberto Macchia, confirmando o limite para a pena privativa de liberdade, que "per le pene detentive, l'pplicazione su richiesta soffre un limite di ammissibilità, in quanto la stessa è consentita solo quando la pena, considerate tutte le circostanze e diminuita fino a un-erzo, non superi idue anni di reclusione o di arresto, soli o congiunti a pena pecuniaria".[219]

2.11.1.2 O controle judicial

O acordo entre o acusado e o órgão da acusação, nos termos do art. 444.1, pode abranger tanto a natureza como a medida da pena (privativa de liberdade ou pecuniária) ou da sanção substitutiva.

O juiz, no entanto, não atua automaticamente, como mero homologador do acordo. Tem, ao contrário, uma série de faculdades de controle (arts. 444-446 do Código). Assim, de ofício, pode examinar a presença de causas de extinção da punibilidade, examinar se a qualificação jurídica do fato e a valoração das circunstâncias foram formuladas corretamente pelo órgão acusador e, por último, verificar a voluntariedade do imputado. Portanto, o juiz não está vinculado à vontade das partes, mas exerce uma – ainda que limitada e anômala – jurisdição.[220]

Como salienta Nicolás Rodriguez García, "en esta nueva regulación una vez que el imputado y el Ministerio Público han pedido al juez la aplicación de una pena, este debe tomar una decisión sobre el consenso planteado teniendo la alternativa de rechazar o aceptar 'en bloque' esa richiesta, realizando simplemente un control formal de la misma".[221]

Assim, pode o juiz, no exame daquelas circunstâncias, a despeito do acordo celebrado entre as partes no que tange à pena a ser imposta, rechaçar esta pretensão, proferindo sentença absolutória ou de arquivamento. Percebe-se, pois, que a finalidade primordial daquele exame procedido pelo juiz tem por escopo determinar a presença ou não dos pressupostos de admissibilidade da acusação. Se ausentes, deve absolver o imputado ou arquivar o processo.[222]

---

219. *Il Patteggiamento*, p. 16.
220. Luís Alfredo Diego Díez, *Justicia Criminal Consensuada ...*, p. 150.
221. *La Justicia Penal Negociada. ...*, p. 189.
222. Nicolás Rodriguez García, *La Justicia Penal Negociada. ...*, p. 192.

94 TRANSAÇÃO PENAL

Além disso, a partir de decisão do Tribunal Constitucional Italiano o âmbito de controle judicial estendeu-se também para um juízo sobre a proporcionalidade da pena pleiteada pelas partes. Segundo entendeu aquela Corte, a pena, em sua função reeducadora do condenado, tem uma indubitável conexão com o princípio da proporcionalidade, aferida entre a qualidade e a quantidade da sanção, de um lado, e a gravidade do delito, de outro.[223] Até então vinha-se entendendo que o juiz estava vinculado, no que tange à pena a ser imposta, ao acordo entre as partes, não podendo afastar a *richiesta* pelo fato de considerar desproporcional ao delito a pena pleiteada.[224]

Embora o texto legal indique que a sentença que aplica a pena a pedido das partes tem natureza condenatória (art. 445.1, parte final), sem, no entanto, produzir efeitos no Cível (porque inexiste declaração de responsabilidade do acusado), o certo é que isso tem sido objeto de debate doutrinário e jurisprudencial. Discute-se, assim, sobre a natureza jurídica desta sentença, mais especialmente quanto a comportar ou não o reconhecimento da culpa do acusado.

Salienta Carmine Covino: "La natura della sentenza di condanna in accoglimento della richiesta di applicazione della pena costituisce una specie di *Capo Horn* della interpretazione giurisprudenziale e della dottrina per cui si sono succedute pronunzie e manifestate opinioni affette da insanabili contraddizioni".[225]

Segundo alguns esta sentença que aplica a pena consensuada não pode ser tida como condenatória, porque se não fundamenta sobre a imprescindível combinação entre reconhecimento de responsabilidade e aplicação da pena, eis que não faz parte do acordo o reconhecimento de responsabilidade penal pelo acusado. Para outros trata-se de uma sentença condenatória atípica (porque tem disciplina particular), que afirma a culpabilidade do réu com respeito ao fato imputado.[226]

Nicolás Rodriguez García sustenta tratar-se de sentença condenatória atípica: "En definitiva, que podemos calificar de 'atípica' la sentencia de *patteggiamento* frente a las sentencias 'típicas' de condena, como hace la *Corte Costituzionale* en la sentencia n. 251, de 6.6.1991, resaltando la peculiaridad del procedimiento y justifican-

---

223. Luís Alfredo Diego Díez, *Justicia Criminal Consensuada* ..., p. 155.
224. Idem, ibidem, pp. 155-156.
225. *Patteggiamento* ..., p. 69.
226. Luís Alfredo Diego Díez, *Justicia Criminal Consensuada* ..., pp. 168-174.

JUSTIÇA CRIMINAL: CONFLITO E CONSENSO   95

do los especiales efectos que produce la sentencia que aplica la *pena patteggiata*".[227]

Anote-se, a reforçar que se trata mesmo de sentença condenatória, ainda que atípica, como realça Luís Alfredo Diego Díez, que ela produz os efeitos "referidos a anotación de antecedentes penales y expedición de certificaciones",[228] efeitos próprios da condenação criminal.

Encerrando, é preciso dizer que, embora os resultados obtidos com a aplicação do *patteggiamento* no Direito Italiano não se possam dizer negativos, segundo as estatísticas, porque superam aqueles alcançados pelo antigo modelo, o certo é que se está longe de atingir o objetivo almejado pelo legislador. Somente cerca de 3,7% dos procedimentos criminais têm terminado com sentença condenatória decorrente de acordos entre as partes.[229]

2.12 O Direito Português

Buscando o ideal de uma Justiça rápida, simples e econômica, mas segura e eficaz, o legislador português materializou uma profunda transformação na estrutura do processo penal em Portugal, no que foi ajudado pela nova codificação penal anteriormente realizada.[230]

Constituem pilares-mestres do novo processo penal português:[231] a) uma estrutura basicamente acusatória; b) judicialização da instrução criminal, com garantia de liberdade e de segurança dos cidadãos no desenvolvimento do processo; c) adoção do princípio do contraditório; d) diversidade de tratamento entre a criminalidade grave, a média e a pequena,[232] com previsão de soluções de consenso, com a possibilidade de suspensão provisória do processo, ou da celebração de

---

227. *La Justicia Penal Negociada.* ..., p. 194.

228. *Justicia Criminal Consensuada* ..., p. 168.

229. Cf. Nicolás Rodriguez García, *La Justicia Penal Negociada.* ..., p. 168.

230. Nicolás Rodriguez García, *La Justicia Penal Negociada.* ...., p. 213.

231. Idem, ibidem, pp. 216 e ss.

232. A nova legislação portuguesa considera *pequena criminalidade* a que corresponde às penas de prisão com limite máximo de seis meses, em relação à qual prevê, no plano material, a substituição geral pela pena de multa, a possibilidade de dispensa da pena e de liberdade condicional; e, no plano processual, a admissibilidade do procedimento sumaríssimo (art. 392º); *média criminalidade* a que corresponde às penas de prisão que tenham a duração máxima de três anos, e que podem dar lugar à substituição da pena de prisão pela suspensão da execução da pena ou, no plano proces-

96 TRANSAÇÃO PENAL

um juízo sumaríssimo (forma especial de procedimento que implica a imposição de uma pena substitutiva proposta pelo Ministério Público e aceita pelo acusado); e) estabelecimento de um sistema protetor da vítima.[233]

Assim, o Código de Processo Penal Português de 1987 trouxe significativas inovações aos procedimentos especiais, e marcantemente no que tange ao princípio da oportunidade e ao consenso. Assim, a suspensão provisória do processo (arts. 281º e 282º) e o procedimento sumaríssimo (arts. 392º e ss.), onde predominam as idéias da informalidade, cooperação, consenso, oportunidade, eficácia e celeridade.

Luiz Flávio Gomes faz referência, ainda, como manifestação do princípio da oportunidade, ao art. 280, que prevê o arquivamento do "caso" antes ou depois do exercício da ação penal, quando o Código Penal prevê a possibilidade de "dispensa" ou "isenção" de pena.[234]

Embora diversas em suas estruturas normativas, ambas representam soluções inovadoras, com o objetivo de evitar o procedimento comum.[235]

Representam, no entender de Luís Alfredo Diego Díez, manifestações de oportunidade regrada.[236]

---

sual, possibilitar a suspensão condicional do processo ou o procedimento sumaríssimo; por fim, *grave criminalidade* a que tem atribuída pena de prisão por tempo superior a três anos (cf. Nicolás Rodriguez García, *La Justicia Penal Negociada. ...*, p. 221).

233. Conforme salienta Nicolás Rodriguez García, relativamente ao papel que o legislador português atribuiu à vítima, "se le ha concedido un importante papel en el proceso penal a través de la figura del asistente, que en nuestro estudio será de especial importancia ya que sin su consentimiento no se podrá llevar a cabo la suspensión provisional del proceso, configurada como una medida político-criminal diferenciadora del tratamiento a la criminalidad y alternativa a la necesaria celebración del juicio" (*La Justicia Penal Negociada. ...*, p. 213).

234. *Suspensão ...*, 2ª ed., p. 103.

235. Conforme lição de Luís Alfredo Diego Díez, "aun siendo diversas en su estructura normativa y diferente su encuadramiento dogmático, se trata, en cualquier caso, de soluciones innovadoras, cuyo objetivo es economizar al acusado la experiencia del juicio oral. Son la versión portuguesa de institutos homólogos de otros países, empeñados en ampliar la gama de respuestas al específico desafío de la pequeña criminalidad. Así, la *suspensão provisória do processo* viene a regular el archivo condicional de las actuaciones bajo determinadas obligaciones y/o reglas de conducta constituyendo, en definitiva, una modalidad de *probation* anticipada al juicio, en tanto que el proceso sumarísimo no es sino un procedimiento monitorio con la peculiaridad de que la orden o el mandato penal (*despacho de concordância com o requerimento do Ministério Público*, dice el art. 396) se dicta tras oír al acusado sobre la petición del fiscal, y no antes (cfr. arts. 392 a 398)" (*Justicia Criminal Consensuada ...*, p. 186).

236. *Justicia Criminal Consensuada ...*, p. 187.

JUSTIÇA CRIMINAL: CONFLITO E CONSENSO   97

É a versão portuguesa de institutos destinados a ampliar a resposta ao específico desafio da pequena e da média criminalidade.

A suspensão provisória do processo e o procedimento sumaríssimo – na lição de Nicolás Rodriguez García – apresentam como notas comuns: "1º) Las dos se configuran como soluciones innovadoras que no cuentan con precedente alguno en la historia del ordenamiento jurídico portugués, y que partiendo del consenso suponen una quiebra o alternativa al principio de legalidad y un modelo de respuesta rápida en la persecución de las infracciones criminales de menor gravedad; 2º) con la previsión de ambas Portugal se ha sumado al resto de países que en los últimos años ha buscado nuevas formas de tratamiento de la pequeña delincuencia. Con el proceso sumarísimo, y en menor medida con la suspensión provisional del proceso (ya que para que tenga operatividad la ha revestido de muchos y exigentes presupuestos), el legislador portugués ha depositado grandes esperanzas para que se enjuicie la mayoría de las bagatelas penales, puesto que se trata de una forma especial de proceso destinado al control de la pequeña criminalidad en términos de eficacia y celeridad, sin los costos de la estigmatización y la conflictualidad de una audiencia formal; 3º) ambas son soluciones político-criminales en las que predominan ideas como cooperación, consenso, informalidad, eficacia, celeridad, no-publicidad, diversión y resocialización".[237]

2.12.1 A suspensão provisória do processo

Constitui uma espécie de transação sobre o desenvolvimento do processo, em que se atribui ao Ministério Público a faculdade de suspender seu curso, mediante determinadas condições, previstas no Código,[238] impostas por ele, acusador, ao acusado e aceitas por este e pelo assistente (vítima). A suspensão do processo, portanto, pressupõe o consenso entre acusador, acusado e vítima, bem assim homologação pelo juiz.[239]

---

237. *La Justicia Penal Negociada.* ..., p. 266.

238. As regras de conduta a serem impostas pelo Ministério Público estão elencadas no art. 281º, 2, do Código de Processo Penal, destacando-se dentre elas as seguintes: indenizar o lesado; dar ao lesado a satisfação moral adequada; não exercer determinadas atividades; não freqüentar certos lugares; etc.

239. Nicolás Rodriguez García, *La Justicia Penal Negociada.* ..., p. 271.

98 TRANSAÇÃO PENAL

Conforme reza o art. 281º do Código de Processo Penal Português: "Se o crime for punível com pena de prisão não superior a cinco anos ou com sanção diferente da prisão, pode o Ministério Público decidir-se, com a concordância do juiz da instrução, pela suspensão do processo, mediante a imposição, ao argüido, de injunções e regras de conduta, se se verificarem os seguintes pressupostos: a) concordância do argüido e do assistente; b) ausência de antecedentes criminais do argüido; c) não haver lugar a medida de segurança de internamento; d) carácter diminuto da culpa; e e) ser de prever que o cumprimento das injunções e regras de conduta responda suficientemente às exigências de prevenção que no caso se façam sentir".

O § 2º enumera as injunções e regras de conduta a serem impostas.

Assim, a suspensão provisória do processo, ao término do inquérito,[240] somente é cabível em relação aos crimes punidos com pena de prisão não superior a cinco anos ou com sanção diferente da prisão.

Depende da concordância do argüido e do assistente,[241] da ausência de antecedentes criminais do argüido, de não ser o caso de medida de segurança de internamento, do caráter diminuto da culpa e da circunstância de que o cumprimento das injunções e regras de conduta impostas ao argüido seja suficiente às exigências de prevenção.

A suspensão do processo pode ir até dois anos,[242] e não corre prescrição durante esse período.[243] Se o argüido cumprir as injunções e regras de conduta que lhe foram impostas o Ministério Público arquiva o processo, que não pode ser reaberto . Já em caso de não cumprimento o processo prossegue e as prestações feitas não podem ser repetidas.[244]

Conforme salienta Nicolás Rodriguez García, não se pode ver neste instituto uma manifestação pura do princípio da oportunidade, pois sua aplicação se dá sempre dentro de limites fixados na lei. Daí

---

240. Conforme salienta Nicolás Rodriguez García: "La suspensión provisional del proceso opera en la fase final de la fase de inquérito y establece el principio de oportunidad en el ejercicio de la acción penal por el Ministerio Público en relación a la pequeña criminalidad" (*La Justicia Penal Negociada*. ..., p. 170).

241. O art. 281º, 1, "a", do Código de Processo Penal Português refere-se à concordância do argüido e do assistente (e não da vítima), a indicar que, para poder manifestar-se sobre a proposta do Ministério Público, a vítima deve ter se habilitado como assistente.

242. Código de Processo Penal Português, art. 282º, 1.

243. Código de Processo Penal Português, art. 282º, 2.

244. Código de Processo Penal Português, art. 282º, 3.

JUSTIÇA CRIMINAL: CONFLITO E CONSENSO 99

por que se fala em manifestação do "princípio da oportunidade regrada", ou "princípio da oportunidade aberta".[245] Ou – como diz Manuel da Costa Andrade – deu expressão a um certo coeficiente de oportunidade, quebrando o monopólio do princípio da legalidade e temperando sua vigência num novo horizonte semântico e político-criminal.[246] "Oportunidade" no sentido de disponibilidade do conteúdo do processo.

No mesmo sentido Luís Alfredo Diego Díez.[247]

Com o procedimento da suspensão condicional do processo pretende-se antecipar já para a fase de investigação a imposição de medidas substitutivas da pena, tradicionalmente aplicadas ao término do processo. Evitam-se, desta forma, os efeitos da estigmatização que traz o processo ao acusado, e se atende ao princípio da economia processual.[248]

É o Ministério Público que está legitimado para promover a suspensão condicional do processo, mediante "despacho motivado" (art. 97, 2, 3 e 4). A ele também compete impor ao acusado as obrigações e regras de conduta a serem seguidas (dentre aquelas especificadas no art. 281º, 2). Mas a efetividade da decisão do Ministério Público está condicionada à obtenção do acordo do juiz de instrução, verificados certos pressupostos – dentre eles a concordância do imputado e do assistente. Não ocorrendo a concordância destes sujeitos, torna-se inviável a suspensão, prosseguindo o processo em seu normal desenvolvimento.

Assim, o legislador português, embora dê ao Ministério Público a iniciativa, estabelece uma série de controles, exigindo o consenso de distintos sujeitos processuais.

---

245. São suas estas palavras: "Por este motivo se califica a este instituto como una manifestación del 'principio de oportunidad reglada' o del 'principio de legalidad abierta', por cuanto su aplicación 'excluye cualquier programa político-criminal autónomo y divergente del programa diseñado en la ley penal sustantiva y porque prohíbe cualquier solución arbitraria y discriminatoria'" (Nicolás Rodriguez García, *La Justicia Penal Negociada. ...*, p. 271).

246. "Consenso ...", *Jornadas de Direito Processual Penal. ...*, p. 320.

247. *Justicia Criminal Consensuada ...*, p. 190.

248. Como assinala Luís Alfredo Diego Díez: "De este modo, aparte de evitar los efectos de 'estigmatización' o 'etiquetamiento' que origina el proceso, se abona la economía procesal, pues resulta sin duda enojoso desarrollar todo el aparato del proceso y el 'teatro' de juicio oral para, finalmente, no ejecutar la pena impuesta, sustituyéndola por una medida no-penal" (*Justicia Criminal Consensuada ...*, p. 191).

100 TRANSAÇÃO PENAL

Por último – como assinala Nicolás Rodriguez García –, são claros os benefícios deste instituto, embora sua aplicação não tenha produzido uma diminuição do número de inquéritos, pois o Ministério Público está obrigado a investigar ao tomar conhecimento de uma *notitia criminis*. O instituto entra em ação na última fase do inquérito, quando o órgão do Ministério Público deve optar ou pelo arquivamento, ou pela denúncia, ou pela suspensão provisória do processo.[249]

2.12.2 Procedimento sumaríssimo

O novo Código de Processo Penal Português, em seus arts. 392º a 398º, estabelece um procedimento especial, chamado de "sumaríssimo" – enquadrado perfeitamente dentro dos parâmetros do processo monitório –, em busca da conciliação entre o rápido exercício do *jus puniendi* e as garantias processuais do acusado. Trata-se de procedimento cujo campo de aplicação é reduzido, com inspiração no procedimento por decreto do Direito Italiano e baseado no consenso.

Na forma do que estabelece o art. 392º, 1: "Em caso de crime punível com pena de prisão não superior a três anos ou só com pena de multa, o Ministério Público, quando entender que ao caso deve ser concretamente aplicada pena ou medida de segurança não privativas da liberdade, requer ao tribunal que a aplicação tenha lugar em processo sumaríssimo". Outrossim, conforme o item 2 desse mesmo artigo: "Se o procedimento depender de acusação particular, o requerimento previsto no número anterior depende da concordância do assistente".

São seus requisitos: a) que se trate de processo que não dependa de acusação particular – em outras palavras, relativo a delitos chamados "públicos" ou "semipúblicos"; b) que a pena aplicável, sendo detentiva, não supere o limite de três anos, ou sendo de multa, sem qualquer limite; c) que o Ministério Público entenda que, no caso concreto, ao argüido deve ser imposta somente pena de multa ou uma medida de segurança que não implique restrição à liberdade.

Característica importante deste tipo de procedimento é a sua facultatividade, tanto para o Ministério Público, como para o argüido e

---

249. Nicolás Rodriguez García, *La Justicia Penal Negociada*. ..., p. 286.

JUSTIÇA CRIMINAL: CONFLITO E CONSENSO 101

para o juiz. Realmente, o Ministério Público somente recorrerá a ele quando acreditar que a pena aplicável ao caso deve ser a de multa ou uma medida de segurança que não implique restrição à liberdade individual. O argüido goza da liberdade de aceitar ou não a pena proposta pelo Ministério Público, fazendo com que o procedimento tramite da forma ordinária ou de forma abreviada. E o tribunal, por último, não está obrigado a aceitar o requerimento do Ministério Público, podendo proferir despacho de reenvio do processo para outra forma de procedimento (quando, exemplificativamente, entender que a pena aplicável ao caso deve ser mais grave que aquela proposta pelo Ministério Público).

No requerimento, o Ministério Público, além de apresentar o sumário das razões pelas quais entende que ao caso não deve concretamente ser aplicada pena de prisão, deve indicar precisamente a sanção cuja aplicação propõe.[250]

Apresentado o requerimento ao juiz, este pode rejeitá-lo, reenviando o processo para a forma comum, quando for legalmente inadmissível o procedimento, quando o requerimento for manifestamente infundado e quando discordar da sanção proposta;[251] ou, discordando da sanção proposta, fixar outra, na sua espécie ou medida, com a concordância do Ministério Público.

Na hipótese de rejeição o requerimento do Ministério Público equivale à acusação,[252] não cabendo recurso contra tal despacho.[253]

Acolhendo o requerimento, o juiz manda notificar o argüido para, querendo, se opor no prazo de 15 dias.[254]

A oposição ao requerimento do Ministério Público pode ser deduzida mediante simples declaração.[255]

Não havendo oposição do argüido, o juiz, por despacho, aplica a sanção proposta, impondo a ele, ainda, o pagamento das custas, sendo a taxa de justiça reduzida a um-terço.[256] Essa decisão vale como sentença condenatória e transita imediatamente em julgado.[257]

250. Código de Processo Penal Português, art. 394º, 1 e 2.
251. Código de Processo Penal Português, art. 395º, 1 e 2.
252. Código de Processo Penal Português, art. 395º, 3.
253. Código de Processo Penal Português, art. 395º, 4.
254. Código de Processo Penal Português, art. 396º, 1, 2 e 3.
255. Código de Processo Penal Português, art. 396º, 4.
256. Código de Processo Penal Português, art. 397º, 1.
257. Código de Processo Penal Português, art. 397º, 2.

102 TRANSAÇÃO PENAL

Nula será a sentença que impuser pena diversa daquela proposta.[258]

Havendo oposição do argüido, o juiz ordena o reenvio do processo para a forma comum, equivalendo à acusação o requerimento do Ministério Público.[259]

Como se percebe, pode o Ministério Público não chegar a formalizar a acusação, a indicar, para alguns, manifestação da oportunidade regrada. Luiz Flávio Gomes, no entanto, salienta que "não tem nada que ver com o princípio da oportunidade, até porque dele resulta uma sentença condenatória – nos termos do princípio da legalidade –, que não ocorre quando da oportunidade se trata".[260] Há, também, de certa forma, uma imposição de pena consensuada, pois o Ministério Público, com a concordância do juiz, requer a aplicação de determinada pena, cuja efetiva imposição depende da concordância do acusado. A pena imposta, portanto, resulta de um consenso entre o Ministério Público e o acusado.

2.13 O Direito Espanhol: "la conformidad"

A Espanha não ficou à margem do movimento reformador que assola a Europa. Contudo, a tardia implantação da Democracia deixou uma certa dose de ambigüidade na reforma penal produzida depois da Constituição de 1978, como conseqüência da superposição de duas políticas legislativas antagônicas: de um lado, a necessidade de consolidar os direitos humanos no novo processo penal da Democracia e, de outro, a necessidade de sua limitação diante da imperiosa necessidade de incrementar a defesa social contra a ameaça terrorista.[261]

Como quer que seja, promoveu o legislador espanhol algumas reformas orgânicas, penais e processuais penais.

A legislação processual penal, superada, mostrou-se ineficaz para resolver os problemas da Justiça Penal, mesmo com as reformas posteriores de 1967 e 1980, que estabeleceram uma pluralidade de procedimentos criminais.

---

258. Código de Processo Penal Português, art. 397º, 3.

259. Código de Processo Penal Português, art. 398º.

260. "Tendências político-criminais ...", *Revista Brasileira de Ciências Criminais*, número especial de lançamento, p. 104.

261. Cf. Nicolás Rodriguez García, *El Consenso* ..., p. 55.

JUSTIÇA CRIMINAL: CONFLITO E CONSENSO   103

A partir de 1988 o legislador espanhol procurou modificar este panorama, não só buscando a rapidez e eficácia, como também solidificando o princípio acusatório. Com a reforma do Código de Processo Penal de 1988 diminuiu-se o número de procedimentos: um, abreviado, para a pequena e média criminalidade; e outro, comum, para os crimes mais graves.[262] Contemplou-se, também, uma figura processual agilizadora: a conformidade do acusado e de seu defensor com a pena de maior gravidade, dentro do "procedimento abreviado".[263]

Mais tarde, com a Lei 10/1992, instituiu-se um processo penal simplificado, que foi chamado de "procedimento rápido", ou "procedimento abreviadíssimo", dentro do próprio processo abreviado, para determinadas hipóteses: flagrância do delito, provas mais que suficientes para formular a acusação, alarma social etc.[264]

Luiz Flávio Gomes tece críticas ao legislador espanhol, que teria perdido, com a edição desta lei, uma grande oportunidade de se modernizar, deixando de lado modernas sugestões político-criminais, no sentido de estimular a reparação dos danos em favor das vítimas, de dar uma efetiva oportunidade de ressocialização ao infrator e de beneficiar a sociedade com um menor custo social, preferindo manter a tradicional política criminal repressiva, baseada na resposta penal clássica (pena de prisão ou multa, qualquer que seja o delito).[265]

Na lição de Nicolás Rodriguez García, a *conformidad* representa a introdução no processo penal espanhol do princípio da oportunidade. Assim, apesar de continuar vigorando o princípio da legalidade, "se ha consagrado lo que Gimeno llama ´manifestaciones lícitas de oportunidad', cuyo exponente principal lo constituye la conformidad".[266]

No entanto, outros doutrinadores não vêem na *conformidad* qualquer manifestação do princípio da oportunidade em seu sentido estrito.

262. Como salienta Nicolás Rodriguez García: "A partir de 1988 se ha intentado variar este panorama, una vez más con reformas parciales, y no sólo se ha buscado dotar de rapidez y eficacia a la Justicia Penal, sino que se ha intentado fortalecer notablemente al principio acusatorio. En este sentido hay que destacar la reforma llevada a cabo por la Ley Orgánica 7/1988, de 28 de diciembre, que ha simplificado la situación existente disminuyendo el excesivo número de procesos: se ha creado un procedimiento abreviado para el enjuiciamiento de la pequeña y mediana criminalidad, se conserva el juicio de faltas y se reserva el procedimiento común ordinario para los delitos graves" (*El Consenso* ..., p. 67-68).

263. Cf. Luiz Flávio Gomes, *Suspensão* ..., 2ª ed., p. 60.

264. Cf. Nicolás Rodriguez García, *El Consenso* ..., pp. 69-70.

265. "Tendências político-criminais ...", *Revista Brasileira de Ciências Criminais*, número especial de lançamento, p. 105.

266. *El Consenso* ..., p. 73.

104   TRANSAÇÃO PENAL

Assim, Leopoldo Puente Segura assinala que: "En absoluto puede, a mi juicio, sostenerse que la conformidad, tal como aparece regulada en nuestro Derecho vigente, constituya una manifestación del principio de oportunidad".[267]

Teresa Armenta Deu igualmente sustenta que ainda não se adotou na Espanha o princípio da oportunidade, enfocado em seu sentido estrito – isto é, a plena disposição da ação penal por parte do Ministério Público.[268]

Neste sentido também a manifestação de Luiz Flávio Gomes.[269]

Partindo-se da exata caracterização do princípio da oportunidade, já estudado, não se pode mesmo admitir constitua a *conformidad* uma manifestação estrita dele. Isso fica mais claro quando se observa a colocação de Nicolás Rodriguez García: "A diferencia de lo que ocurre en otros países, estamos ante una expresión del principio de oportunidad contemplada no desde el punto de vista de la acusación, sino desde el de la defensa, cuya decisión de conformarse no necesita

---

267. *La Conformidad* ..., p. 9. Aliás, a posição sustentada por Leopoldo Puente Segura é conseqüência de seu entendimento a respeito do exato significado do princípio da oportunidade. Segundo ele, o princípio da oportunidade se resume em conceder ao Ministério Público faculdades excepcionais que lhe permitam ou deixar de exercitar a ação penal, ou pleitear aplicação de pena inferior ao legalmente previsto, ou deixar de exercer a ação penal em relação a um ou alguns dos vários delitos cometidos. E, se assim é, tais poderes não são concedidos ao Ministério Público no Direito Espanhol sob amparo do instituto da *conformidad*. O Ministério Público no processo penal espanhol, da mesma forma que em nosso Direito, não pode deixar de intentar a ação penal uma vez caracterizada a prática de um crime, sendo obrigado, também, a pleitear a pena legalmente prevista. Por outro lado, a *conformidad* é essencialmente um ato unilateral do acusado, assistido por seu procurador. Faz referência, ainda, a Andrés Ibañez, que alude a um *princípio do consenso*, uma espécie de *terceiro gênero*, onde estaria incluída a conformidade do acusado (pp. 9 e 10).

268. Eis suas palavras: "Finalmente, no deben olvidarse dos cuestiones que inciden seriamente en la configuración de la conformidad: la falta de facultad de disposición por parte del fiscal y el ejercicio de la acción pública" (Teresa Armenta Deu, *Criminalidad de Bagatela* ..., p. 237).

269. Como assinala Luiz Flávio Gomes, na Espanha "ainda não se adotou o princípio da oportunidade enfocado em seu sentido estrito, isto é, neste país ibérico ainda não é possível decretar o 'arquivamento do caso' (sem sentença de mérito) antes ou durante a ação penal, por razões de oportunidade – ressalvando-se a legislação de menores –, mas é inegável que a reforma do Código de Processo Penal de 1988, inspirada na Recomendação n. (87) 18 do Comitê de Ministros dos Estados Europeus, contemplou uma figura processual agilizadora: trata-se da conformidade do acusado e de seu defensor com a pena de maior gravidade – *guilty plea* (cf. arts. 791 a 793.3 do CPP Espanhol), dentro do 'procedimento abreviado'" ("Tendências político-criminais ...", *Revista Brasileira de Ciências Criminais*, número especial de lançamento, p. 104).

JUSTIÇA CRIMINAL: CONFLITO E CONSENSO 105

la participación de otros sujetos en pie de igualdad, como, por ejemplo, la víctima".[270]

Ora, como já ficou visto, o princípio da oportunidade está vinculado, desde a perspectiva subjetiva, ao Ministério Público. Não há como relacioná-lo com a defesa. Na verdade, o que se pode ver na *conformidad* é a introdução do consenso no processo penal espanhol.

Este tema – *la conformidad* – é um dos mais polêmicos do Direito Espanhol desde a reforma de 1988, por causa, sobretudo, da falta de uma regulamentação clara, explícita e pormenorizada de seus pressupostos e requisitos.[271]

2.13.1 Características da "conformidad"

A *conformidad* consiste em uma declaração de vontade do acusado, assistido por seu advogado, através da qual se manifesta conforme com a qualificação mais grave formulada pela acusação e com a pena solicitada – desde que não exceda de seis anos de privação de liberdade –, o que implica o encerramento do processo, com uma sentença antecipada.[272]

Esse instituto jurídico da *conformidad* (conformidade manifestada pelo autor do fato com a mais grave das acusações feitas pelo órgão acusador e com a pena solicitada), uma das instituições processuais mais complexas do direito processual penal espanhol, apresenta-se com as seguintes características: a) resulta de uma declaração de vontade do acusado no sentido de que deseja cumprir a pena mais grave daquelas solicitadas pela acusação. Com isso, de forma implícita, há um reconhecimento de culpabilidade (o reconhecimento da culpabilidade não é expresso, como no Direito Norte-Americano). Essa declaração de vontade é personalíssima, provindo do próprio acusado, ou por ele ratificada, e deve ser voluntária, livre de qualquer coação, formal e vinculante; b) constitui ato unilateral da defesa, levado a cabo pelo acusado diretamente e ratificado por seu defensor, ou apresentado pelo defensor e ratificado pelo acusado.

---

270. *El Consenso* ..., pp. 89-93.
271. Cf. Luiz Flávio Gomes, *Suspensão* ..., 2ª ed., p. 60; e Nicolás Rodriguez García, *El Consenso* ..., pp. 74-75.
272. Nicolás Rodríguez García, *El Consenso* ..., p. 97.

106 TRANSAÇÃO PENAL

Repita-se, neste passo, que as características deste instituto, em que o Ministério Público dá início à ação penal, que termina com uma sentença de mérito, embora antecipada, em face da conformidade do acusado, não permitem, em face da exata conceituação do princípio, concluir que de fato se trate de manifestação do princípio da oportunidade, mas sim do consenso no processo penal.

Quais seriam as vantagens da conformidade?

Primeiramente, evitar o prosseguimento do processo, suprimindo-se a colheita de provas e os debates; com isso Ministério Público vê aliviado o seu trabalho;[273] o defensor, por seu turno, além de lograr uma sentença mais branda para seu cliente, também vê reduzido seu trabalho.

Em segundo lugar, reduz a incerteza para o acusado, de vez que o Ministério Público pode modificar a acusação em sua manifestação definitiva, pedindo, inclusive, pena maior que aquela constante da acusação provisória. De fato, o acusado, ao se conformar, tem a vantagem de evitar a incerteza do prosseguimento do processo, que pode resultar em condenação maior que aquela decorrente da conformidade. Até porque o Ministério Público pode modificar a acusação, imputando pena mais grave que aquela solicitada na acusação provisória, com a qual poderia ter-se conformado. Portanto, é inegável que o acusado, ao se conformar, opta por segurança, evitando, ainda, a pena adicional, que, sem dúvida, representa o próprio desenrolar do procedimento criminal.[274]

Por outro lado, tendo em vista a possibilidade de o advogado, por razões pessoais e no seu exclusivo interesse, orientar de forma equivocada o acusado no sentido da conformidade, o sistema, como freio a tal situação, estabelece que se o advogado entender que o prosseguimento do feito, com a colheita de provas e os debates, é preferível para seu cliente, sua declaração neste sentido vincula o

---

273. Adverte Nicolás Rodriguez García: "Sin embargo, a pesar de todas las amplias facultades prácticas de actuación de la acusación pública, y a diferencia de las facultades discrecionales de los *prosecutors* de las declaraciones negociadas norteamericanas, no podemos perder de vista el hecho de que en nuestro país el principio de legalidad impide que el Ministerio Fiscal pueda llegar con la defensa a acuerdos en los que, por ejemplo, por admitir unos hechos se deje de perseguir otros, o en el que se modifiquen éstos para que así se pueda acusar por un delito cuya tipificación penal sea más benévola, o aun siendo el mismo delito con la variación se haga posible la concurrencia de circunstancias modificativas de la responsabilidad penal, o se pueda cambiar el grado de ejecución o el de participación" (*El Consenso* ..., p. 119).

274. Nicolás Rodriguez García, *El Consenso* ..., pp. 119-121.

JUSTIÇA CRIMINAL: CONFLITO E CONSENSO   107

juiz (arts. 655.2, 694 e 696 da LECrim). Porém, quando o advogado opta pela conformidade o tribunal exige a ratificação do acusado (arts. 655.2, e 694 da LECrim).[275]

2.13.2 Natureza jurídica

É grande a controvérsia a respeito da natureza jurídica da conformidade no Direito Espanhol.

Principalmente porque ela pode manifestar-se no processo em momentos distintos, sendo que em cada um deles com regime jurídico próprio e efeitos específicos. Tanto isso é verdade que a maioria da doutrina espanhola se refere a várias *conformidades*.[276]

Sustentam alguns que ela tem natureza de transação ou convênio.[277] Para outros trata-se de uma mera confissão.[278]

Tem prevalecido na doutrina a opinião de que se trata de uma forma autocompositiva, muito assemelhada ao *allanamiento* do processo civil, por implicar a aceitação pura e simples do que é pedido pelo autor – no caso, o órgão da acusação.[279]

Salienta Nicolás Rodriguez García que o fundamento do instituto está na "'taumatúrgica coincidencia o convergencia de intereses' que se pueden resumir en el deseo de evitar el juicio oral, y con ello, el ejercicio de las facultades de individualización judiciales, para lo qué es necesario el desarrollo del juicio oral".[280]

---

275. Idem, p. 120.

276. Nicolás Rodriguez García, *El Consenso* ..., p. 99.

277. É reduzido o número de autores que sustentam esta tese; entre eles Almagro Nosete, para quem o instituto tem a natureza de um convênio cuja finalidade é truncar o processo penal mediante a sentença penal de conformidade. Nicolás Rodriguez García discorda, dizendo que "la conformidad sigue siendo un acto unilateral de la defensa del acusado" (El Consenso ..., p. 102).

278 Entre os partidários desta orientação: Jiménez Asenjo, Rafael de Pina (in Nicolás Rodriguez García, *El Consenso* ..., p. 103).

279. Eis, no particular, a lição de Nicolás Rodriguez García: "La mayoría de la doctrina, despés de negar que la confesión o la transacción configuren la naturaleza jurídica de la conformidad, concluye por exclusión, como reconoce Alcalá-Zamora y Castillo, que la conformidad española es 'una forma autocompositiva' que se asemeja mucho a la figura del allanamiento del proceso civil; un allanamiento que se concibe como la aceptación pura y simple del acusado de lo que es pedido por el actor, institución que en el proceso penal presenta varias peculiaridades" (*El Consenso* ..., p. 107).

280. *El Consenso* ..., p. 115.

108 TRANSAÇÃO PENAL

Leopoldo Puente Segura, por sua vez, sustenta que "la conformidad en el proceso penal ha de ser configurada, a mi juicio, como un acto procesal de los denominados de postulación. Acto procesal que, desde luego, habrá de ser puro y simple, es decir no sometido a ninguna clase de condición o término".[281]

2.13.3 Âmbito de aplicação do instituto

Originariamente, a lei processual penal espanhola (LECrim) previa um limite para a conformidade: crimes aos quais a pena privativa de liberdade cominada fosse inferior a seis anos. Porém, sustentam alguns doutrinadores que a reforma de 1988 teria eliminado este limite quantitativo.

A questão, no entanto, não é pacífica, dado o fato de ser muito equívoco o preceito do art. 793.3.

Existem duas correntes de opinião.

Um amplo setor da doutrina estende o âmbito da conformidade a todo o processo abreviado, qualquer que seja a pena pleiteada – isto é, com extensão aos delitos pelos quais se peçam penas de até 12 anos. Apegam-se eles à literalidade da lei, embora muitos entendam que mais desejável seria a outra interpretação, que mais se aproxima das experiências de Direito Comparado.[282]

---

281. *La Conformidad ...*, p. 76.

282. Na lição de Teresa Armenta Deu: "La lectura de la literalidad del precepto – por lo que respecta al límite máximo – conduce a estar de acuerdo con la primera posición expuesta. No obstante, entiendo menos peligrosa la no-admisión de conformidades superiores a la prisión menor, por considerar de aplicación las normas generales contempladas en la LECrim antes de la reforma (arts. 655, 688 e sus concordantes) y porque, desde una perspectiva menos técnico-formal de la cuestión, por más – si se me permite la expresión – de 'prudencia y sentido común jurídico', partiendo de que el límite de 6 años me parece excesivo en relación con los existentes en Derecho Comparado para expedientes asimilables (RFA: 1 año; Portugal: 3 años; ...), el de 12 años me parece inaceptable – si bien ya a teor de la literalidad de precepto será difícil oponerse a su utilización en tal sentido – y aunque se suavice la conclusión mediante la interpretación de que el tribunal no está 'estrictamente' vinculado. Además, si convergen la actual tendencia a disminuir el grado de las penas – cuya valoración en sí misma es independiente – y a ampliar el ámbito de la aplicación de la conformidad, se producirá, en mi opinión, una situación no deseable tanto al incluir en el ámbito de delitos cuyo enjuiciamiento debe transcurrir por los cauces del proceso penal abreviado hechos que difícilmente merecerán la calificación de 'delitos menos graves y de menor trascendencia social' – según los propios términos de la Circular 1/1989 –, y en ningún caso, desde luego, de

JUSTIÇA CRIMINAL: CONFLITO E CONSENSO   109

Outros autores, no entanto, sustentam que a lacuna legal deve ser preenchida pelo art. 655 da LECrim, que não teria sido derrogada pela lei posterior, limitando-se a conformidade às penas até seis anos de privação de liberdade.[283]

2.13.4 Momento processual

Via de regra, a conformidade do acusado pode manifestar-se em dois momentos processuais: a) quando é apresentada a acusação provisória; neste caso, o acusado tanto pode manifestar unilateralmente sua conformidade com a peça de defesa, como pode fazê-lo em conjunto com o órgão da acusação; b) nas sessões de julgamento; ao declarar aberta a sessão, o juiz pergunta ao acusado se se confessa culpado do delito imputado e civilmente responsável pela reparação do dano. Este, pois, o outro momento em que o acusado pode manifestar-se conforme com a acusação.

2.13.5 Controle judicial

No direito processual espanhol a conformidade com a acusação, manifestada pelo acusado, não vincula o juiz, contrariamente ao que ocorre no sistema norte-americano. Assim, o juiz pode indeferir tal conformidade apresentada pela defesa, determinando o prosseguimento do processo.

'bagatelas'; cuanto desde la perspectiva de la prevención general" (*Criminalidad de Bagatela* ..., p. 242). No mesmo sentido: José Martin Ostos, "La posición del imputado en el nuevo proceso penal abreviado", in AA.VV., *La Reforma del Proceso Penal*, pp. 104-105; Manuel Ortells Ramos, "El nuevo procedimiento penal abreviado: aspectos fundamentales", *Justicia* III/558, 1989; Jesus Zarzalejos Nieto, "El nuevo proceso abreviado para delitos menos graves (Ley Orgánica 7/1988, de 28 de diciembre)", in AA.VV., *Nuevos Tribunales y Nuevo Proceso Penal. Estudios sobre la Ley 39/1988*, p. 175.

283. "Defensores de esta interpretación integradora que, por encima del teor literal del precepto analizado, llevaría a una aplicación correctora de los arts. 655 y 694 LECrim, lo que implicaría la reducción del campo de la conformidad, también en el procedimiento abreviado, a las penas de duración no superior a seis años, tenemos a Almagro Nosete, José, *El Nuevo Proceso Penal* ..., cit., pp. 146-149 y 204-209; ídem, *Instituciones de Derecho Procesal* ..., cit., p. 419; Portero García, Luís, Reig Reig, José Vicente, y Marchena Gomez, Manuel, *Comentario a la Reforma Procesal Penal de la Ley Orgánica* ..." (Nicolás Rodriguez García, *El Consenso* ..., nota de rodapé 347, p. 146).

110 TRANSAÇÃO PENAL

Concordando, o juiz profere sentença antecipada de mérito (e não simples arquivamento). Outrossim, o Tribunal Supremo da Espanha já decidiu no sentido de poder o juiz impor pena menor que a pedida pelo Ministério Público.[284]

Finalizando, pode-se dizer que não há na legislação espanhola uma regulamentação expressa das negociações entre acusação e defesa para a declaração de conformidade. Porém, é sabido que aqueles que se declaram culpados das acusações acabam recebendo condenação menos grave que aquela que receberiam se tivessem preferido o procedimento normal. Desta forma, não se há negar a existência de uma negociação, ainda que implícita.

A regulamentação insuficiente do instituto acaba por deixar sua aplicação na dependência da atuação de seus operadores. Depende, pois, a maior ou menor eficiência, da boa vontade de juízes, promotores e acusados.[285] A confirmar isso, a experiência tem demonstrado que em determinados órgãos jurisdicionais não há qualquer conformidade no prazo de um ano, enquanto em outros o seu número atinge o percentual de 50%.

Como quer que seja, as estatísticas da Procuradoria Fiscal do Estado indicam que o número de conformidades beira, na atualidade, o percentual de 20%.[286]

---

284. Cf. Luiz Flávio Gomes, "Tendências político-criminais ...", *Revista Brasileira de Ciências Criminais*, número especial de lançamento, p. 104.

285. Leciona Nicolás Rodriguez García: "En definitiva, el fortalecimiento que en las últimas reformas se ha intentado hacer del consenso en el proceso penal como mecanismo redentor de la Justicia Penal no ha surtido los efectos esperados. Por este motivo se hace necesaria una reformulación de los presupuestos político-criminales que inspiran todo el sistema procesal penal español, haciendo las modificaciones orgánicas, sustantivas y procesales necesarias, entre las cuales, y como una más, cabe situar el favorecimiento de soluciones consensuadas, un consenso extendido como alternativa limitada y no como sustitutivo genérico del proceso penal, siempre bajo el estricto controle judicial y con sujeción al imperio de la ley" (*El Consenso* ..., p. 247).

286. Nicolás Rodriguez García, *El Consenso* ..., p. 241.

3

A JUSTIÇA PENAL CONSENSUADA NO BRASIL

3.1 A Lei 9.099/1995. 3.2 A criação dos Juizados Especiais Criminais: lei ou decreto?. 3.3 Os juízes leigos e os conciliadores. 3.4 A constitucionalidade da Lei 9.099/1995. 3.5 Direito intertemporal. 3.6 Princípios dos Juizados Especiais Criminais: 3.6.1 A oralidade – 3.6.2 A informalidade – 3.6.3 A economia processual – 3.6.4 A celeridade – 3.6.5 Outros princípios específicos dos Juizados Criminais: 3.6.5.1 Princípio da legalidade mitigada – 3.6.5.2 Princípio da autonomia da vontade – 3.6.5.3 Princípio da desnecessidade da pena privativa de liberdade. 3.7 Competência dos Juizados Especiais Criminais. 3.8 Infrações de menor potencial ofensivo. 3.9 A Lei 10.259/2001. Novo conceito de infração de menor potencial ofensivo.

3.1 A Lei 9.099/1995

Com a edição da Lei 9.099/1995 o sistema jurídico brasileiro abriu-se às posições e tendências contemporâneas por uma concreta efetivação da norma penal. Embora mantendo o princípio da legalidade como norte do sistema processual penal,[1] abriu-se espaço ao princí-

---

1. Segundo Maurício Antônio Ribeiro Lopes, em realidade, a consagração do princípio da legalidade como base de nosso sistema, em seu aspecto prático, tem-se mostra-

112 TRANSAÇÃO PENAL

pio da oportunidade e ao consenso. Instaurou-se no Direito Brasileiro um novo tipo de Justiça Criminal, dita "de consenso", ou "negociada". Criou-se, assim, um espaço de consenso, ao lado daquele conflituoso, na Justiça Criminal Brasileira.

Ao criar os Juizados Especiais Criminais, cumprindo mandamento do art. 98, I, da Constituição Federal, o legislador brasileiro introduziu importantes modificações em nosso sistema repressivo, destacando-se quatro medidas despenalizadoras, objetivando evitar a imposição de pena restritiva da liberdade: a) extinção da punibilidade em caso de composição civil quando se tratar de crime de ação penal de iniciativa privada ou pública condicionada à representação (art. 74, parágrafo único); b) transação penal, que permite a aplicação imediata de pena restritiva de direitos ou multa não havendo composição civil, ou tratando-se de crime de ação penal pública incondicionada (art. 76); c) alteração da ação penal, de pública incondicionada para pública condicionada à representação, nos casos de lesões corporais culposas ou leves (art. 88); d) suspensão condicional do processo nos crimes cuja pena mínima não seja superior a um ano (art. 89). As três primeiras são próprias apenas dos chamados "delitos de menor potencial ofensivo", ou seja, as contravenções penais e os crimes a que a lei comine pena máxima não superior a um ano, excetuados os casos em que a lei preveja procedimento especial.

Embora tomando como parâmetros legislações européias modernas, como a italiana, a portuguesa e a espanhola, que fazem concessões à discricionariedade, o certo é que o legislador brasileiro, relativamente aos crimes de menor gravidade, "cunhou um sistema próprio

do exclusivamente formal. De fato, "a idéia de que o Estado possa e deva perseguir penalmente, sem exceção, toda e qualquer infração, sem admitir-se, em hipótese alguma, certa dose de discricionariedade ou disponibilidade da ação penal pública, mostrou com toda evidência sua falácia e hipocrisia. Na prática, operam diversos critérios de seleção informais e politicamente caóticos, inclusive entre os órgãos de persecução penal e judiciais. Não se desconhece que, em elevadíssima percentagem de certos crimes de ação penal pública, a Polícia não instaura o inquérito, e o Ministério Público e o juiz atuam de modo a que se atinja a prescrição. Nem se ignora que a vítima – com que o Estado até agora pouco se preocupou – está cada vez mais interessada na reparação dos danos e cada vez menos na aplicação da sanção penal. É por essa razão que atuam os mecanismos informais da sociedade, sendo não só conveniente como necessário que a lei introduza critérios que permitam conduzir a seleção dos casos de maneira racional e obedecendo a determinadas escolhas políticas" (Maurício Antônio Ribeiro Lopes e Joel Dias Figueira Júnior, *Comentários à Lei dos Juizados Especiais Cíveis e Criminais*, pp. 444-445).

A JUSTIÇA PENAL CONSENSUADA NO BRASIL 113

de Justiça Penal consensual que não encontra paralelo no Direito Comparado".[2]

Objetivou o legislador, ao editar a Lei 9.099/1995, tanto a reparação dos danos sofridos pela vítima como evitar os malefícios das penas privativas de liberdade, sobretudo as de curta duração (art. 62, parte final);[3] e determinou como critérios orientadores deste novo sistema dos Juizados Especiais Criminais a oralidade, a informalidade, a economia processual e a celeridade (art. 62, primeira parte).

Transparece clara a preocupação de evitar os males do processo criminal, que também estigmatiza a pessoa, como ocorre com a pena criminal,[4] como de reverter a onda de descrédito na Justiça Criminal, dando-se uma resposta pronta, útil e adequada à pequena criminalidade, que, por ser dotada de menor reprovabilidade social, merece tratamento diverso daquele dispensado à criminalidade de maior gravidade, com o estabelecimento de um procedimento sumaríssimo.

Com a vigência deste diploma legal passamos a ter uma Justiça Criminal dúplice, de consenso e de conflito. Para as infrações de pequena gravidade, ditas "de menor potencial ofensivo", o procedimento sumaríssimo, com a possibilidade de suspensão do processo e da transação penal; para as infrações de média gravidade, embora não sujeitas àquele procedimento sumaríssimo, criou-se a possibilidade de incidência do benefício da suspensão condicional do processo (art. 89). E para as infrações penais de maior gravidade, ou de maior potencial ofensivo, o procedimento tradicional, de conflito, com total respeito aos direitos e garantias processuais fundamentais.

3.2 A criação dos Juizados Especiais Criminais: lei ou decreto?

Sensível aos problemas enfrentados pela Justiça Criminal, e com a preocupação de evitar a impunidade nos ilícitos menores,[5] o legisla-

---

2. Ada Pellegrini Grinover *et al.*, *Juizados Especiais Criminais*, 2ª ed., p. 29.

3. A intervenção penal clássica nos delitos de pequena gravidade pode causar males maiores que aqueles do próprio ilícito penal. Daí a tendência de despenalização de tais delitos, evitando-se os efeitos criminógenos das penas privativas de liberdade de curta duração.

4. Cf. Ivete Senise Ferreira, "A Lei n. 9099/1995 e o Direito Penal Ambiental", in Antônio Sérgio A. de Moraes Pitombo (org.), *Juizados Especiais Criminais – Interpretação e Crítica*, p. 11.

5. Cf. Júlio Fabbrini Mirabete, *Juizados Especiais Criminais*, p. 16.

114 TRANSAÇÃO PENAL

dor constituinte, no capítulo do Poder Judiciário, determinou, em seu art. 98, que "a União, no Distrito Federal e nos Territórios, e os Estados criarão: I – Juizados Especiais, providos por juízes togados e leigos, competentes para a conciliação, o julgamento e a execução de causas cíveis de menor complexidade e infrações penais de menor potencial ofensivo, mediante os procedimentos oral e sumaríssimo, permitidos, nas hipóteses previstas em lei, a transação e o julgamento de recursos por turmas de juízes de primeiro grau". E completou, em seu parágrafo único: "Lei federal disporá sobre a criação de Juizados Especiais no âmbito da Justiça Federal".

Regulamentando o preceito constitucional, veio a lume a Lei 9.099/1995, instituindo os Juizados Especiais Cíveis e Criminais, como órgãos da Justiça Comum,[6] a serem criados pela União, no Distrito Federal e nos Territórios, e pelos Estados, para conciliação, processo, julgamento e execução nas causas de sua competência.

Completando, assim dispõe o art. 93 deste último diploma legal: "Lei estadual disporá sobre o Sistema de Juizados Especiais Cíveis e Criminais, sua organização composição e competência".

Parece claro, pois, diante de tais textos legais, que os Juizados Especiais Cíveis e Criminais devem ser criados, em cada Estado, através de lei; e em seguida instalados.

Assim – como assinala Luiz Flávio Gomes –, "resta agora uma lei (não resolução, evidentemente) que defina sua composição. Como será? Onde serão instalados? Nos centros ou nos bairros ou em ambos os lugares? Na Capital e no Interior? Qual será o limite de competência de cada um? Quem irá compor os Juizados: só juiz togado ou togado e leigo? Haverá juiz leigo no âmbito criminal? Haverá conciliador? Que fará o conciliador no âmbito criminal? Cada comarca terá um só Juizado ou mais de um? Será local ou regional?"[7]

---

6. Como salienta Rogério Lauria Tucci, há impropriedade do legislador quando se refere à Justiça Ordinária, pois o certo seria falar em Justiça Comum, em oposição a Justiça Especial: "Como já tivemos oportunidade de expressar, sendo uno o conceito de jurisdição e, conseqüentemente, para especificá-lo, o de Justiça, há que se estabelecer, no seu âmbito, a distinção entre Justiça Comum e Justiças Especiais, como, e.g., a Trabalhista. Do contrário, para diferenciá-la da Ordinária, teríamos que aludir a uma Justiça Extraordinária, ou mesmo de exceção, absolutamente incompatível, a teor do art. 5º, XXXVII, da Constituição Federal" ("Reflexões acerca do art. 1º da Lei n. 9.099/1995", in Antônio Sérgio A. de Moraes Pitombo (org.), *Juizados Especiais Criminais – Interpretação e Crítica*, p. 65).

7. "Criação dos Juizados Criminais: por lei ou resolução?", *Boletim IBCCrim* 35/10, ano 3.

A JUSTIÇA PENAL CONSENSUADA NO BRASIL 115

É ainda o insigne penalista quem completa, mais adiante: "Em síntese, a criação dos Juizados Especiais envolve assuntos de organização judiciária (alteração, criação de cargos, criação de um novo sistema, composição dos Juizados etc.), de procedimento e de competência (territorial, execução etc.). Nada disso pode ser resolvido por resolução. Não é possível a usurpação de uma tarefa que é soberanamente dos representantes do povo (Assembléia e governador). Muitos dos assuntos acima mencionados dependem de uma decisão política, porém, derivada diretamente dos parlamentares, não de um órgão jurisdicional".[8]

Não discrepa o ensinamento de Joel Dias Figueira Júnior ao criticar a omissão legislativa estadual.[9]

Certo que a Comissão Nacional de Interpretação da Lei 9.099/ 1995, sob a coordenação da Escola Nacional da Magistratura, na ocasião presidida pelo Min. Sálvio de Figueiredo Teixeira, em sua Conclusão 1, tomada em 28 de outubro de 1995, estabeleceu que: "Observado o disposto no art. 96, II, da Constituição Federal, resolução do Tribunal de Justiça competente implantará os Juizados Cíveis e Criminais, até que a lei estadual disponha sobre o Sistema de que tratam os arts. 93 e 95 da Lei n. 9.099/1995".

A recomendação, no entanto, deve ser tomada em termos, sob pena de flagrante violação dos textos legais acima referidos. Não se trata de criação dos Juizados através de resolução dos Tribunais de Justiça, mas sim de orientar a aplicação imediata dos institutos mais benéficos trazidos pela lei, em especial na área criminal. Neste sentido deve ser entendida a expressão "implantará", utilizada naquela conclusão.

Este, também, o posicionamento de Júlio Fabbrini Mirabete.[10]

---

8. Luiz Flávio Gomes, "Criação dos Juizados Criminais: ...", *Boletim do IBCCrim* 35/10.

9. Salienta ele: "Vários Estados da Federação até hoje nem sequer tiveram a preocupação de elaborar e enviar algum projeto de lei à sua respectiva Assembléia Legislativa. Trata-se de inconstitucionalidade por omissão, merecedora do repúdio de toda a comunidade jurídica pensante e dos aplicadores do Direito inquietados com a problemática efetividade e efetivação do processo, mormente quando estamos diante de uma claríssima exigência insculpida na Constituição Federal (art. 98, I), a qual, mais uma vez, passa ao largo daqueles que deveriam enfrentar com seriedade e afinco os problemas dos jurisdicionados" (Joel Dias Figueira Júnior e Maurício Antônio Ribeiro Lopes, *Comentários* ..., 3ª ed., p. 53).

10. *Juizados* ..., p. 20.

116 TRANSAÇÃO PENAL

De fato, "o que fez a referida Comissão foi distinguir criação de instalação: aquela depende de lei estadual, enquanto esta pode e deve ser concretizada por ato do tribunal competente. A criação dos Juizados é assunto muito complexo: envolve matérias de organização judiciária, criação de cargos, provimento de cargos, temas procedimentais etc. Já a instalação imediata, que significa no âmbito criminal disciplinar a aplicação dos dispositivos penais benéficos pelos juízos hoje existentes, não requer regulamentação profunda nem alteração da organização judiciária".[11]

Aliás, a inexistência de lei estadual não tem impedido – e nem poderia fazê-lo – a aplicação daquelas medidas despenalizadoras já referidas: a suspensão condicional do processo, a transação penal e a exigência de representação para os crimes de lesões corporais leves e culposas.

Mas não basta essa mera implantação, com aplicação imediata dos institutos mais benéficos. Indispensável a efetiva criação, por lei, dos Juizados Especiais, lembrando que o texto legal em referência não traz simples normas procedimentais, pois constitui norma de caráter eminentemente processual, como forma de prover os jurisdicionados de uma nova Justiça, "diferenciada de todas as demais, simples, ágil, segura e efetiva".[12]

3.3 Os juízes leigos e os conciliadores

A Lei 9.099/1995, em seu art. 7º, faz referência a conciliadores e juízes leigos como sendo auxiliares da Justiça, recrutados os primeiros, preferencialmente, entre os bacharéis em Direito, e os segundos entre advogados com mais de cinco anos de experiência. Posteriormente, já na parte relativa ao Juizado Especial Criminal, diz, no art. 60, que ele – Juizado Especial Criminal – será "provido por juízes togados ou togados e leigos", referindo-se, no art. 73, à figura do

11. Ada Pellegrini Grinover *et al.*, *Juizados* ..., 2ª ed., pp. 312-313.
12. "Tratar a Lei 9.099/1995 como simples norma procedimental é o maior e mais sério engano que um intérprete pode cometer, à medida que estará colocando essa norma de natureza eminentemente processual e de origem constitucional em vala comum, quando o seu escopo precípuo encontra norteamentos absolutamente opostos, voltados à criação de uma nova Justiça, diferenciada de todas as demais, simples, ágil, segura e efetiva" (Joel Dias Figueira Júnior e Maurício Antônio Ribeiro Lopes, *Comentários* ..., 3ª ed., pp. 53-54).

A JUSTIÇA PENAL CONSENSUADA NO BRASIL   117

conciliador, definido no parágrafo único como auxiliar da Justiça, devendo ser recrutado na forma da lei local, preferentemente entre bacharéis em Direito, com exclusão daqueles que exerçam funções na administração da Justiça Criminal.

Assim, nos Juizados Especiais Criminais são admitidos tanto os juízes leigos[13] como os conciliadores, ambos tidos como auxiliares da Justiça. Os primeiros – juízes leigos – devem ser recrutados entre advogados com mais de cinco anos de experiência. Os segundos – conciliadores –, preferencialmente entre bacharéis em Direito.

Maurício Antônio Ribeiro Lopes questiona a possibilidade de juízes leigos nos Juizados Especiais Criminais. Segundo ele, uma primeira leitura do art. 98, I, da Constituição Federa, leva a esse entendimento, que desaparece, no entanto, com uma leitura menos apressada e mais selecionada, que leva à percepção, no texto, de disposições "que seriam gerais e outras próprias a cada procedimento". Assim, a figura do juiz leigo diria respeito apenas aos Juizados Especiais Cíveis.[14]

Critica o autor também a figura do conciliador, admitindo-a apenas na intermediação da composição dos danos civis prevista no art. 74, que entende tolerável; não na função prevista no art. 72. Daí a conclusão: "Assim, a segunda parte do art. 73, bem como seu parágrafo único, é de manifesta, inconteste e bombástica inconstitucionalidade

13. René Ariel Dotti critica não só o paradoxo da expressão utilizada pelo legislador – juiz "leigo" –, como também a própria presença dele nos Juizados Especiais: "O paradoxo reside na compreensão usual do vocábulo 'leigo'. Abstraindo-se algumas acepções (oposto de clérigo, laical, laico, pessoal pertencente ao povo cristão, como tal, e não à hierarquia eclesiástica, etc.), a palavra 'leigo' tem o sentido figurado de 'estranho ou alheio a um assunto; desconhecedor: *É leigo em política*'. Evidentemente, não se pode admitir como 'leigo' o advogado, que, por força da Constituição e da lei ordinária, 'é indispensável à administração da Justiça'. Não é apropriada a designação de *leigo* para quem poderá ser membro dos tribunais pelo quinto constitucional!". E, mais adiante, após chamar a atenção para a incompatibilidade com o exercício da Advocacia, por força do art. 28, II, do Estatuto da OAB, completa: "Melhor mesmo seria a supressão dessa categoria anfíbia do chamado 'juiz leigo' com a antitética definição que lhe foi dada pelo malsinado art. 7º da Lei 9.099/1995" ("Conceitos e distorções da Lei 9.099/1995 – Temas de direito e processo penal", in Antônio Sérgio A. de Moraes Pitombo (org.), *Juizados Especiais Criminais – Interpretação e Crítica*, pp. 40 e 42).

14. "Em tema de direito penal, onde, direta ou indiretamente, arma-se o Estado com a mais aguda e penetrante forma de controle individual pela legitimação extraordinária da privação de liberdade, não se pode ousar além, permitindo-se imaginar que o exercício da atividade constritora não estivesse regido por um sistema de controle absolutamente restritivista em sua operacionalização, ante os riscos do exercício dessa atividade fora dos casos da intervenção legal e monopolizada" (Maurício Antônio Ribeiro Lopes e Joel Dias Figueira Júnior, *Comentários ...*, 3ª ed., p. 475).

118 TRANSAÇÃO PENAL

por quebra do monopólio estatal da jurisdição, fora do regramento exposto".[15]

Ousamos discordar deste posicionamento. Com efeito, o texto constitucional é bastante claro ao prever a possibilidade do juiz leigo tanto no Juizado Cível como no Criminal. Por outro lado, é preciso levar em conta as circunstâncias e os objetivos que levaram o legislador pátrio, adequando-se a uma tendência marcante nos dias de hoje, a criar uma Justiça Penal diferenciada para as infrações penais de menor potencial ofensivo.

O legislador, ao editar a Lei 9.099/1995, rompeu com aquele esquema clássico de Justiça Criminal, adotando, de forma corajosa, soluções inovadoras, que estão contribuindo, sem dúvida, para uma modernização das instituições e para o desemperramento da máquina judiciária.

A presença do juiz leigo nos Juizados Especiais Criminais representa, com inegável vantagem, a participação popular no sistema criminal.[16]

Assim, não vemos qualquer inconstitucionalidade na possibilidade de a lei estadual criar as figuras de juízes leigos e conciliadores para atuarem nos Juizados Especiais Criminais. Até porque, com o devido respeito à orientação de Maurício Antônio Ribeiro Lopes, tem ela previsão constitucional.

O que se não poderá através da lei estadual é conceder ao juiz leigo o poder de julgar, pois com isso se estaria quebrando ou mitigando o monopólio estatal da jurisdição penal. Assim, os juízes leigos seriam apenas conciliadores, atuando sempre sob a orientação do juiz togado.[17]

Embora com idêntica função, a diferença entre conciliadores e juízes leigos estaria na sua formação: advogados com mais de cinco anos de experiência estes últimos, e bacharéis em Direito, de preferência, os primeiros.[18]

___

15. Maurício Antônio Ribeiro Lopes e Joel Dias Figueira Júnior, *Comentários* ..., 3ª ed., p. 478.

16. "Além da colaboração recebida, que multiplica a capacidade de trabalho do juiz, contribuindo para desafogo dos órgãos judiciários, ainda haveria a vantagem de mais proximidade entre o povo e a Justiça, ganhando esta em transparência" (Ada Pellegrini Grinover *et al.*, *Juizados* ..., 2ª ed., p. 56).

17. Cf. Júlio Fabbrini Mirabete, *Juizados* ..., p. 29.

18. Como salienta José Laurindo de Souza Netto: "Os conciliadores não têm função jurisdicional, restringindo-se suas atuações à composição dos danos civis. Visam a

A JUSTIÇA PENAL CONSENSUADA NO BRASIL   119

Com isso afasta-se a objeção de René Ariel Dotti, que diz inconstitucional a delegação de jurisdição ao chamado "conciliador" e critica, veementemente, a figura do juiz leigo, por ele dito "personagem cinzenta", que durante o dia é advogado e durante a noite é juiz.[19] Porque – repita-se – suas tarefas serão apenas e tão-somente as de auxiliar o juiz na conciliação das partes, sem qualquer participação jurisdicional no procedimento.

3.4 A constitucionalidade da Lei 9.099/1995

Uma série de objeções de natureza constitucional têm sido feitas à Lei 9.009, em especial em face do instituto da transação penal.

A primeira delas relaciona-se com o princípio do devido processo legal, sustentando-se que a aplicação da pena sem processo, e sem reconhecimento de culpa, infringiria o disposto no art. 5º, LIV, da Constituição Federal. Isso em face da possibilidade de conversão da multa ou da pena restritiva de direitos em pena privativa de liberdade.

A segunda objeção diz com a presunção de inocência, consagrada no art. 5º, LVII, da Constituição Federal.[20]

A terceira, por desrespeito ao art. 5º, caput, e § 1º, da Constituição Federal, que consagra o princípio da igualdade processual. Isso no entendimento de que a transação penal somente seria cabível na hipótese de haver transação civil – o que excluiria da medida aqueles que não pudessem compor os danos causados pelo ilícito penal.

Relativamente à primeira – e rebatendo-a – é preciso salientar que a mesma Constituição que consagra o princípio do devido processo legal é que introduziu em nosso sistema processual penal o instituto da transação penal. Além disso, a transação penal não deve ser vista

conceder maior celeridade e facilidade do acordo, agindo como auxiliares da Justiça Criminal" (*Processo Penal. Modificações da Lei dos Juizados Especiais Criminais*, 1ª ed., p. 153).

19. "Temas de processo penal", *RT* 748/476.

20. A respeito, pela inconstitucionalidade da transação penal, assinala Miguel Reale Júnior: "Infringe-se o devido processo legal. Faz-se *tabula rasa* do princípio constitucional da presunção de inocência, realizando-se um juízo antecipado de culpabilidade, com lesão ao princípio *nulla poena sine judicio*, informador do processo penal" ("Pena sem processo", in Antônio Sérgio A. de Moraes Pitombo (org.), *Juizados Especiais Criminais – Interpretação e Crítica*, p. 27).

120 TRANSAÇÃO PENAL

como uma afronta ao princípio do devido processo legal, porque representa uma técnica de defesa.[21]

A Declaração Universal dos Direitos do Homem, em seu art. 8º, já previa uma garantia fundamental relacionada com o processo justo.[22]

A Constituição Federal de 1988 consagra o princípio – ainda que de uma forma indeterminada, de onde emanam vários outros – em seu art. 5º, LIV: "ninguém será privado de sua liberdade ou de seus bens sem o devido processo legal".

Como assinalam Celso Ribeiro Bastos e Ives Gandra Martins, "o processo, no mundo moderno, é manifestação de um direito da pessoa humana".[23]

Sua origem histórica é encontrada na Magna Carta, que garantia que ninguém seria despojado de sua vida, de sua liberdade ou propriedade senão em virtude do devido processo legal (art. 39).

Na lição de Rogério Lauria Tucci e José Rogério Cruz e Tucci: "O devido processo legal consubstancia-se, sobretudo, como igualmente visto, uma garantia conferida pela Magna Carta, objetivando a consecução dos direitos denominados fundamentais, através da efetivação do direito ao processo, com imprescindível concretização de todos os seus respectivos corolários, e num prazo razoável".[24]

---

21. Eis o que dizem, a respeito, Ada Pellegrini Grinover *et al*.: "Pode-se afirmar, portanto, que a mesma Constituição, que estabeleceu o princípio da necessidade de processo para a privação da liberdade, admitiu a exceção, configurada pela transação penal para as infrações de menor potencial ofensivo: tudo no mesmo texto, promulgado em decorrência do poder constituinte originário. Por outro lado, a aceitação da proposta de transação pelo autuado (necessariamente assistido pelo defensor), longe de configurar afronta ao devido processo legal, representa técnica de defesa, a qual pode consubstanciar-se em diversas atividades defensivas: a) aguardar a acusação, para exercer oportunamente o direito de defesa, em contraditório, visando à absolvição ou, de qualquer modo, a situação mais favorável do que a atingível pela transação penal; ou b) aceitar proposta de imediata aplicação da pena, para evitar o processo e o risco de uma condenação, tudo em benefício do próprio exercício da defesa" (*Juizados* ..., 2ª ed., p. 31). No mesmo sentido a lição de Júlio Fabbrini Mirabete: "Não se viola o princípio do devido processo legal porque a própria Constituição prevê o instituto, não obrigando a um processo formal, mas a um procedimento oral e sumaríssimo (art. 98, I) para o Juizado Especial Criminal e, nos termos da lei, estão presentes as garantias constitucionais de assistência de advogado, de ampla defesa, consistente na obrigatoriedade do consenso e na possibilidade de não aceitação da transação. Trata-se da possibilidade de uma tática de defesa concedida ao apontado como autor do fato" (*Juizados* ..., p. 84).

22. "Toda pessoa tem recurso perante os tribunais competentes, que a ampare contra atos que violem os seus direitos fundamentais, reconhecidos pela Constituição ou pela lei."

23. *Comentários à Constituição do Brasil*, v. 2, p. 260.

24. *Devido Processo Legal e Tutela Jurisdicional*, p. 19.

A JUSTIÇA PENAL CONSENSUADA NO BRASIL 121

Na atualidade, os tratadistas modernos vêem no princípio mais do que uma garantia subjetiva do cidadão, uma verdadeira tutela do processo. Predomina a idéia de que sobre os interesses unilaterais das partes, embora respeitáveis, sobreleva um de maior amplitude – qual seja, a tutela do próprio processo.

Realmente, como assinala Ada Pellegrini Grinover: "Garantias das partes, do processo e da jurisdição. Garantias das partes e do próprio processo: eis o enfoque completo e harmonioso do conteúdo da chamada cláusula do 'devido processo legal', que não se limite ao perfil subjetivo da ação e da defesa como direitos, mas que acentue, também e especialmente, seu perfil objetivo. Garantias não apenas das partes, mas sobretudo da jurisdição: porque, se, de um lado, é interesse dos litigantes a efetiva e plena possibilidade de sustentarem suas razões, de produzirem suas provas, de influírem concretamente na formação do convencimento do juiz, do outro lado essa efetiva e plena possibilidade constitui a própria garantia da regularidade do processo, da imparcialidade do juiz, justiça das boas decisões".[25]

Assim, o processo, em sua estrutura dialética, existe para garantir uma boa qualidade da prestação jurisdicional e a perfeita adequação da sentença à situação de direito material subjacente.

José Laurindo de Souza Netto – depois de dizer que o princípio busca o ideal encaminhamento do processo, assegurando o exercício correto da jurisdição, e com isso legitimando o próprio poder jurisdicional, além de estabelecer um controle axiológico da atuação do Estado e de seus agentes, instrumento de defesa contra a arbitrariedade do Legislativo (em especial com referência à lei injusta) – acentua, em feliz síntese: "O princípio, na sua acepção mais nobre, é um instrumento de libertação da jurisprudência das amarras das normas que se tornam conflitantes com a realidade social que se espera num Estado Democrático de Direito. A independência do Poder Judiciário concretiza-se com o reconhecimento da função de guardião da Lei Maior, concretizando-se também este reconhecimento no mecanismo de controle da constitucionalidade dos atos legislativos. Para tanto, é preciso que isto se faça mesmo realidade, prática cotidiana, nas mãos de todos: mas, principalmente, dos juízes".[26]

Alude ele, mais adiante, ao conteúdo substancial do princípio no Sistema dos Juizados Especiais Criminais, "como produto e produ-

---

25. *O Processo Constitucional em Marcha – Contraditório e Ampla Defesa em Cem Julgados do Tribunal de Alçada Criminal de São Paulo*, p. 7.

26. *Processo Penal. ...*, 1ª ed., p. 71.

122 TRANSAÇÃO PENAL

tor das transformações sociais, como remédio ao descompasso que existe entre a lei e a realidade social".[27]

Portanto, em realidade, a Constituição Federal, com a regra do art. 98, I, criou um novo processo legal, tomado em seu sentido mais amplo.[28]

O princípio do devido processo legal deve ser analisado sob uma visão instrumental do processo, considerado hoje um "bem de utilidade social".[29]

Nessa linha a lição de José Laurindo de Souza Netto: "Imperiosa se faz a análise do sistema dos Juizados Especiais Criminais à luz da idéia de solidariedade social, como um instrumento de organização social que deve ser posto a serviço da sociedade e dos homens que a integram, para viabilizar uma estrutura social que assegure a todos os cidadãos o mais pleno desenvolvimento humano. Os objetivos do Sistema de buscar a despenalização do direito penal, com a desburocratização e agilização da Justiça, são sem dúvida de interesse social, pois tendentes a buscar pacificação".

E completa ele, mais adiante, com muita propriedade: "Entretanto, ao que parece, é no próprio Sistema dos Juizados Especiais Criminais que o princípio do devido processo legal adquire substância, transmudando-se num princípio garantidor da realização da justiça, tornando-se uma ferramenta jurídica necessária para dar vida à Consti-

27. José Laurindo de Souza Netto, *Processo Penal.* ..., 1ª ed., p. 72.

28. Maurício Antônio Ribeiro Lopes, após se referir ao *jus puniendi* e ao *jus punitionis*, garantidos constitucionalmente, e mencionar a exigência constitucional no sentido de que a aplicação da pena se faça pelo órgão competente do Poder Judiciário e através do devido processo legal, assinala: "Assim, devemos harmonizar o art. 98, I, da Constituição Federal com os princípios instituídos nos seus arts. 5º, XXXIX, LIII, LIV, LV e LVII, e 129, I, já referidos. Daí por que devemos inferir que a Lei 9.099/1995, que regulamenta o referido art. 98, I, da nossa Carta Maior, na verdade criou um novo 'processo legal'. *Lato sensu*, é verdade, mas ainda assim processo" (Maurício Antônio Ribeiro Lopes e Joel Dias Figueira Júnior, *Comentários* ..., 3ª ed., p. 600).

29. Conforme assinala Afrânio Silva Jardim, "a cláusula 'devido processo legal' deve significar hoje mais do que significava em épocas passadas. Assim, a questão não mais pode se restringir à consagração de um processo penal de partes, com tratamento igualitário, onde o réu seja um verdadeiro sujeito de direito e não mero objeto de investigação. O 'devido processo legal' não pode ser resumido à consagração do princípio do 'juiz natural', à vedação de provas ilícitas, ou mesmo à impropriamente chamada presunção de inocência. Tudo isso é muito importante, mais já foi conquistado, restando tão-somente consolidar. Agora, queremos mais do 'devido processo legal', até mesmo porque aquelas matérias mereceram consagração específica na Constituição de 1988, o que denota que o princípio que ora nos ocupa tem campo de incidência mais abrangente, campo mais fértil" (*Direito Processual Penal*, 9ª ed., p. 318).

A JUSTIÇA PENAL CONSENSUADA NO BRASIL   123

tuição e franquear ao povo as garantias fundamentais. Ao invés da violação do princípio, à luz do sistema dos Juizados, com a devida vênia das opiniões em contrário, há de se ter uma visão revitalizadora do próprio princípio, diante da enorme utilidade social. O Sistema dos Juizados, como um todo, atende aos anseios de proteger a liberdade individual, frente a possíveis abusos dos órgãos persecutórios penais, sendo manejável contra o arbítrio".[30]

Outrossim, embora o art. 85 da Lei 9.099 diga que "não efetuado o pagamento de multa, será feita a conversão em pena privativa da liberdade, ou restritiva de direitos, nos termos previstos em lei", o certo é que tal conversão não mais é possível em razão da Lei 9.268, de 19.4.1996, que deu nova redação ao art. 51 do Código Penal: "Transitada em julgado a sentença condenatória, a multa será considerada dívida de valor, aplicando-se-lhe as normas da legislação relativas à dívida ativa da Fazenda Pública, inclusive no que concerne às causas interruptivas e suspensivas da prescrição". A multa, portanto, por força desta nova redação, passou a ser considerada dívida de valor, impossibilitada sua conversão em pena privativa de liberdade, com a revogação expressa dos §§ 1º e 2º do art. 51 do Código Penal e do art. 182 da Lei das Execuções Criminais.

Ora, como foi visto, o art. 85 da Lei 9.099, ao cuidar da conversão, alude aos "termos previstos em lei". E já não há mais lei prevendo tal conversão, por força daquele diploma legal, posterior à lei dos Juizados Especiais Criminais.

Relativamente à conversão da pena restritiva de direitos em pena privativa de liberdade, possível nos termos da Lei de Execução Penal, mostra-se inviável em termos de transação penal, à ausência de previsão específica na Lei 9.099.[31]

Não se há falar, pois, em infringência ao princípio do devido processo legal.

_____

30. José Laurindo de Souza Netto, *Processo Penal.* ..., 1ª ed., pp. 72-73.

31. Eis a lição de Ada Pellegrini Grinover *et al.*: "De nossa parte, entendemos inaplicável ao Sistema dos Juizados Especiais a previsão de conversão da pena restritiva de direitos em pena privativa de liberdade. Isso porque, ainda que em tese a conversão seja possível, falta no caso previsão legal para sua realização. No sistema do Código Penal, a pena restritiva resulta de substituição da pena detentiva e, em caso de descumprimento, será convertida pelo tempo de pena privativa da liberdade aplicado na sentença. Mas no Juizado a pena restritiva é autônoma, não existindo quantidade de pena detentiva para a conversão. Embora exista quantidade de pena restritiva, não se pode estabelecer equivalência entre esta e a quantidade de pena privativa de liberdade" (*Juizados* ..., 2ª ed., p. 33).

124 TRANSAÇÃO PENAL

Quanto à segunda objeção, relacionada com o princípio da presunção de inocência, é preciso dizer que a aceitação da proposta de transação penal, por parte do autor do fato, não implica qualquer reconhecimento de culpabilidade penal.[32]

Realmente, aqueles institutos dos Direitos Norte-Americano e Italiano, embora possam ter servido de inspiração à nossa transação penal, com ela não se confundem. A transação penal, como já ficou dito, possui contornos próprios, sem paralelo no Direito Comparado. Em nosso sistema consensual, introduzido pela Lei 9.099/1995, a aceitação da proposta, com imposição da pena de multa ou restritiva de direitos desde logo, não implica – é bom repetir – declaração de culpa. Em conseqüência, o estado de inocência persiste; continua o autor do fato a ser considerado inocente mesmo após a homologação da transação penal pelo juiz.

De fato, há equívoco quando se parte do pressuposto da exigência de culpa para a transação penal, porque – não é demais repetir – a lei não condiciona a transação ao reconhecimento de culpa. O acordo é mesmo anterior à transação, e nele não se fala em culpa.

Como assinala José Laurindo de Souza Netto: "Ao admitir, o legislador constituinte, a transação nos domínios do processo penal, não significou *ipso iure* o consentimento de aplicação de uma pena criminal sem culpa e sem processo. O fato de permitir-se, no capítulo destinado à estruturação do Poder Judiciário, a criação dos Juizados Especiais e, neles, a transação como forma de extinção do processo ou da punibilidade não significou a derrogação de tantos outros princípios caros ao estatuto constitucional e ao Estado de cariz de democrático, como o da presunção de inocência, da necessidade e obrigatoriedade do processo, da culpabilidade".[33]

Cézar Roberto Bitencourt aborda a questão sob outro prisma: "O princípio da presunção de inocência – por ser presunção – cede à manifestação livre, consciente e inequívoca do autor do fato, devidamente assistido por seu defensor constituído, que assume a responsabilidade pela imputação, transigindo e aceitando a imposição de san-

---

32. Como salientam Ada Pellegrini Grinover *et al.*, "não estamos diante da *guilty plea* (declaração de culpa) ou do *plea bargaining* (barganha penal) do Direito Norte-Americano, pois a aceitação da transação não tem efeitos penais ou civis. A figura que mais se aproxima do instituto pátrio é o *nolo contendere* (não quero litigar), pelo qual o interessado simplesmente prefere a via do consenso à do conflito" (*Juizados ...*, 2ª ed., p. 33).

33. *Processo Penal. ...*, 1ª ed., p. 141.

A JUSTIÇA PENAL CONSENSUADA NO BRASIL 125

ção alternativa proposta pelo Ministério Público. Por outro lado, não se pode ignorar que a transação penal realiza-se sob o império do 'devido processo legal', com as garantias fundamentais asseguradas, e, ademais, amparada em imperativo constitucional (art. 98, I)".[34] No mesmo sentido a lição de Júlio Fabbrini Mirabete.[35]

Também Damásio E. de Jesus não vê inconstitucionalidade nesta "pena consentida", porque: "A aceitação, pelo autuado, de uma pena menos severa, encerrando-se o episódio, encontra fundamento como expressão da autonomia de sua vontade e como livre manifestação de defesa. Ele, voluntariamente, abre mão de suas garantias constitucionais".[36]

Desta forma, porque a transação não implica reconhecimento de culpa, não há falar em violação do princípio da presunção de inocência.

Não é correto dizer, também, que há imposição de pena sem processo. Há que se distinguir, com o novo modelo, a ação penal condenatória e o processo penal condenatório clássico da ação para a transação e o processo onde se concretiza o acordo. Na transação penal não há ação penal condenatória. Não há processo penal condenatório, mas há, inegavelmente, ação na proposta formulada pelo Ministério Público e, depois, processo. Tanto que há uma sentença, comportando recurso essa decisão, e ele só é possível quando há continuação do processo.

Por último, a terceira objeção. Assenta-se ela em premissa equivocada. Com efeito, a falta de composição civil não impede a transação penal. Isso resulta claro dos termos utilizados pelo legislador no art. 72 da Lei dos Juizados Especiais: "(...) o juiz esclarecerá sobre a possibilidade da composição dos danos e da aceitação da proposta de aplicação imediata da pena". Isto é, o juiz dará esclarecimentos sobre as duas hipóteses: composição dos danos e aceitação da proposta de transação. Sem que com isso se condicione a segunda à ocorrência da primeira.

---

34. É esse mesmo autor quem salienta, em nota de rodapé, que "devido processo legal nada mais é que as formalidades que a lei processual estabelece como condição de imposição de sanções criminais. Nesses termos, a audiência preliminar, com a presença do juiz, Ministério Público, partes e advogados, constitui o 'devido processo legal' para essa modalidade de prestação jurisdicional, mais branda, mais simplificada, sem pena de prisão, mas também com menores exigências formais" (Cézar Roberto Bitencourt, *Manual de Direito Penal – Parte Geral*, v. 1, p. 546).

35. *Juizados ...*, p. 84.

36. *Lei dos Juizados Especiais Criminais Anotada*, 5ª ed., p. 60.

126 TRANSAÇÃO PENAL

Mais ainda: "A leitura sistemática dos dispositivos seguintes mostra, à evidência, que a inexistência de composição civil não prejudica a transação penal".[37]

Na jurisprudência, nossos Tribunais têm-se manifestado pela aplicação retroativa do dispositivo que prevê a transação penal, sem qualquer ressalva quanto à sua constitucionalidade.[38]

Mais. Como salienta José Renato Nalini, a lei "passou pelas Comissões Legislativas, notadamente a de Constituição e Justiça. Sobreviveu ao controle constitucional realizado pelo Executivo, que a sancionou. Está subsistindo ao controle jurisdicional, pois não se lhe vem negando a vigência. O Ministro do Supremo Tribunal Federal José Celso de Mello Filho, um dos 11 homens encarregados pelo sistema de guardar a Constituição e constitucionalista renomado, antes mesmo de assumir aquela curul, aplicou-a e, ao fazê-lo, não apontou qualquer vício de incompatibilidade manifesta com o pacto que é fundamento de sua validade".[39]

Concluindo, merecem menção as duras palavras de Cézar Roberto Bitencourt a respeito da questão: "Chega às raias do patológico procurar inconstitucionalidades com a utilização de lupa, atingindo seu auge quando se afirma inconstitucional o cumprimento regular de um mandamento constitucional".[40]

Não há, pois, qualquer mácula constitucional na Lei 9.099/1995.

3.5 Direito intertemporal

Nos termos do art. 5º, XL, da Constituição Federal, "a lei penal não retroagirá, salvo para beneficiar o réu". Outrossim, estabelece o parágrafo único do art. 2º do Código Penal que "a lei posterior, que de qualquer modo favorecer o agente, aplica-se aos fatos anteriores, ainda que decididos por sentença condenatória transitada em julgado".

Por outro lado, nos termos do art. 3º do Código de Processo Penal, "a lei processual penal aplicar-se-á desde logo, sem prejuízo da validade dos atos realizados sob a vigência da lei anterior".

---

37. Ada Pellegrini Grinover *et al.*, *Juizados* ..., 2ª ed., p. 34.
38. Idem, ibidem, pp. 34-35.
39. "O juiz criminal e a Lei 9.099/1995", *RT* 744/436-437.
40. *Manual* ..., v. 1, p. 546.

A JUSTIÇA PENAL CONSENSUADA NO BRASIL 127

Em direito penal a regra é a irretroatividade; porém, quando a Lei 9.099/1995 beneficiar, de qualquer modo, o agente, será retroativa, aplicando-se mesmo aos fatos já decididos por sentença condenatória com trânsito em julgado.

A nova norma de processo penal tem, como regra, aplicação imediata, disciplinando fatos e situações jurídicas a partir do momento em passa a viger. É o princípio *tempus regit actum*, que tem como conseqüências: a) são válidos os atos processuais realizados sob a égide da lei anterior; b) as novas normas processuais têm incidência desde logo, aplicando-se aos atos que vierem a ser realizados após sua vigência.

Porém, a lei nova pode, de forma expressa, disciplinar a questão de modo diverso, dispondo, por exemplo, sua não aplicabilidade aos processos já em curso. Como, aliás, fez a Lei 9.099/1995, com a regra do art. 90: "As disposições desta Lei não se aplicam aos processos penais cuja instrução já estiver iniciada".[41]

Desta forma, as disposições de caráter exclusivamente processual da lei devem incidir apenas nos processos ainda com instrução não iniciada. Entendendo-se o termo "instrução" em sentido estrito, a saber, instrução probatória, por se tratar de regra que excepciona o princípio geral.[42]

Contudo, como já ficou dito, esse diploma legal, ao lado da introdução de um novo procedimento, mais ágil e orientado pelos critérios da oralidade, simplicidade, informalidade, economia processual e celeridade, introduziu também, em nosso sistema criminal, medidas despenalizadoras, objetivando evitar a imposição da pena de prisão.

---

41. Como salienta Júlio Fabbrini Mirabete: "Foi essa a opção do legislador quanto à Lei 9.099/1995, ao determinar que seus dispositivos não fossem aplicados aos processos penais cuja instrução já estivesse iniciada. Dessa forma, não são aplicáveis os dispositivos legais de caráter exclusivamente processual aos processos em que, já instaurada a ação penal com o recebimento da denúncia, se procedeu ao interrogatório do réu, tais como, no Juizado Especial Criminal, os referentes a competência (arts. 60 e 63), critérios (art. 62), atos processuais (art. 65 e parágrafos), citação (art. 66 e parágrafo), intimações (arts. 67 e 68), e os referentes aos aspectos puramente formais da fase preliminar (arts. 69 a 76), do procedimento sumaríssimo (arts. 77 a 83), da execução (arts. 84 e 86), e às custas processuais (art. 87) e disposições finais comuns (art. 93 a 97). Já iniciada a instrução criminal, essas disposições são inaplicáveis, devendo o processo seguir nos termos da legislação anterior. De outro lado, não tendo sido interrogado o réu, e, portanto, não estando iniciada a instrução, aplicam-se os citados dispositivos" (*Juizados* ..., p. 182).

42. Ada Pellegrini Grinover, "Direito intertemporal e âmbito de incidência da Lei dos Juizados Especiais Criminais", *Boletim do IBCCrim* 35/4, ano 3.

128 TRANSAÇÃO PENAL

É por isso que se observa, tanto na doutrina como na jurisprudência, a adoção de uma exegese que ajude os réus, dando pela retroatividade dos institutos despenalizadores.

As normas que consagram aquelas medidas despenalizadoras – a transação penal (art. 76), a exigência de representação (art. 78), a suspensão condicional do processo (art. 89) e a composição civil extintiva da punibilidade penal (art. 74) – têm inequívoco caráter processual penal. Desta forma, em tese haveriam de incidir apenas nos processos com instrução ainda não iniciada, nos termos do art. 90, acima transcrito.

Porém, como já se disse, a doutrina, de um modo geral, e a jurisprudência, alegando que tais medidas têm também uma certa carga penal, e sobretudo os enormes benefícios que trazem aos acusados, têm sustentado sua aplicação retroativa.[43] Maurício Antônio Ribeiro Lopes chega a afirmar que a norma do art. 76 é prevalentemente penal.[44]

Tem-se sustentado, inclusive, que a hipótese é de *novatio legis* favorável. Assim, na nova concepção, relacionada com os crimes e contravenções a que se refere a Lei 9.099/1995, não mais se faz necessária a reação penal clássica, quase sempre consistente na imposição de uma pena de prisão.

Como assinalam Ada Pellegrini Grinover *et al.*: "Para o infrator (que tenha cometido uma infração do chamado espaço de consenso), é muito melhor o novo sistema jurídico. Isso significa que todos os novos institutos de caráter penal devem ser aplicados imediatamente. No que diz respeito aos arts. 88 e 89 não existe nenhuma dúvida. E as hipóteses dos arts. 74, parágrafo único, e 76? Embora projetadas para terem incidência nos Juizados Especiais Criminais, podem e devem ser aplicadas imediatamente por qualquer juízo, sobretudo o comum. Dito de outra forma: mesmo enquanto não criados os Juizados Especiais Criminais, ainda assim os institutos penais do seu espectro

---

43. Ada Pellegrini Grinover *et al.* assinalam que "os quatro institutos (exatamente porque possuem também caráter penal) devem ser aplicados inclusive a todos os fatos ocorridos antes da vigência da lei, que se deu em 26 de novembro de 1995" (*Juizados* ..., 2ª ed., p. 41).

44. Maurício Antônio Ribeiro Lopes alude a "normas processuais penais materiais", concluindo que "tende à pacificação doutrinária o entendimento de que a norma relativa à transação penal destacada no art. 76 é de natureza prevalentemente penal" (Maurício Antônio Ribeiro Lopes e Joel Dias Figueira Júnior, *Comentários* ..., 3ª ed., p. 617).

A JUSTIÇA PENAL CONSENSUADA NO BRASIL   129

de abrangência terão incidência imediata e serão aplicados por qualquer juízo".[45]

Tratar-se-ia de aplicação dos arts. 5º, XL, da Constituição Federal e 2º do Código Penal, como verdadeiro desdobramento legislativo do direito fundamental da liberdade individual. O certo é que a Lei 9.099/1995 entrou em vigor integralmente em 26 de novembro de 1995, passando-se à imediata aplicação de certas normas, embora a efetiva implantação dos Juizados Especiais Criminais em sua inteireza ainda esteja na dependência de leis estaduais.

Maurício Antônio Ribeiro Lopes, depois de falar da existência de uma relação de mútua complementaridade funcional entre o direito penal e o direito processual penal, a revelar a possibilidade de recíprocas interferências, e concluir pela existência de uma classificação entre normas processuais penais materiais e normas processuais penais, assinala: "Desse modo, a regra do art. 90 tem aplicação exclusiva e limitada às normas de conteúdo processual, não atingindo nem remotamente as de caráter material".[46]

Cézar Roberto Bitencourt comunga deste entendimento. De fato, após salientar que a lei processual penal não tem efeito retroativo e que o princípio *tempus regit actum* se aplica apenas às normas que regulam a formalização processual e à organização judiciária, exclusivamente, completa: "Em qualquer caso em que uma lei dita processual, posterior à prática do crime, determine a diminuição de garantias ou de direitos fundamentais ou implique qualquer forma de restrição da liberdade, como ocorre com a Lei 9.099/1995, não terá vigência o princípio *tempus regit actum*, aplicando-se, nessas hipóteses, a lei mais benigna".[47]

No mesmo sentido a orientação de Júlio Fabbrini Mirabete: "Deve-se considerar, entretanto, que não se adaptam à regra prevista no art. 90 as normas penais ou mistas. Estas são as que abrigam naturezas diversas, de caráter penal e de caráter processual".[48]

Este também o entendimento que predomina no Tribunal de Alçada Criminal de São Paulo, como se vê das Ap. 978.931 (rel. Juiz Dyrceu Cintra, j. 14.3.1996) e 984.447-8 (rel. Juiz José Valério, j. 4.1.1996).

---

45. *Juizados* ..., 2ª ed., p. 40.

46. Maurício Antônio Ribeiro e Joel Dias Figueira Júnior, *Comentários* ..., 3ª ed., pp. 619-620.

47. *Juizados Especiais Criminais e Alternativas à Pena de Prisão*, p. 127.

48. *Juizados* ..., p. 183.

130 TRANSAÇÃO PENAL

Embora discordando, em tese, de certas colocações que vêem natureza penal naquelas medidas despenalizadoras, por entender que se trata de normas de natureza nitidamente processual, o certo é que se não pode deixar de admitir que tais colocações têm em mira possibilitar a aplicação retroativa das normas em atenção até mesmo aos objetivos visados pelo legislador ao implementar tão grandes modificações em nosso sistema penal.

Mas – como salientam Ada Pellegrini Grinover *et al.* – "há um limite natural para essa retroatividade: os casos já julgados definitivamente (é dizer, com trânsito em julgado) não serão, obviamente, ressuscitados. Estamos diante de institutos processuais ou pré-processuais que exigem, claramente, processo penal de conhecimento em curso ou na iminência de ser iniciado. Se já findo, nada mais pode ser feito. Uma lei nova puramente penal benéfica (diminuição de pena, por exemplo) alcançaria inclusive a coisa julgada (nos termos do que dispõe o art. 2º do CP), mas jamais quem já tivesse cumprido a sanção fixada. Do mesmo modo, um instituto processual novo (mesmo que benéfico) só pode incidir sobre processo não encerrado".[49]

Na jurisprudência, o Supremo Tribunal Federal, no HC 74.305-SP, em acórdão relatado pelo Min. Moreira Alves, entendeu que, havendo condenação penal, mesmo sem trânsito em julgado na data da vigência da Lei 9.099, não é possível a aplicação do art. 89, que prevê a suspensão condicional do processo.[50]

Outra decisão da Suprema Corte, agora relatada pelo Min. Celso de Mello, no HC 74.463, foi no mesmo sentido.[51]

---

49. *Juizados* ..., 2ª ed., p. 42.

50. Eis a sua ementa: "Os limites de aplicação retroativa da *lex mitior* vão além da mera impossibilidade material de sua aplicação ao passado, pois ocorrem, também, ou quando a lei posterior, malgrado retroativa, não tem mais como incidir à falta de correspondência entre a anterior situação do fato e a hipótese normativa a que subordinada sua aplicação, ou quando a situação de fato no momento em que essa lei entra em vigor não mais condiz com a natureza jurídica do instituto mais benéfico e, portanto, com a finalidade para a qual foi instituído. Se já foi prolatada sentença condenatória, ainda que não transitada em julgado, antes da entrada em vigor da Lei n. 9.099/1995, não pode ser essa transação processual aplicada retroativamente, porque a situação em que, nesse momento, se encontra o processo penal já não mais condiz com a finalidade para a qual o benefício foi instituído, benefício, esse, que, se aplicado retroativamente nesse momento, teria, até, sua natureza jurídica modificada para a de verdadeira transação penal" (*DJU* 5.5.2000).

51. "A suspensão condicional do processo – que constitui medida despenalizadora – acha-se consubstanciada em norma de caráter híbrido. A regra inscrita no art. 89 da Lei n. 9.099/1995 qualifica-se, em seus aspectos essenciais, como preceito de caráter

A JUSTIÇA PENAL CONSENSUADA NO BRASIL   131

No Superior Tribunal de Justiça, no HC 8.960-RS (rel. Min. Gílson Dipp, j. 5.10.1999, *DJU* 25.10.1999, p. 102), também se decidiu dessa forma:"Não se admite a retroatividade da Lei n. 9.099/1995, para fins de suspensão condicional do processo, a feito com sentença condenatória proferida antes da vigência da r. Lei".[52]

É ainda dessa 5ª Turma do Superior Tribunal de Justiça, no HC 9.951-SP, relator, agora, o Min. Félix Fischer, a seguinte ementa: "A aplicação do art. 89 da Lei n. 9.099/1995 pressupõe a inexistência de condenação penal, ainda que recorrível, pois com a sentença condenatória fica comprometido o fim próprio para o qual o *sursis* processual foi concebido, qual seja, o de evitar a imposição de pena privativa de liberdade".[53]

No entanto, há julgados do Tribunal de Alçada Criminal de São Paulo em sentido oposto, relacionados com condenação anterior à multa, no sentido de que a retroatividade pode alcançar inclusive a coisa julgada.[54]

3.6 Princípios dos Juizados Especiais Criminais

Depois de estabelecer, no art. 2º, sob a epígrafe "disposições gerais" – aplicáveis, portanto, igualmente aos Juizados Especiais Cíveis e aos Juizados Especiais Criminais –, como critérios orienta-

---

processual, revestindo-se, no entanto, quanto às suas conseqüências jurídicas no plano material, da natureza de uma típica norma de direito penal, subsumível à noção da *lex mitior*. A possibilidade de válida aplicação da norma inscrita no art. 89 da Lei n. 9.099/ 1995 – que dispõe sobre a suspensão condicional do processo penal (*sursis* processual) – supõe, mesmo tratando-se de fatos delituosos cometidos em momento anterior ao da vigência desse diploma legislativo, a inexistência de condenação penal, ainda que recorrível. Condenado o réu, ainda que em momento anterior ao da vigência da Lei dos Juizados Especiais Criminais, torna-se inviável a incidência do art. 89 da Lei n. 9.099/ 1995, eis que, com o ato de condenação penal, ficou comprometido o fim precípuo para o qual o instituto do *sursis* processual foi concebido, vale dizer, o de evitar a imposição da pena privativa de liberdade" (*DJU* 7.3.1997, p. 5.402).

52. No RHC 7.711-RJ (j. 19.11.1998) essa mesma 5ª Turma, em acórdão relatado pelo Min. Gílson Dipp, decidira em sentido inverso, com a seguinte ementa: "A suspensão condicional do processo, prevista no art. 89 da Lei n. 9.099/1995, é aplicável, inclusive a feitos com sentença condenatória transitada em julgado, quando presentes os requisitos legais, tendo em vista o domínio do princípio da retroatividade penal benéfica" (*DJU* 14.12.1998, p. 259).

53. *DJU* 15.5.2000, p. 172.

54. Cf. Ada Pellegrini Grinover *et al.*, *Juizados* ..., 2ª ed., p. 42.

132 TRANSAÇÃO PENAL

dores os da oralidade, simplicidade, informalidade, economia processual e celeridade, o legislador, em nova imprecisão terminológica, repete tais critérios no art. 62, agora especificamente para os Juizados Criminais, omitindo, no entanto, o da simplicidade.

Veja-se: sendo gerais os critérios definidos no art. 2º ("disposições gerais"), não havia necessidade de sua repetição quando da disciplina específica dos Juizados Especiais Criminais.

Cuida-se de saber, num primeiro momento, se a omissão do critério (ou princípio, como veremos logo mais) da simplicidade foi deliberada, ou resultado de um cochilo do legislador.

Parece que se tratou mesmo de uma omissão deliberada. Porque – como assinala Maurício Antônio Ribeiro Lopes – "a mera composição de danos ou, de maneira mais ampla, a discussão em torno de direitos marcados pela cláusula da disponibilidade conduz mais facilmente à aceitação da simplicidade como regra de comportamento das partes e da direção jurisdicional", o que não acontece em matéria de processo criminal, mesmo visando apenas à imposição de uma pena não privativa de liberdade, "porquanto a incidência de pena criminal – pouco importando sua natureza e independentemente de seus efeitos (e há produção de efeitos, se não da condenação, da aceitação das propostas) – implica um sacrifício de um direito indisponível".[55]

De fato, aceitável a simplicidade no procedimento cível, o mesmo não ocorre no procedimento criminal.[56]

Por outro lado – ao contrário do que sustenta Ismar Estulano Garcia[57] –, trata-se de princípios, e não de critérios.

Fátima Nancy Andrighi e Sidney Beneti sustentam haver equívoco do legislador, pois não se trata de critérios, e sim de princípios, isto é, "fontes normativas gerais de que se originam as regras, ou, pode-se admitir, postulados, ou seja, verdades fundamentais que condicionam a coerência lógica de um sistema, na inesquecível lição de Miguel Reale".[58]

___

55. Maurício Antônio Ribeiro Lopes e Joel Dias Figueira Júnior, *Comentários* ..., 3ª ed., p. 515.

56. Diverso o posicionamento de Ada Pellegrini Grinover *et al.*, que sustentam aplicável aos Juizados Especiais Criminais também o critério da simplicidade, "pois, em face do que dispõe o art. 77, § 2º, o Juizado Criminal não deve atuar nas causas de maior complexidade" (*Juizados* ..., 2ª ed., p. 62).

57. *Juizados Especiais Criminais*, 2ª ed., p. 33.

58. Fátima Nancy Andrighi e Sidnei Beneti, *Juizados Especiais Cíveis e Criminais*, pp. 111-112.

A JUSTIÇA PENAL CONSENSUADA NO BRASIL

No mesmo sentido Maurício Antônio Ribeiro Lopes, que critica o legislador pela opção terminológica. Segundo ele, "princípio" constitui o mandamento nuclear de um sistema, seu verdadeiro alicerce.[59]

Neste passo, é importante lembrar da lição de Jacinto Nelson de Miranda Coutinho sobre o tema. Partindo da assertiva de que é importante o estudo dos princípios gerais do processo, que fornecerá a "base para a compreensão sistemática da matéria", e do conceito de princípio como sendo o "motivo conceitual sobre o(s) qual(ais) funda-se a teoria geral do processo penal, podendo estar positivado (na lei) ou não", assinala ele que falar em motivo conceitual "é não dizer nada, dada a ausência de um referencial semântico perceptível aos sentidos". Em seguida, sustenta que dizer "motivo conceitual" é dizer "mito": "O importante, sem embargo, é que, seja na ciência, seja na teoria, no *principium* está um *mito*; sempre!".

E conclui: "O papel dos princípios, portanto, transcende a mera análise que se acostumou a fazer nas Faculdades, pressupondo-se um conhecimento que se não tem, de regra".[60]

Nicola Abbagnano, por sua vez, salienta que "na Filosofia moderna e contemporânea a noção de princípio tende a perder sua importância. Ela inclui, com efeito, a noção de um ponto de partida privilegiado: e não relativamente privilegiado, isto é, com relação a certos escopos, mas absolutamente em si. Um ponto de partida deste gênero dificilmente poderia hoje ser admitido no domínio das ciências".[61]

Como quer que seja, o certo é que o dispositivo acima referido traça diretrizes e orientações[62] a serem seguidas pelos Estados ao instituírem os seus Juizados Especiais Criminais. Estabelece "mitos" – no dizer de Jacinto Nelson de Miranda Coutinho – que servem de fundamento, de base, para o novo modelo de Justiça Criminal consensual inaugurado entre nós. Esse novo modelo é construído tendo como base, além daqueles princípios inerentes ao processo

59. Maurício Antônio Ribeiro Lopes e Joel Dias Figueira Júnior, *Comentários* ..., 3ª ed., p. 512.

60. Jacinto Nelson de Miranda Coutinho, "Introdução aos princípios gerais do processo penal brasileiro", *Revista da Faculdade Mineira de Direito* 2/65-66, ns. 3 e 4.

61. *Dicionário de Filosofia*, p. 207.

62. Como assinala Jorge de Figueiredo Dias, "são estes 'princípios gerais do processo penal' que dão sentido à multidão das normas, *orientação* ao legislador e permitem à Dogmática não apenas "explicar", mas verdadeiramente *compreender* os problemas do direito processual penal e caminha com segurança ao encontro da sua solução" (*Direito Processual Penal*, v. 1, p. 113).

134 TRANSAÇÃO PENAL

penal em geral, estes princípios específicos. E, assim fazendo, está dando cumprimento ao dispositivo constitucional do art. 98, I, que se refere a um "procedimento oral e sumário".

Por isso, preferimos falar mesmo em princípios específicos dos Juizados Especiais Criminais.

3.6.1 A oralidade

Oralidade, na técnica processual, compreende a soma de atos que se fazem de viva voz, verbalmente, os mais importantes sendo reduzidos a escrito. Ou, como diz José Frederico Marques, "a oralidade do procedimento é o sistema segundo o qual as declarações frente aos juízes e tribunais só possuem eficácia quando formuladas através da palavra oral".[63]

Na lição de Eduardo J. Couture: "Principio de oralidad, por oposición a principio de escritura, es aquel que surge de un derecho positivo en el cual los actos procesales se realizan de viva voz, normalmente en audiencia, y reduciendo las piezas escritas a lo estrictamente indispensable".[64]

É preciso observar que a oralidade não exclui a escritura do processo, pois a oralidade e a escritura coexistem. Os atos processuais são praticados oralmente, mas devem ser documentados, embora de forma sucinta.

O princípio da oralidade, outrossim, "se inter-relaciona internamente com os princípios da imediação, concentração, continuidade, publicidade e identidade física do juiz".[65]

Desta forma, em face da imediata relação entre o juiz e a prova nos Juizados Especiais Criminais, pode-se falar na exigência, neste novo modelo de Justiça Criminal, da identidade física do juiz. Como a colheita da prova é oral, tudo indica que o juiz que a presidiu é que melhor poderá valorá-la.

Se efetivamente observado, esse princípio da oralidade será de grande valia para a agilização do processo penal, resgatando a credibilidade da Justiça Criminal.

---

63. Elementos de Direito Processual Penal, p. 67.
64. Fundamentos del Derecho Procesal Civil, p. 199.
65. Cf. José Laurindo de Souza Netto, Processo Penal. ..., 1ª ed., p. 105.

A JUSTIÇA PENAL CONSENSUADA NO BRASIL   135

No Brasil, infelizmente, até hoje este princípio sempre teve um caráter muito mais retórico que efetivo, "soando quase farisaico afirmar que tal erigiu-se como princípio (ou mesmo como critério) na sistemática processual brasileira, fora dos casos do Tribunal do Júri, e, ainda assim, na última parte de seu procedimento legal".[66]

No mesmo sentido a lição de Afrânio Silva Jardim: "Já o princípio da oralidade, hoje, se apresenta quase como uma utópica aspiração de uma atividade jurisdicional mais célere. A verdadeira sofreguidão de tudo reduzir-se a escrito, numa desmedida ânsia de segurança e culto à forma, tem sacrificado o processo penal moderno, eternizando o seu deslinde e transformando-o em instrumento de verdadeiro empecilho à aplicação do Direito".[67]

Uma característica marcante do novo modelo De Justiça Criminal, baseada no consenso, como instituído pela Lei 9.099/1995, é sua inspiração, como linha de tendência, no sistema acusatório.

O sistema processual penal brasileiro costuma ser definido como misto,[68] por acolher elementos tanto do acusatório como do inquisitório. A Lei 9.099/1995, ao acabar com a obrigatoriedade do inquérito policial nos Juizados Especiais Criminais, caminhou, sem dúvida, em direção ao sistema acusatório. Isso se confirma com a adoção dos princípios da oralidade, da concentração e da continuidade dos atos processuais, todos típicos do processo tipo acusatório.

Como assinala José Laurindo de Souza Netto: "Com o exame direto das provas produzidas numa única audiência, passou-se da visão carismática do processo, centrado na figura do juiz como gestor das provas, para uma visão mais democrática, em que a própria parte assume um papel mais relevante quanto a essa função. Aqui, o processo

66. Cf. Maurício Antônio Ribeiro Lopes e Joel Dias Figueira Júnior, *Comentários* ..., 3ª ed., p. 519.

67. *Direito Processual Penal*, 9ª ed., p. 41.

68. Jacinto Miranda Coutinho critica essa classificação porque "o dito sistema misto, reformado ou napoleônico é a conjugação dos outros dois, mas não tem um princípio unificador próprio, sendo certo que ou é essencialmente inquisitório, com algo do sistema acusatório, ou é essencialmente acusatório, com alguns elementos característicos do sistema inquisitório. Por isso, só formalmente podemos considerá-lo como um terceiro sistema" ("O papel do novo juiz no processo penal", *Seleções Jurídicas* 1/36). Segundo o professor da Universidade Federal do Paraná, "o sistema processual brasileiro é, na essência, inquisitório, porque regido pelo princípio inquisitivo, já que a gestão da prova está, primordialmente, nas mãos do juiz, o que é imprescindível para a compreensão do direito processual penal vigente no Brasil" (Jacinto Nelson de Miranda Coutinho, "Introdução ...", *Revista da Faculdade Mineira de Direito* 2/67, ns. 3 e 4).

136 TRANSAÇÃO PENAL

não está a serviço da exclusiva punição, ou aplicação da pena, mas preocupado em servir às pessoas. Esse é o fundamento do sistema".[69]

Importa, pois, sobretudo em face da nova estrutura de Justiça Penal consensual que se introduziu no Direito pátrio, que efetivamente se adote a'oralidade como princípio informador dos Juizados Especiais Criminais, reduzindo-se a escrito somente o indispensável.

Assim, o inquérito policial, cujas peças no sistema tradicional devem ser reduzidas a escrito, é substituído por um termo circunstanciado (art. 69, *caput*); somente serão registrados os atos tidos por essenciais e os atos praticados em audiência de instrução e julgamento poderão ser gravados em fita magnética ou equivalente (art. 65, § 3º); a acusação é oral (art. 77, caput, e § 3º); a defesa, apresentada antes do recebimento da denúncia ou da queixa, também é oral (art. 81, *caput*); toda a prova e os debates são orais, produzidos em uma só audiência, constando do termo simples resumo dos fatos relevantes (art. 81, *caput* e parágrafos).

Há que se romper com a tradição de nosso processo penal, que vê na escrita uma "garantia" do acusado.

Assinale-se, ainda, que, por força da concentração, que se interrelaciona internamente com o princípio da oralidade, a lei prevê que antes da acusação tudo seja resumido em uma audiência preliminar, e instaurado o processo condenatório. Há uma só audiência de instrução e julgamento.

3.6.2 A informalidade

A informalidade a que se refere o texto legal relaciona-se com a ausência de preocupação com a forma dos atos processuais. É a "deformalização" do processo penal, na esteira do que já vem ocorrendo em outros países,[70] mas não necessariamente ausência total de formas. A primeira garantia de observância do devido processo legal, sem dúvida, é a necessidade de serem os atos processuais obedientes à lei. É a lei que regula a constituição intrínseca e extrínseca dos autos processuais. É o que se denomina "tipicidade" do ato processual.[71]

---

69. *Processo Penal.* ..., 1ª ed., p. 190.

70. Cf. Ada Pellegrini Grinover *et al.*, *Juizados* ..., 2ª ed., p. 63.

71. Como salienta Maurício Antônio Ribeiro Lopes: "Para que o ato processual possa ser perfeito, produzindo seus efeitos jurídicos, é preciso que se amolde às fórmu-

A JUSTIÇA PENAL CONSENSUADA NO BRASIL 137

A regulamentação das formas dos atos processuais constitui, sem dúvida, uma garantia não só para as partes, como para o próprio juiz. O que se deve combater é o excesso de formalismo, que acaba prejudicando o objetivo maior da Justiça.

Como assinala Júlio Fabbrini Mirabete: "Embora os atos processuais devam realizar-se conforme a lei, em obediência ao fundamental princípio do devido processo legal, deve-se combater o excessivo formalismo em que prevalece a prática de atos solenes estéreis e sem sentido sobre o objetivo maior da realização da justiça. Não se deve esquecer, porém, que não se pode, a pretexto de obediência ao citado princípio, afastar regras gerais do processo quanto a atos que possam ferir interesses da defesa ou da acusação ou causar tumulto processual, dispondo aliás a lei que devem ser aplicadas subsidiariamente nos Juizados as disposições do Código de Processo Penal no que não forem incompatíveis com ela (art. 92). Sem dúvida o juiz não está isento de observar um mínimo de formalidades essenciais para a prática de determinados atos processuais. Não se trata, portanto, de excluir atos processuais, mas sim da possibilidade de praticá-los de forma livre, de modo plausível, desde que sejam aptos a atingir sua finalidade. Essa liberdade, porém, não existe quando a própria lei determina forma procedimental exclusiva, como ocorre com relação à citação do acusado, que será sempre pessoal no Juizado, ou por mandado (art. 66)".[72]

Consectário natural deste princípio é a regra, lançada na Lei 9.099/1995, segundo a qual serão válidos os atos processuais sempre que preencherem as finalidades para as quais foram realizados, não se pronunciando qualquer nulidade sem efetivo prejuízo (art. 65 e seu § 1º). Além disso, somente os atos havidos por essenciais serão objeto de registro escrito (art. 65, § 3º), dispensando-se o relatório da sentença (art. 81, § 3º), e na hipótese de confirmação da sentença pelos seus próprios fundamentos a súmula do julgamento servirá de acórdão (art. 81, § 5º).

Na audiência preliminar, quando se tenta a conciliação, com a presença do autor do fato, da vítima, do órgão do Ministério Público e do responsável civil (art. 72), bem como nos atos de proposta da

---

las descritas em lei. Tipicidade do ato processual haverá quando o ato estiver em conformidade com o modelo descrito em lei. Não havendo correspondência entre o ato realizado e o tipo legal, ele se diz atípico ou imperfeito" (Maurício Antônio Ribeiro Lopes e Joel Dias Figueira Júnior, *Comentários* ..., 3ª ed., p. 522).

72. *Juizados* ..., p. 25.

138 TRANSAÇÃO PENAL

transação penal (art. 76, *caput*) e na sua apreciação pela defesa (art. 77, §§ 3º e 4º) também predomina a informalidade.

3.6.3 A economia processual

A economia processual diz respeito à opção pelo caminho que represente o máximo de resultado com o mínimo de encargos.

Ou, como diz Couture, "el proceso, que es un medio, no puede exigir un dispendio superior al valor de los bienes que están en debate, que son el fin. Una necesaria proporción entre el fin y los medios debe presidir la economía del proceso".[73]

Importa a busca do máximo resultado da atuação do Direito com um mínimo possível de atos processuais. Não implica supressão de atos processuais previstos na lei, mas sim possibilidade de escolha da forma que cause menos encargos. Assim, a concentração de atos em uma mesma oportunidade constitui aplicação do princípio da economia processual. A dispensa do inquérito policial[74] pode ser apontada como outra manifestação do princípio. O mesmo ocorre com a realização de toda a instrução e o julgamento em uma única audiência.

3.6.4 A celeridade

Intimamente relacionada com outros princípios, objetiva a rápida solução dos casos penais, sem comprometer a segurança. Em outras palavras, a busca de uma prestação jurisdicional no menor tempo possível.

Assim, a lei prevê que a autoridade policial, tomando conhecimento do fato delituoso, deve lavrar termo circunstanciado, remetendo-o, com o autor do fato e a vítima, quando possível, ao Juizado Criminal.

---

73. *Fundamentos* ..., p. 189.
74. Trata-se de mera dispensa do inquérito, que não foi abolido na nova sistemática. A lei não impediu a instauração do inquérito, mas apenas não o tornou obrigatório. Assim, será ele instaurado quando houver complexidade quanto à materialidade e aos indícios de autoria.

A JUSTIÇA PENAL CONSENSUADA NO BRASIL   139

Permite-se que os atos processuais sejam realizados em qualquer dia da semana, e até mesmo à noite (art. 64). Determina a lei, ainda, que nenhum ato será adiado (art. 80).

3.6.5 Outros princípios específicos dos Juizados Criminais

3.6.5.1 Princípio da legalidade mitigada

O consenso só é possível com a renúncia, por parte do Ministério Público, do processo penal clássico, em que vige o princípio da obrigatoriedade plena.

A regra no sistema penal brasileiro continua sendo o princípio da obrigatoriedade. Mas em alguns casos excepcionalmente previstos em lei, e sob estrito controle judicial, pode o Ministério Público dispor da persecução penal, propondo ao autor do fato medida penal alternativa.

Observe-se que o Ministério Público não poderá, por razões de oportunidade, simplesmente renunciar ao exercício da ação penal pública. Não se adotou o princípio de oportunidade em sua forma pura. Sua atuação acha-se regulamentada e controlada judicialmente. Assim, exceto quando a ação penal pública estiver condicionada à representação – hipótese em que a composição civil implica renúncia do direito de representação, levando à extinção da punibilidade –, o certo é que, sendo incondicionada a ação penal pública, ou oferecida a representação, tem o Ministério Público o dever legal, e vinculado, de agir, analisando, inicialmente, a existência ou não de crime; e, na hipótese positiva, constatando a presença dos requisitos legais, tem o dever de formular a proposta de imposição de pena restritiva de direitos ou multa ao autor do fato.

Como quer que seja, a lei prevê, mesmo na hipótese de crime de menor potencial ofensivo, a imposição de uma pena – alternativa (multa ou restritiva de direitos), é certo, mas nunca privativa de liberdade. E quando se trata de delito punido somente com multa o juiz pode reduzi-la até de metade (art. 76, parágrafo único).

A intenção do legislador, como se percebe claramente da leitura da Lei 9.099/1995, é no sentido de que nas infrações de menor potencial ofensivo não se instaure o processo penal condenatório. Na esteira, como vimos, de uma tendência que é mundial.

140 TRANSAÇÃO PENAL

Portanto, excepcionou-se o princípio da obrigatoriedade da ação penal, desautorizando-se para as infrações penais de menor potencial ofensivo o processo penal condenatório. Em substituição, o princípio da obrigatoriedade da proposta de submissão a pena restritiva de direitos ou multa, quando presentes os requisitos legais. Nesse sentido – lembra José Laurindo de Souza Netto – é que funciona o controle, e não pela via contrária. O controle nos delitos de pequeno potencial ofensivo é no sentido de que não haja a instauração do processo condenatório clássico, na presunção de que tais infrações penais apresentam um interesse muito escasso na sua persecução.[75]

Mas – repita-se – a Lei 9.099/1995 não concedeu ao Ministério Público uma discricionariedade total. Desta forma, ainda que lhe sobre uma larga liberdade (de consciência) na formação da *opinio delicti*, o certo é que, presente esta, bem assim os demais requisitos previstos na lei, surge o dever legal de formular a proposta de transação ao autor do fato.

Resultado, sem dúvida, da adoção da obrigatoriedade mitigada.

3.6.5.2 *Princípio da autonomia da vontade*

O novo modelo de Justiça Criminal assenta-se, fundamentalmente, no consenso. Assim, torna-se indispensável que o autor do fato renuncie ao processo penal condenatório clássico e aceite a proposta do Ministério Público de se submeter a uma pena restritiva de direitos ou multa, com isso permitindo o encerramento do processo com a transação.

Sem que o autor do fato consinta não se há falar em solução conciliatória. Trata-se do princípio da autonomia da vontade.

A Lei 9.099/1995, no tocante aos ilícitos de pequeno potencial ofensivo, privilegia a vontade do autor do fato, valorizando sua intenção de assumir as conseqüências da ação ilícita e remir o débito social.

Quanto à validade do consentimento, com renúncia a direitos fundamentais, Costa Andrade, depois de dizer que ,"para além da realização da autonomia pessoal, este consentimento pode em concreto estar preordenado à promoção de interesses legítimos do respectivo titular" – pelo quê correta a defesa de sua validade e eficácia

---

75. Cf. José Laurindo de Souza Netto, *Processo Penal. ...*, 1ª ed., p. 44.

A JUSTIÇA PENAL CONSENSUADA NO BRASIL   141

de princípio –, faz referência a uma resistência, a uma preocupação em reduzir o âmbito de validade do consentimento. Isso em face da tese da "dupla natureza" ou "dupla dimensão" que a moderna doutrina constitucional atribui aos direitos fundamentais. Em outras palavras, esses direitos não podem ser pensados apenas e tão-somente sob a ótica dos indivíduos, enquanto faculdades e poderes de que estes são titulares; mas valem também do ponto de vista da comunidade, como valores ou fins que esta se propõe a perseguir. Desta forma, o sacrifício de direitos individuais teria como reverso a afronta a princípios basilares do processo penal de um Estado de Direito.

Contudo, não se pode deixar de observar duas situações diametralmente opostas. De um lado, "um argüido que transpõe os umbrais do tribunal já pacificado com os outros significantes", mostrando-se "disposto a colaborar na procura da verdade (através, por exemplo, de confissão espontânea) e a aceitar os caminhos com os valores e os modelos de acção do Estado de Direito". E, de outro, as "manifestações da criminalidade violenta e organizada".

Daí – prossegue Manuel da Costa Andrade – a compreensão e estruturação do processo penal assente na tensão dialética entre espaços naturalmente predispostos a soluções de consenso; e outros em que as soluções de conflito não conhecem alternativa.

Então, sua conclusão, no sentido de que se há de procurar realizar, num clima diferenciado, os mesmos valores ou fins: "a) no espaço de consenso, o conteúdo material do Estado de Direito Social realiza-se sobretudo pela acentuação do *ethos* da ressocialização. 'As outras componentes do próprio Estado de Direito Social como a igualdade fática de oportunidades do argüido, bem como as do Estado de Direito sem mais (por exemplo, a presunção de inocência), podem, dentro de certos limites, recuar' (Wolter). O mesmo valerá a propósito da verdade. Isto tendo sempre presente que o consenso significa mais do que a mera disponibilidade para se aceitar uma decisão sugerida e elaborada pelas instâncias de controle e proposta à adesão pura e simples (...); b) inversamente, já no espaço de conflito se há de estimular a expressão do antagonismo e da contraditoriedade, fazendo-se intervir toda a pletora de garantias processuais decantadas no decurso do longo (e doloroso) processo histórico de formação e afirmação do Estado de Direito".[76]

---

76. Manuel da Costa Andrade, "Consenso e oportunidade", *Jornadas de Direito Processual Penal. O Novo Código de Processo Penal*, pp. 332-336.

142 TRANSAÇÃO PENAL

Desta forma, e sobretudo levando em conta os benefícios que a lei outorga ao autor do fato com o sistema consensual – como sua dignidade, a preservação de sua liberdade, a ressocialização alternativa, dentre outros –, é razoável que se admita o não exercício de alguns direitos e garantias fundamentais.[77]

Canotilho distingue a renúncia de direitos do não exercício fático de um direito, dizendo possível, assim, "existir uma disposição individual acerca de posições de direitos fundamentais".[78]

Salienta, ainda, Luiz Flávio Gomes[79] que a aceitação da solução consensuada pode ter o significado de uma "ampla defesa" (art. 5º, LV, da CF). Veja-se que o texto constitucional, após fazer referência à "ampla defesa", completa: "com os meios e recursos a ela inerentes". Assim, aceitar ou não a via consensual alternativa, pode não deixar de ser estratégia de defesa, mas, antes, é o exercício de um direito consagrado constitucionalmente.

Não se discute, pois, que a Lei 9.099/1995, criando o espaço de consenso na Justiça Criminal – limitado a infrações penais de menor gravidade –, acabou por consagrar a autonomia da vontade também no campo penal, consagrando o "recuo" de certos direitos fundamentais, ou admitindo seu não exercício fático pelo autor do fato que opta pela solução consensuada – ou seja, exercita os precitados direitos de um outro modo –, por nada incompatível com a Constituição Federal.

3.6.5.3 *Princípio da desnecessidade da pena privativa de liberdade*

Com a Lei 9.099/1995 o Estado se afasta da forma de reação clássica – tratando-se de infração penal de menor potencial ofensivo

---

77. Convém trazer à colação o magistério de Maurício Alves Duarte a respeito do tema: "Ao contrário de alguns entendimentos doutrinários, não reputo como principal objetivo da lei o direito ou a 'vantagem' concedida ao infrator de 'livrar-se do processo', independentemente de sua inocência. *Data venia*, não creio que alguém, convencido da sua inocência, aceite, em processo, contraditório, ampla defesa e prova, a aplicação imediata de pena não privativa de liberdade ou multa tão-somente 'para livrar-se do processo', pagando pelo que não cometeu ou participou. Ora, tal hipótese ou pensamento significaria a consagração da ditadura do processo, ou seja: 'Ou te submetes imediatamente à pena, ou te processo', em flagrante desserviço à cidadania, na medida em que o devido processo legal, o contraditório, a ampla defesa e o ônus probatório da acusação são garantias constitucionais fundamentais e preciosas, que jamais poderão ser encaradas como pena, castigo ou constrangimento" ("A execução das penas restritivas de direitos descumpridas no regime da Lei 9.099/1995 e outras questões controvertidas", *RT* 744/455).

78. *Direito Constitucional e Teoria da Constituição*, 3ª ed., p. 435.

79. *Suspensão Condicional do Processo*, 2ª ed., p. 98.

A JUSTIÇA PENAL CONSENSUADA NO BRASIL 143

–, o encarceramento, propiciando a aplicação de medidas alternativas, como multa, prestação de serviços à comunidade etc.

O princípio, em realidade, consistente na desnecessidade de encarceramento nas penas de curta duração, já está subjacente no instituto do *sursis*.

O fracasso da pena privativa de liberdade, como vem sendo executada, especialmente a de curta duração, está na base do novo sistema de Justiça Criminal.

A pena de prisão já se mostrou nefasta, pois embrutece o ser humano e não o corrige, importando, em realidade, um fator de criminalidade, como se vê do alto índice de reincidência.

Fala-se, ainda, na falta de legitimidade da pena de prisão no moderno Estado Constitucional de Direito, pelos seus efeitos deletérios sobre o ser humano.

Desta forma, cada um dos partícipes da relação processual penal (Estado e autor do fato) deve abrir mão de parcela de direitos tradicionais; ou exercitá-los de modo vário.

Trata-se, portanto, de um novo modelo de Justiça Criminal, com base no consenso,[80] e não apenas um novo procedimento processual penal, um novo modelo que privilegia a vítima e procura ressocializar o autor da infração penal por vias alternativas ao encarceramento.

3.7 Competência dos Juizados Especiais Criminais

Como já foi visto, o texto constitucional, ao se referir aos Juizados Criminais, firma sua competência para "a conciliação, o julgamento e a execução (...) das infrações penais de menor potencial ofensivo". É o que aparece, também, no art. 60 da lei respectiva: "O Juizado Especial Criminal, provido por juízes togados ou togados e leigos, tem competência para a conciliação, o julgamento e a execução das infrações penais de menor potencial ofensivo".

Trata-se de regra de competência *ratione materiae*, em sentido estrito, pois da competência *ratione loci* cuida o art. 63.

---

80. Édison Miguel da Silva Júnior fala na criação, em nosso direito processual penal, de um "novo sistema" ("Sistema penal consensual não punitivo – Lei 9.099/1995", *RT* 762/506 e ss.).

144 TRANSAÇÃO PENAL

Como assinala Ada Pellegrini Grinover, a efetividade do processo penal depende da adequação das formas procedimentais à natureza da controvérsia subjacente. Esta adequação, por outro lado, varia de acordo com a maior ou menor complexidade dos fatos postos em julgamento e com a maior ou menor gravidade do delito.[81]

No Direito Comparado percebe-se uma preocupação com a modernização e agilização da Justiça Criminal, que passa, sem dúvida, pelo estabelecimento de procedimentos abreviados para as infrações penais de menor gravidade. São exemplos os modernos Código de Processo Penal da Itália, de 1989, o Código de Processo Penal Português, de 1987, e a reforma processual da Alemanha, de 1975.[82]

O legislador brasileiro, com a Lei 9.099/1995, inseriu-se nessa nova tendência ao criar os Juizados Especiais Criminais com um procedimento abreviado para as infrações penais de menor potencial ofensivo, além de introduzir aqueles institutos despenalizadores. E estabeleceu, como já visto, em seu art. 60, como sua competência a conciliação, o julgamento e a execução de tais infrações penais.

A conciliação no juízo criminal, forma de obter acordo entre as partes, passou a ser admitida, agora, com maior amplitude, abarcando inclusive os crimes de ação penal pública, com evidente abrandamento do princípio da obrigatoriedade. Antes da Lei 9.099/1995 isso somente era possível nas ações privadas relativas a crimes contra a honra.

Na sistemática da lei, instaurada a audiência preliminar, presentes o órgão do Ministério Público, o autor do fato e a vítima e, se possível, o responsável civil, será tentada a conciliação relativamente à reparação dos danos.

Objetivando tornar efetiva a fase conciliatória, prevê a lei a atuação não só dos juízes togados, como também de juízes leigos e conciliadores.

Os conciliadores, nos termos do art. 7º, são auxiliares da Justiça, devendo ser recrutados, preferencialmente, entre os bacharéis em Direito. Assim, sujeitam-se à responsabilidade penal dos funcionários públicos, enquadrados no conceito do art. 327 do Código Penal.

___

81. "Procedimentos sumários em matéria penal", in Jacques de Camargo Penteado (coord.), *Justiça Penal*, pp. 11-30 (cit. por Maurício Antônio Ribeiro Lopes e Joel Dias Figueira Júnior, *Comentários* ..., 3ª ed., p. 471).

82. Maurício Antônio Ribeiro Lopes e Joel Dias Figueira Júnior, *Comentários* ..., 3ª ed., p. 472.

A JUSTIÇA PENAL CONSENSUADA NO BRASIL 145

Suas funções são apenas de meio, nunca de finalidade. Desta forma, sua atuação limita-se à atividade secundária da tentativa de conciliação.

Como em matéria de transação penal, por expressa disposição da lei, cabe ao magistrado esclarecer o autor do fato sobre a possibilidade de composição dos danos e de aceitação de aplicação imediata da pena não restritiva da liberdade, o papel do conciliador limita-se à composição dos danos civis, sendo apenas incidentalmente penal, por ser o dano originário de um fato criminal.[83]

A expressão "julgamento", como posta na lei, deve ser entendida em seu sentido amplo, compreendendo toda manifestação com caráter decisório, no procedimento.

Abrange, pois: a) a sentença, forma de acertar o caso penal,[84] aplicando a lei ao caso concreto e pondo fim ao processo, como na transação penal, em que, acolhida a oferta de aplicação imediata de pena restritiva de direitos ou de multa, pelo autor do fato, sua imposição será feita em sentença homologatória da transação penal; b) e também a decisão interlocutória (porque não põe fim ao processo), como no ato judicial que homologa a suspensão condicional do processo, prevista no art. 89, uma vez obtida a concordância do autor do fato.

Por último, refere-se o art. 60 à execução. Contudo, na Seção IV do Capítulo III, que cuida especificamente da execução, estabelece o legislador que, "aplicada exclusivamente pena de multa, seu cumpri-

83. Assinala Maurício Antônio Ribeiro Lopes: "Esse ato, que se pode chamar de audiência preliminar ou de audiência de advertência, se realizado por conciliador ou juiz leigo, importará em nulidade absoluta por falta de observância do devido processo legal, independentemente de comprovação do prejuízo, que nesse caso se presume, ante a aplicação imediata da pena criminal – em que pese à disposição dos arts. 65, § 1º, e 76, §§ 4º e 6º, desta lei" (Maurício Antônio Ribeiro Lopes e Joel Dias Figueira Júnior, *Comentários* ..., 3ª ed., p. 480).

84. Jacinto Nelson de Miranda Coutinho sustenta a inviabilidade do conceito de lide para o processo penal. Desta forma, o conteúdo do processo penal não seria uma lide penal, mas sim um caso penal. Segundo ele: "A sanção penal, no nosso processo penal, só pode ser aplicada através da jurisdição – e deve sê-lo através do devido processo legal; explicações outras são desnecessárias. Cometido o crime, a sanção só será executada a partir da decisão jurisdicional, presa a um pressuposto: a reconstituição de um fato pretérito, o crime, na medida de uma verdade processualmente válida e evidenciadora da culpabilidade ou da periculosidade. A jurisdição atua para fazer o acertamento do fato, e o processo é o meio que utiliza para concluir se o réu deve ser punido ou não. Para expressar essa reconstituição que se efetiva no processo penal – geralmente de forma conflitual, mas não sempre –, e tem importância prática já na

146 TRANSAÇÃO PENAL

mento far-se-á mediante pagamento na Secretaria do Juizado" (art. 84). Já o art. 86 diz que "a execução das penas privativas de liberdade e restritivas de direito, ou de multa cumulada com estas, será processada perante o órgão competente, nos termos da lei".[85] Ou seja, da Lei 7.210/1984 (Lei de Execução Penal).

Como se vê, no tocante ao aspecto criminal, de escassa aplicação o disposto na lei, pois a execução nos Juizados Especiais Criminais limita-se à pena de multa, e ainda assim quando imposta exclusivamente.

3.8 Infrações de menor potencial ofensivo

Nos termos do art. 61, "consideram-se infrações penais de menor potencial ofensivo, para os efeitos desta Lei, as contravenções penais e os crimes a que a lei comine pena máxima não superior a um ano, excetuados os casos em que a lei preveja procedimento especial".

Salienta Ismar Estulano Garcia haver em tramitação no Congresso Nacional o Projeto de Lei 4.895/1995, Mensagem 1.267/1994, do Poder Executivo, considerando infrações penais de menor potencial ofensivo, além das contravenções penais, os crimes punidos com detenção de até dois anos.[86]

Num primeiro momento poder-se-ia entender que aquela restrição, da existência de procedimento especial, refere-se tanto aos crimes como às contravenções penais.

---

primeira fase da persecução penal, o ideal seria uma expressão ainda não comprometida com outros significados relevantes: *caso penal*, por exemplo" (*A Lide e o Conteúdo do Processo Penal*, pp. 137-138).

85. Daí dizer Maurício Antônio Ribeiro Lopes: "A realidade normativa exposta na Seção IV deste mesmo capítulo da lei é menos otimista do que a promessa inaugural. Na verdade, apenas a execução das sanções pecuniárias será feita através do próprio Juizado Especial, mediante pagamento da importância liquidada na Secretaria do Juizado, seguindo-se a imediata declaração de extinção da pena (art. 84 e seu parágrafo único). A execução das penas privativas de liberdade e restritivas de direitos de qualquer natureza será processada nos órgãos competentes nos termos da lei e segundo o procedimento-padrão estabelecido pela Lei 7.210/1984 (Lei de Execução Penal)" (Maurício Antônio Ribeiro Lopes e Joel Dias Figueira Júnior, *Comentários* ..., 3ª ed., p. 482).

86. *Juizados* ..., 2ª ed., p. 32.

A JUSTIÇA PENAL CONSENSUADA NO BRASIL   147

Porém, mais consentânea com a finalidade e a efetividade da lei a interpretação diversa, ou seja, no sentido de que a restrição se refere apenas e tão-somente aos crimes[87] – como, aliás, concluiu a Comissão Nacional da Escola Nacional da Magistratura em Belo Horizonte nos dias 27 e 28 de outubro de 1995.[88]

De fato, representando as contravenções penais, pela sua própria natureza, ilícitos penais de menor gravidade que os crimes – a diferença entre crime e contravenção não é de essência, mas sim de grau –, tanto que o legislador penal impõe a elas penas de prisão simples, sem rigor carcerário, e multa, não teria sentido, pelo simples fato de serem dotadas de procedimento penal especial, excluí-las do conceito de infração penal de menor potencial ofensivo.

Assim, todas as contravenções penais integram o chamado "espaço de consenso", inclusive aquelas previstas em leis especiais e com procedimento próprio, como as do "jogo do bicho" e corridas de cavalo fora do hipódromo (Lei 1.508/1951), as de loterias (Decreto-lei 6.259/1944), as florestais (Lei 4.771/1965), as relativas à pesca (Decreto-lei 221/1967), as referentes à caça (Lei 5.197/1967) e aquelas relativas a restrições a brasileiros naturalizados (Lei 6.192/1974).[89]

Esta também a orientação de Ismar Estulano Garcia,[90] de Marino Pazzaglini Filho, Alexandre de Moraes, Gianpaolo Poggio Smanio e

---

87. Como salienta Fernando da Costa Tourinho Filho, "em princípio não haveria motivo sério para se excluir desses Juizados o julgamento de determinadas contravenções, que, pelo fato de serem contravenções, já demonstram menor potencialidade ofensiva. Depois porque, se na hierarquia das infrações o crime está em primeiro plano e as contravenções em segundo, obviamente, se há crimes sujeitos ao Juizado, não há razão que justifique excluir qualquer contravenção da sua competência" (*Comentários à Lei dos Juizados Especiais Criminais*, p. 22).

88. Cf. Júlio Fabbrini Mirabete, *Juizados* ..., p. 30.

89. Na lição de Fernando da Costa Tourinho Filho, mesmo as contravenções que atentam contra bem, interesse ou serviço da União, entidade autárquica ou empresa pública federal inserem-se na competência dos Juizados Especiais. Isso porque o art. 109 da Constituição Federal delimitou a competência da Justiça Federal, na área repressiva, somente aos crimes, sendo certo que aquelas contravenções penais tiveram seu processo e julgamento deslocados para a Justiça Estadual, circunstância referendada pela Súmula 38 do Superior Tribunal de Justiça (*Comentários* ..., p. 24).

90. Conforme salienta o autor citado: "A lógica e o bom senso estão a indicar como melhor política, em nossa ótica, a inclusão, como infrações penais de menor potencial ofensivo, de todas as contravenções, sem qualquer exceção em relação ao procedimento previsto.Os objetivos da lei são direcionados para a tentativa de solução dos conflitos penais menores, de forma a não deixar seqüelas, buscando a paz e a tranqüilidade social" (Ismar Estulano Garcia, *Juizados* ..., p 40).

148 TRANSAÇÃO PENAL

Luiz Fernando Vaggione[91] e de Julio Fabbrini Mirabete.[92] Em sentido contrário: Damásio Evangelista de Jesus.[93]

No que tange aos crimes é preciso que se enquadrem na limitação quantitativa – ou seja, a pena máxima cominada não pode ser superior a um ano – e na limitação de procedimento – a saber, excluem-se os crimes para os quais haja procedimento especial. Assim, independentemente da pena cominada, não se incluem na competência dos Juizados Especiais Criminais, porque dotados de procedimento especial, os crimes falimentares, os crimes de responsabilidade dos funcionários públicos, os crimes contra a propriedade imaterial, os crimes de abuso de autoridade, os crimes de imprensa, os crimes previstos na Lei de Tóxicos (art. 17) e os crimes contra a honra.

Quanto aos crimes contra a honra a incidência ou não da Lei 9.099/1995 é questão polêmica.[94] Contudo, em face dos termos expressos da lei, e partindo do princípio de que não é necessário interpretar o que está claro – visto que a interpretação é um recurso destinado à apreensão e compreensão de sentidos implícitos –, parece-nos que tais crimes estão mesmo fora do campo de atuação da Justiça Penal consensuada.

Como já foi visto, a competência dos Juizados Especiais Criminais estabelece-se pela natureza da infração penal – somente as de menor potencial ofensivo, como tais consideradas na lei –, sendo certo que somente se desloca tal competência para a Justiça Comum quando não for encontrado o acusado (art. 66, parágrafo único) ou a complexidade ou circunstâncias do caso demonstrarem ser incompatível com a informalidade e celeridade do Juizado (art. 77, § 2º).

A restrição, imposta pelo legislador, relacionada com os crimes com procedimento especial tem sua razão de ser, porque é inegável que, ao se estabelecer procedimento especial, não se o faz de forma aleatória. Há, sempre, alguma razão específica encaminhando esta solução.[95] Inegável, pois, que as infrações penais às quais se impôs

91. Marino Pazzaglini Filho, Alexandre de Moraes, Gianpaolo Smanio e Luiz Fernando Vaggione, *Juizado Especial Criminal. Aspectos Práticos da Lei n. 9.099/1995*, 3ª ed., p. 24.

92. *Juizados ...*, p. 30.

93. *Lei dos Juizados ...*, 5ª ed., p. 13.

94. Cf. Genacéia da Silva Alberton, "Crimes contra a honra e a Lei 9.099/1995", *RT* 743/501.

95. Como salienta Genacéia da Silva Alberton, "diferentes motivos, desde os de ordem histórica, passando por critérios de conveniência ou ineficiência de tratamento

A JUSTIÇA PENAL CONSENSUADA NO BRASIL   149

procedimento especial têm caráter diferenciado na forma de cognição – pelo quê se contrapõem à sistemática de processamento das infrações de menor potencial ofensivo.

Outrossim, embora o Código de Processo Penal, no Capítulo III do Título II do Livro II, faça referência apenas aos delitos de calúnia e injúria, excluindo o de difamação, o certo é que se tratou mesmo de um cochilo do legislador – cochilo, este, na lição de Tourinho Filho,[96] decorrente do fato de que não havia entre nós, na ocasião da elaboração daquele Código, o crime de difamação com esse *nomen juris*.

Sem dúvida, o legislador processual, ao estabelecer rito procedimental próprio para tais crimes, teve em mira uma melhor tutela ao bem jurídico *honra*, embora apenas com detenção.[97]

O Superior Tribunal de Justiça, em acórdão relatado pelo Min. Fernando Gonçalves (6ª T., RHC 8.123-AP, j. 16.4.1999), já decidiu que, "a teor do disposto nos arts. 519 *usque* 523 do Código de Processo Penal, o crime de difamação, do art. 139 do Código Penal, para o qual não está previsto procedimento especial, submete-se à competência dos Juizados Especiais Criminais".[98]

Também no mesmo sentido encontramos acórdão do E. Tribunal de Alçada Criminal de São Paulo, relatado pelo Juiz José Renato Nalini, segundo o qual "o processo dos delitos contra a honra também está sob incidência da Lei n. 9.099/1995, de forma que, depois de realizada a audiência prevista no art. 520 do Código de Processo Penal e antes do eventual recebimento da queixa crime, o juízo haverá de propiciar a oportunidade de aplicação dos preceitos daquele diploma, notadamente no que concerte aos arts.. 76 e 89 da lei dos Juizados Especiais Criminais" (RSE 1.194.807-3, j. 3.4.2000).

Na doutrina, Genacéia da Silva Alberton[99] e Fernando da Costa Tourinho Filho[100] entendem inaplicáveis os dispositivos da Lei 9.099/1995 aos crimes contra a honra.

___

da matéria relevante, levam o legislador a essa postura. O mesmo aconteceu no art. 61 da Lei 9.099 ao se excepcionar no conceito de infração de menor potencial ofensivo as infrações em relação às quais seja previsto procedimento especial" ("Crimes contra a honra ...", *RT* 743/503).

96. *Comentários* ..., p. 24.

97. Cf. Genacéia da Silva Alberton, "Crimes contra a honra ...", *RT* 743/504.

98. *DJU* 21.6.1999, p. 202.

99. "Crimes contra a honra ...", *RT* 743.

100. *Comentários* ..., p. 24.

150 TRANSAÇÃO PENAL

René Ariel Dotti critica o legislador em face do que entende uma "restrição conceitual das infrações de menor potencial ofensivo, deixando de considerar a gravidade objetiva do dano em várias hipóteses típicas, entre elas as lesões corporais culposas e a ameaça".[101]

Pedimos vênia para discordar do ilustre professor da Universidade Federal do Paraná. Primeiro porque o legislador, com acerto, utilizou-se de um critério objetivo, a quantidade de pena cominada – critério, este, que permite uma grande proximidade com a real consideração do que seja uma infração penal de menor potencial ofensivo. Porque o legislador penal, ao cominar pena para cada uma das condutas típicas, leva em conta, sem dúvida, a maior ou menor gravidade da conduta. Desta forma, se a pena cominada é pequena é porque aquela infração penal tem menor gravidade.

Em segundo lugar porque não podemos deixar de considerar tanto a lesão corporal culposa como a ameaça crimes de menor potencialidade ofensiva, mesmo levados em conta em seu aspecto objetivo.

A polêmica, no entanto, restou superada com a edição da Lei 10.259/2001, que trouxe nova definição para as infrações penais de menor potencial ofensivo, eliminando a restrição à existência de procedimento especial, e que tem aplicação aos Juizados Especiais Criminais dos Estados, como veremos logo a seguir.

Relativamente ao máximo da pena cominada – até um ano – é preciso lembrar que as circunstâncias majorantes e as minorantes devem incidir sobre a pena cominada em abstrato para verificação da aplicação ou não da Lei 9.099/1995. Sendo que as minorantes com a menor redução prevista; e as majorantes com o maior aumento previsto.[102] Até porque "esse aumento ou diminuição obrigatória é que fornece o justo limite da pena máxima cominada, correspondendo àquilo que Carrara denominava 'quantidade política do delito' (*Programma del Corso di Diritto Criminale*, v. 1, pp. 128-172)".[103]

Outrossim, o concurso formal ou o material, embora representem aumento na pena a ser imposta, por força dos arts. 69 e 70 do Código Penal, não devem ser levados em conta para estabelecer a competência dos Juizados Especiais Criminais. Neste sentido deci-

---

101. "Temas ...", *RT* 748/476.
102. Cf. Cézar Roberto Bitencourt, *Manual* ..., v. 1, p. 547.
103. Cf. Fernando da Costa Tourinho Filho, *Comentários* ..., p. 27.

A JUSTIÇA PENAL CONSENSUADA NO BRASIL   151

são do E. Tribunal de Alçada Criminal de São Paulo, em acórdão publicado na *RJDTACrimSP* 34/219.[104]

A questão, porém, não é pacífica. De fato, no IX Encontro dos Juízes dos Tribunais de Alçada, realizado em São Paulo em agosto de 1997, estabeleceu-se, por unanimidade, o Enunciado 11, no sentido de que o concurso formal, material e a continuidade delitiva, envolvendo infrações de menor potencial ofensivo, não afastam a competência dos Juizados Especiais Criminais.[105] Porém, no IV Encontro Nacional de Coordenadoria de Juizados Especiais Cíveis e Criminais, realizado em novembro de 1998 no Rio de Janeiro, alterou-se esse preceito sumular, para excluir o concurso material.

Júlio Fabbrini Mirabete entende que as infrações penais de menor potencial ofensivo não podem ser apreciadas pelos Juizados Especiais Criminais quando praticadas em concurso com crimes que estão fora de sua incidência. Isto porque o Juizado estaria impossibilitado de apreciar o crime conexo, por incompetência absoluta – o que leva à exclusão daquela infração penal de menor potencial ofensivo.[106]

Nosso sistema penal contempla, agora, para as infrações penais de menor potencial ofensivo a transação civil, a transação penal e o procedimento sumário; e para os crimes de médio potencial ofensivo (pena mínima cominada igual ou inferior a um ano) a suspensão condicional do processo (art. 89 da Lei 9.099/1995).

Estas duas modalidades de infração penal – de pequena e média gravidade – incluem-se no chamado "espaço de consenso", consagrado pela lei, autorizando uma solução de conciliação para o conflito gerado com a prática do crime.

Finalmente, o art. 291, parágrafo único, do Código de Trânsito Brasileiro (Lei 9.503/1997) manda aplicar aos crimes de trânsito de lesão corporal culposa (art. 303), de embriaguez ao volante (art. 306)

104. Idem, ibidem.
105. "No julgamento do HC n. 77.242-SP, no Plenário, ficou decidido que 'os benefícios previstos na Lei n. 9.099, de 25.9.1995, como a *transação penal* (art. 76) e a suspensão condicional do processo (art. 89), também são aplicáveis no caso de concurso formal de crimes, suprindo-se a lacuna da lei mediante aplicação analógica das disposições pertinentes à fiança, por ser o instituto que mais se aproxima destes casos, ficando afastada a incidência, para o mesmo fim, das normas que dispõem sobre a prescrição' (HC n. 78.876-MG, j. 30.3.1999, 2ª T., rel. o Min. Maurício Correa, *DJU* 28.5.1999, p. 6)."
106. " Competência dos Juizados Especiais Criminais: infrações de menor potencial ofensivo", *RT* 748/492.

152 TRANSAÇÃO PENAL

e de participação em competição não autorizada (art. 308) o disposto nos arts. 74, 76 e 88 da Lei 9.099/1995. A despeito de o máximo da pena cominada a tais crimes ultrapassar o limite de um ano.[107]

É a lei infraconstitucional que define quais são os delitos de menor potencial ofensivo. Daí a validade daquela norma do Código de Trânsito Brasileiro.

Observe-se que os demais delitos tipificados no novo Código de Trânsito Brasileiro, arts. 304, 305, 307, 309, 310, 311 e 312, excetuado o de homicídio culposo (art. 302), têm pena máxima não superior a um ano. Em relação a eles, pois, não pode haver qualquer dúvida quanto à incidência daqueles institutos despenalizadores da Lei 9.099/ 1995.

Por isso, pode-se afirmar que aquelas três condutas criminosas de trânsito por primeiro referidas constituem infrações penais de menor potencial ofensivo, à luz de um novo critério introduzido pelo Código de Trânsito Brasileiro, que independe da pena cominada.[108]

3.9 A Lei 10.259/2001. Novo conceito de infração de menor potencial ofensivo

A Lei 10.259/2001, que cuida dos Juizados Criminais Federais, introduziu importantes modificações no conceito de infração penal de menor potencial ofensivo.

De fato, depois de dizer, em seu art. 2º, que "compete ao Juizado Especial Federal Criminal processar e julgar os feitos de competência da Justiça Federal relativos às infrações penais de menor potencial ofensivo", completou, em seu parágrafo único: "Consideram-se infrações de menor potencial ofensivo, para os efeitos desta Lei, os crimes a que a lei comine pena máxima não superior a dois anos, ou multa".

---

107. Paulo Rangel, promotor de justiça no Rio de Janeiro e professor da Faculdade de Direito Cândido Mendes, em artigo intitulado "A impossibilidade de transação penal nos delitos descritos nos arts. 303, 306 e 308 do Código Nacional de Trânsito", obtido na *Internet*, no *site* "Jus Navigator", sustenta – a nosso ver, de forma equivocada – a inconstitucionalidade do art. 291, parágrafo único, do Código de Trânsito Brasileiro.

108. Cf. Vitore André Zílio Maximiano, "O Juizado Especial Criminal e os novos delitos de trânsito", *Boletim do IBCCrim* 67/3.

A JUSTIÇA PENAL CONSENSUADA NO BRASIL 153

Como se percebe, além de elevar de um para dois anos o limite da pena cominada, excluiu aquela restrição relativa à previsão de procedimento especial.

Com a vigência da Lei 10.259/2001 duas orientações se formaram quanto à questão do conceito de infração penal de menor potencial ofensivo.

A primeira sustenta a existência de dois conceitos, um para os crimes da competência da Justiça Federal e outro para os crimes da competência da Justiça Estadual. Basicamente, funda-se essa orientação na existência de uma distinção entre os bens jurídicos protegidos no âmbito federal e no âmbito estadual. Ademais, o parágrafo único do art. 2º da Lei 10.259/2001, de forma expressa, estabelece que o conceito que traz de infração penal de menor potencial ofensivo é "para os efeitos desta Lei" – o que estaria a indicar sua não-aplicação aos Juizados Especiais Estaduais. Por último, o art. 20 deste diploma penal, também de forma expressa, impede sua aplicação aos Juizados Estaduais.

A segunda orientação, francamente majoritária na doutrina, sustenta a derrogação do art. 61 da Lei 9.099/1995 pelo parágrafo único do art. 2º da Lei 10.259/2001, de modo que existe apenas um conceito de infração de menor potencial ofensivo. Tal orientação alicerça-se, fundamentalmente, nos princípios constitucionais da igualdade e da proporcionalidade ou razoabilidade, além da consideração de que a lei nova, que tem conteúdo penal, é mais favorável.

Como salienta Luiz Flávio Gomes, em defesa da tese unitária, "conceber um único conceito de infração de menor potencial ofensivo no nosso país é conseqüência, em primeiro lugar e primordialmente, da adoção do novo método do Direito (inclusive o penal), que é o da ponderação (decorrente da aplicação do princípio da proporcionalidade) e que se opõe (diametralmente) ao método formalista e obtuso (decorrente do Positivismo legalista) do século passado".[109]

Ora, a fonte normativa dos Juizados Especiais Criminais Estaduais e Federais é a mesma: lei ordinária federal. Além disso, o texto constitucional não permite concluir ter sido intenção do legislador a instituição de dois Juizados Criminais distintos, um para a esfera federal e outro para a esfera estadual. Veja-se que a Lei 10.259/2001 contém apenas dois artigos destinados aos Juizados Criminais: arts.

---

109. *Juizados Criminais Federais, seus Reflexos nos Juizados Estaduais e Outros Estudos*, p. 19.

154 TRANSAÇÃO PENAL

1º e 2º. Assim, por força do disposto no art. 1º, são as disposições da Lei 9.099/1995 que regem os Juizados Especiais Criminais federais. Fosse realmente intenção do legislador a criação de um novo Juizado Especial Criminal exclusivo para a Justiça Federal, não só teria criado um sistema jurídico novo, e não mandado aplicar todo o sistema dos Juizados Estaduais, como também teria contemplado apenas os crimes que são da competência exclusiva da Justiça Federal (*ratione materiae*). Porém, adotou critério amplo, abrangendo também os demais crimes da competência da Justiça Federal, cuja maioria também é julgada na Justiça Estadual.

Por força dos princípios da igualdade e da proporcionalidade,[110] não se pode deixar de ampliar aquele conceito de infração de menor potencial ofensivo. Tais princípios representam uma limitação ao Poder Público, em especial ao Poder Legislativo, devendo nortear a elaboração das leis, que não se podem ressentir da falta de razoabilidade. Assim, a norma do art. 61 da Lei 9.099/1995 foi ab-rogada pelo art. 2º, parágrafo único, da Lei 10.259/2001.

A Constituição Federal, em seu art. 98, determinou a criação dos Juizados Especiais para as "infrações penais de menor potencial ofensivo". Mas o estabelecimento do que sejam "infrações penais de menor potencial ofensivo" ficou para o legislador infraconstitucional.

110. Na lição de Canotilho, "o campo de aplicação mais importante do princípio da proporcionalidade é o da restrição dos direitos, liberdades e garantias por actos dos Poderes Públicos", sendo certo, ainda, que tal princípio "vincula o legislador, a Administração e a jurisdição. Observar-se-á apenas que o controlo judicial baseado no princípio da proporcionalidade não tem extensão e intensidade semelhantes consoante se trate de actos legislativos, de actos da Administração ou de actos de jurisdição. Ao legislador (e, eventualmente, a certas entidades com competência regulamentar) é reconhecido um considerável espaço de conformação (liberdade de conformação) na ponderação dos bens quando edita uma nova regulação. Esta liberdade de conformação tem especial relevância ao discutir-se os requisitos da adequação dos meios e a proporcionalidade em sentido restrito. Isto justifica que perante o espaço de conformação do legislador os tribunais se limitem a examinar se a regulação legislativa é manifestamente inadequada" (*Direito Constitucional* ..., 3ª ed., pp. 266-267). Juan Carlos Carbonell Mateu nos ensina que "el principio de proporcionalidad, en sentido estricto, obliga a ponderar la gravedad de la conducta, el objeto de tutela y la consecuencia jurídica. Se trata, por emplear expresiones propias del análisis económico del Derecho, de no aplicar un precio excesivo, para obtener un beneficio inferior: si se trata de obtener el máximo de libertad, no podrán preverse penas que resulten desproporcionadas con la gravedad de la conducta". É ainda o ilustre catedrático de direito penal da Universidade de Valência quem completa, mais adiante: "La proporcionalidad también puede ser puesta en relación con el principio de igualdad: así, resulta contrario a ambos principios la previsión de la misma pena para conductas de muy diferente trascendencia" (Juan Carlos Carbonell Mateu, *Derecho Penal: Concepto y Principios Constitucionales*, pp. 210 e 213).

A JUSTIÇA PENAL CONSENSUADA NO BRASIL   155

Em conseqüência, a nova definição, trazida pela Lei 10.259/2001, posterior à Lei 9.099/1995, deve ser estendida a todos os casos, inclusive aos delitos da competência da Justiça Estadual. Inconcebível a existência simultânea de duas definições legais para uma mesma situação jurídica.

Não se pode dar tratamento diverso a duas situações no mínimo semelhantes pelo simples fato do deslocamento da competência: Justiça Estadual ou Federal.

Tome-se como exemplo o crime de desacato. Se praticado contra policial federal seria infração de menor potencial ofensivo. Sendo praticado contra policial militar estadual, não! Inexiste diferença valorativa dos bens jurídicos envolvidos, de forma a justificar diversidade de tratamento. O valor do bem tutelado – bem assim a intensidade da agressão – é o mesmo.

Quanto à objeção decorrente do texto do art. 2º ("para os efeitos desta Lei"), parece claro que a Lei 10.259, neste particular, é inconstitucional, por violar os princípios da igualdade e da proporcionalidade. Já a regra do art. 20 diz respeito exclusivamente aos Juizados Cíveis.[111]

Recentemente, o E. Superior Tribunal de Justiça, em acórdão relatado pelo Min. Félix Fischer no RHC 12.033-MS, julgado em 13.8.2002, parece ter acolhido a tese unitária. Eis a ementa deste acórdão:

"I – Para verificação dos requisitos da suspensão condicional do processo (*art. 89*), a majorante do *crime continuado* deve ser computada.

"II – 'O benefício da suspensão do processo não é aplicável em relação às infrações penais cometidas em concurso material, concurso formal ou continuidade delitiva quando a pena mínima cominada,

111. Cf. Luiz Flávio Gomes, *Juizados Criminais Federais*, ..., pp. 21-22. Na lição do ilustre penalista: "Há duas formas possíveis de inconstitucionalidade de uma lei: por omissão (lacuna) ou por incompatibilidade vertical com o Texto Maior. O legislador ordinário, ao pretender que o novo conceito de infração de menor potencial ofensivo fosse de aplicação exclusiva no âmbito federal, acabou criando uma discriminação irracional. Não existe justificativa plausível ou motivo racional que fundamente a não-aplicação do novo conceito no âmbito dos Estados". E prossegue, mais adiante: "Mas crimes exatamente idênticos (desobediência, assédio sexual, porte de drogas para uso, porte ilegal de arma de uso permitido etc.) não podem ter tratamento diferenciado só porque a vítima de um deles é funcionário público federal enquanto a outra é estadual, porque o crime ocorreu em terra ou dentro de um avião etc." (p. 21).

156 TRANSAÇÃO PENAL

seja pelo somatório, seja pela incidência da majorante, ultrapassar o limite de um ano' (Súmula n. 243/STJ).

"III – A Lei n. 10.259/2001, ao definir as infrações penais de menor potencial ofensivo, estabeleceu o limite de dois anos para a pena mínima cominada. Daí que o art. 61 da Lei n. 9.099/1995 foi derrogado, sendo o limite de um ano alterado para dois anos, o que não escapa do espírito da Súmula 243 desta Corte.

"Recurso provido para afastar o limite de um ano, e estabelecer o de dois anos, para a concessão do benefício da suspensão condicional do processo."

Não podemos deixar de observar o equívoco do julgado, que se refere à pena mínima cominada. Como se sabe, o conceito de infração penal de menor potencial ofensivo é baseado na pena máxima cominada. Teria havido erro material na referência à pena mínima, quando o correto seria pena máxima? Ou teria havido erro no julgamento, na apreciação de situações distintas? Uma coisa é o conceito de infração de menor potencial ofensivo. Outra é o instituto da suspensão condicional do processo (art. 89). As infrações de menor potencial ofensivo, pelo novo sistema processual da Lei 9.099/1995, sujeitam-se a esse procedimento novo, não guardando relação com o instituto da suspensão condicional do processo, que, a rigor, deveria ter sido objeto de legislação própria. Nosso sistema criminal contempla, atualmente: a) infrações penais de pouco relevo (infrações penais de menor potencial ofensivo), sujeitas àquele procedimento especial da Lei 9.099/1995; b) infrações penais de gravidade média, fora do campo de incidência desse procedimento especial, mas que admitem a suspensão condicional do processo; e c) infrações de maior gravidade, sujeitas ao procedimento comum. Observe-se, por último, que o acórdão em questão tratou, especificamente, do instituto da suspensão condicional do processo, disciplinado no art. 89 da Lei 9.099/1995, dispositivo legal, este, não atingido pela Lei 10.259/2001.

Dessa forma, por força da Lei 10.259/2001, e a partir de sua vigência, são infrações penais de menor potencial ofensivo: a) as contravenções penais; b) os crimes cuja pena máxima não exceda dois anos. Desapareceu, portanto, aquela restrição da existência de procedimento especial.

Não mais se justifica, também, a restrição relativa aos crimes contra a honra. Todos eles têm pena máxima não superior a dois anos (calúnia – detenção, de seis meses a dois anos, e multa; difamação – detenção, de três meses a um ano, e multa; injúria – detenção, de um a seis meses, ou multa). E, como já se disse, não mais subsiste aquela restrição quanto ao procedimento especial.

A JUSTIÇA PENAL CONSENSUADA NO BRASIL   157

No tocante aos delitos definidos no Código de Trânsito Brasileiro (Lei 9.503/1997), com a nova sistemática, somente o do art. 312 – homicídio culposo no trânsito, punido com detenção, de dois a quatro anos, e suspensão ou proibição de se obter a permissão ou a habilitação para dirigir veículo automotor – está fora do conceito de infração penal de menor potencial ofensivo. Os dos arts. 303, 304, 305, 307, 308, 309, 310, 311 e 312, porque suas penas máximas não superam os dois anos, incluem-se nesse conceito. Finalmente, o do art. 306 – embriaguez ao volante, punido com detenção, de seis meses a três anos, multa e suspensão ou proibição de se obter a permissão ou a habilitação para dirigir veículo automotor –, embora a pena máxima supere os dois anos, admite a transação penal, por força da regra do parágrafo único do art. 291 daquela lei.

Relativamente aos crimes de abuso de autoridade, definidos na Lei 4.898/1965, Ronaldo Leite Pedrosa, citado por Luiz Flávio Gomes, sustenta sua não-inclusão no conceito de infração de menor potencial ofensivo, por se tratar de sistema punitivo especial, fora dos parâmetros normais e tradicionais (prisão e/ou multa). Observe-se que as penas, nesta lei, são cominadas em um dispositivo único, referindo-se a todos os crimes ali definidos, a saber: o art. 6º, § 3º, que consagra três espécies de pena, multa, detenção, perda do cargo e inabilitação para o exercício de qualquer outra função pública por prazo até três anos, aplicadas autônoma ou cumulativamente (§ 4º). Além disso, as infrações penais em questão não podem ser vistas como de pouca gravidade, no seu sentido material, pois afetam direitos humanos fundamentais, como a liberdade, a integridade corporal, o domicílio. Assim, tanto por se tratar de um sistema punitivo peculiar, especial, e não por ter procedimento especial, como também pela gravidade da ofensa que encerram a direitos humanos fundamentais, constitucionalmente garantidos, é que os delitos definidos nesse diploma legal ficam fora daquele conceito de infração de menor potencial ofensivo. Luiz Flávio Gomes, no entanto, diverge desse posicionamento, sustentando que o juiz, por força do próprio sistema especial, pode, em cada caso concreto, e de acordo com a culpabilidade do agente, optar pela resposta penal mais adequada; e, sendo ela daquelas que admitem a transação penal, não há razão para que não se siga esse procedimento.[112]

Por último, Luiz Flávio Gomes chama a atenção para alguns crimes em que a pena máxima cominada é superior a dois anos mas

112. *Juizados Criminais Federais*, ..., pp. 27-28.

158 TRANSAÇÃO PENAL

que têm cominada também, alternativamente, a pena de multa. Exemplificando: *art. 280 do Código Penal*, medicamento em desacordo com receita médica – pena: detenção, de um a três anos, ou multa; *art. 5º da Lei 8.137* (define crimes contra a ordem tributária) – pena: detenção de dois a cinco anos, ou multa. Segundo ele, tais crimes não se incluem no conceito de infração penal de menor potencial ofensivo porque "o critério legislativo sempre foi o da pena máxima cominada (antes um ano; agora dois anos), não o da pena mínima (que vale, repita-se, para a suspensão condicional do processo). Não há dúvida de que entre a pena privativa e a pecuniária essa última é a mais branda, não servindo, portanto, de critério para a verificação do grau de ofensa da infração, pois este se mede pelo máximo de pena cominada".[113]

---

113. Luiz Flávio Gomes, "Porte ilícito de drogas e de arma são crimes dos Juizados Criminais", *http://www.ibccrim.com.br*, 16.1.2002.

4
A TRANSAÇÃO PENAL

4.1 Conceito e características. 4.2 Natureza jurídica. 4.3 Cabimento. 4.4 Momento processual: 4.4.1 O termo circunstanciado – 4.4.2 O momento da formulação da proposta de transação – 4.4.3 A prisão em flagrante. 4.5 Causas impeditivas. 4.6 Iniciativa da proposta: faculdade ou dever do Ministério Público?. 4.7 A proposta de transação. 4.8 Aceitação da proposta. 4.9 Controle jurisdicional. 4.10 Natureza jurídica da sentença que homologa a transação. 4.11 Descumprimento do acordo.

4.1 Conceito e características

Embora o legislador brasileiro, ao instituir a transação penal nos crimes de menor potencial ofensivo, tenha-se baseado em outros sistemas penais, o certo é que o novo instituto não encontra paralelo no Direito Comparado.

Nos termos do art. 76 da Lei 9.099/1995, tratando-se de crime de ação penal pública incondicionada, ou havendo representação no de ação penal pública condicionada, não sendo o caso de arquivamento, o Ministério Público poderá propor a aplicação imediata de pena restritiva de direitos ou multa, a ser especificada na proposta.

160   TRANSAÇÃO PENAL

Observa-se, num primeiro momento, que a transação penal somente é cabível quando não seja o caso de arquivamento. Em outras palavras, restando caracterizada a ausência de tipicidade do fato, ou qualquer outra circunstância que enseje a não apresentação de denúncia, deve o termo circunstanciado (ou o inquérito) ser arquivado. Apenas quando presente a *opinio delicti* é que, tratando-se de infração penal de menor potencial ofensivo, poderá o Ministério Público propor ao autor do fato, desde logo, a imposição imediata de pena restritiva de direitos ou multa, especificando-a na proposta.[1]

Supera-se, com isso, a objeção de Miguel Reale Júnior no sentido de que "sem que haja *opinio delicti*, e, portanto, inexigindo-se a existência de convicção da viabilidade de propositura da ação penal, sem a fixação precisa de uma acusação, sem elementos embasadores de legitimidade de movimentação da Justiça Penal, e, portanto, sem legítimo interesse de agir, o promotor pode propor um acordo pelo qual o acusado concorda em ser apenado sem processo".[2]

Realmente – como assinala José Laurindo de Souza Netto –, o promotor somente pode propor o acordo depois de formar convicção da viabilidade da propositura da ação penal.[3]

Também naquelas hipóteses em que a ação penal é condicionada à representação do ofendido, apresentada esta, poderá o Ministério Público propor a aplicação imediata da pena restritiva de direito ou de multa. A vítima, embora tenha representado, não tem qualquer interferência nesta proposta de transação. É o que resulta da leitura do texto do art. 76. Mesmo porque a ação, embora condicionada à representação, continua sendo pública.

Anote-se, ainda, que a barganha penal instituída pela Lei 9.099/ 1995 não tem o mesmo alcance do *plea bargaining* do Direito Norte-Americano. Seu espaço é mais limitado. O Ministério Público não tem – ao contrário do que ocorre no Direito Norte-Americano – a total disponibilidade da ação penal. Sua proposta de acordo deve li-

---

1. Neste sentido a lição de Ada Pellegrini Grinover et al.: "A proposta de transação penal não é alternativa ao pedido de arquivamento, mas algo que pode ocorrer somente nas hipóteses em que o Ministério Público entenda deva o processo penal ser instaurado" (Ada Pellegrini Grinover, Antônio Magalhães Gomes Filho, Antônio Scarance Fernandes e Luiz Flávio Gomes, *Juizados Especiais Criminais*, 2ª ed., p. 130).

2. "Pena sem processo", in Antônio Sérgio A. de Moraes Pitombo (org.), *Juizados Especiais Criminais – Interpretação e Crítica*, p. 28.

3. Como assinala esse ilustre magistrado paranaense: "O promotor de justiça só poderá propor o acordo, repita-se, após a sua convicção da viabilidade da propositura da

A TRANSAÇÃO PENAL 161

mitar-se a uma pena alternativa ou multa, não podendo abranger a
pena privativa de liberdade. Houve apenas uma mitigação do princípio da oportunidade.

Afrânio Silva Jardim sustenta que o promotor público, ao formular a proposta de acordo, está exercendo a ação penal, porque
deverá, ainda que de maneira informal e oral, apresentar uma imputação ao autor do fato e pedir a aplicação de uma pena, mesmo que
esta fique na dependência da concordância do réu. Assim, na proposta que formula está embutida uma acusação penal. Portanto, existe
ação penal, jurisdição e processo.[4]

É preciso distinguir *ação penal condenatória* e *transação penal*. Na primeira objetiva-se a imposição de uma pena. Na segunda
um consenso e, via de conseqüência, uma medida alternativa à pena
privativa de liberdade. O instituto da transação penal apresenta ine-

---

ação penal, com elementos embasadores de legitimidade de movimentação da jurisdição penal, adquiridos na própria audiência preliminar, dentro da própria dinâmica dos
fatos, através do termo circunstanciado e do contato mantido com a vítima" (José Laurindo
de Souza Netto, *Processo Penal. Modificações da Lei dos Juizados Especiais Criminais*,
1ª ed., p. 74).

4. Afrânio Silva Jardim discorda daquilo que vem sendo afirmado pela doutrina de
um modo geral, a saber: que a Lei 9.099/1995 implantou entre nós um sistema de oportunidade regulada ou controlada. Segundo ele, "na verdade, o legislador *não* deu ao Ministério Público a possibilidade de requerer o arquivamento do termo circunstanciado e das
peças de informação que o instruírem quando presentes todas as condições para o exercício da ação penal. Vale dizer, o sistema do arquivamento continua sendo regido pelo
Código de Processo Penal, descabendo ao Ministério Público postular o arquivamento
do termo circunstanciado por motivos de política criminal. Aqui também não tem o
Parquet discricionariedade que lhe permita manifestar ou não em juízo a pretensão punitiva estatal. Por outro lado, estabelecemos uma premissa para compreensão do sistema
interpretativo proposto: quando o Ministério Público apresenta em juízo a proposta de
aplicação de pena não privativa de liberdade, prevista no art. 76 da Lei 9.099/1995, está
ele exercendo a ação penal, pois deverá, ainda que de maneira informal e oral – como a
denúncia –, fazer uma imputação ao autor do fato e pedir a aplicação de uma pena,
embora esta aplicação imediata fique na dependência do assentimento do réu. Em outras palavras, o promotor de justiça terá que, oralmente como na denúncia, descrever e
atribuir ao autor do fato uma conduta típica, ilícita e culpável, individualizando-a no
tempo (prescrição) e no espaço (competência de foro). Deverá, outrossim, a nível de
tipicidade, demonstrar que tal ação ou omissão caracteriza uma infração de menor potencial ofensivo (competência de juízo), segundo definição legal (art. 61). Vale dizer, na
proposta se encontra embutida uma acusação penal (imputação mais pedido de aplicação de pena). Entendendo o fenômeno processual desta forma, fica fácil compreender
como o juiz está autorizado a aplicar a pena aceita pelo réu. Não há violação do princípio *nulla poena sine judicio*. Existem ação penal, jurisdição e processo. Este é o devido
processo legal" (Afrânio Silva Jardim, *Ação Penal Pública – Princípio da Obrigatoriedade*, 3ª ed., p. 100).

162 TRANSAÇÃO PENAL

gável ruptura com a cultura jurídica tradicional e resulta de dispositivo constitucional.[5] E é sob este prisma que deve ser analisado.

Através da transação penal o que se busca é evitar o processo penal condenatório, instrumento da ação penal condenatória.

Desta forma, nos termos da lei, o Ministério Público, não sendo o caso de arquivamento e estando presentes os requisitos legais, tem o dever de efetuar a proposta de transação ao autor do fato. Como diz José Laurindo de Souza Netto: "A vontade do legislador, levado por razões de política criminal, é a de que para os delitos de menor potencial ofensivo não seja instaurado o processo penal condenatório".[6]

Assim, formulada a proposta, e sendo ela aceita pelo autor do fato, incumbe ao juiz homologá-la através de sentença. Percebe-se, pois, que efetivamente há processo.

Mas a transação, como já se disse, somente é possível nos delitos de menor potencial ofensivo. Contudo, o § 2º deste art. 76 prevê algumas exceções, em que não se admite a transação penal mesmo que o crime praticado se enquadre no disposto no art. 61: a) quando o autor da infração tiver sido condenado, pela prática de crime, a pena privativa de liberdade, por sentença definitiva; b) quando o agente tiver sido beneficiado anteriormente, no prazo de cinco anos, pela aplicação de pena restritiva ou multa, em transação penal; c) quando não indicarem os antecedentes, a conduta social e a personalidade do agente, bem como os motivos e as circunstâncias, ser necessária e suficiente a adoção da medida.

Portanto, a apresentação da proposta de transação penal, como prevista neste art. 76, depende não só de se tratar de infração penal de menor potencial ofensivo, como também de: a) inexistir condenação anterior do autor do fato, pela prática de crime (não de contravenção), a pena privativa de liberdade, em sentença definitiva (da qual não caiba mais recurso); b) não ter sido ele beneficiado com idêntica medida no período de cinco anos anteriores; c) ser ela aconselhável, como necessária e suficiente, em face dos antecedentes, da conduta social e da personalidade do agente.

Se o autor do fato aceitar a proposta formulada pelo Ministério Público, o juiz, observando o preenchimento de todos os requisitos legais, sentenciará, homologando o acordo e impondo a pena restritiva de direitos ou de multa.

_____

5. Cf. José Laurindo de Souza Netto, *Processo Penal. ...*, 1ª ed., p. 135.
6. Idem, ibidem, p. 145.

A TRANSAÇÃO PENAL

Sendo de multa a pena proposta e aceita, poderá o juiz valer-se do poder discricionário previsto no § 1º do art. 76 e reduzi-la até a metade.

Esta imposição de pena como decorrência da transação penal não importará reincidência no caso de prática de outro crime posteriormente. Tanto assim que, nos termos do § 6º do art. 76, a imposição da sanção não constará de certidão de antecedentes criminais e não terá efeitos civis. Deve ser registrada apenas e tão-somente para impedir a concessão de novo benefício no prazo de cinco anos.

Através do instituto da transação penal "busca-se, de forma célere e relativamente informal, abstendo-se, de um lado, o *dominus litis* de exercer seu *jus persequendi* e, de outro lado, abrindo mão o averiguado, suposto autor do fato, de seu direito de amplo contraditório, atingir-se uma solução rápida, consensual e satisfatória para o conflito, em lugar de uma sentença".[7]

4.2 Natureza jurídica

O texto do art. 76 da Lei 9.099/1995 não se utiliza da expressão "transação", preferindo falar, no *caput*, em proposta de aplicação imediata de pena restritiva de direitos ou multa e, no § 3º, em aceitação da proposta pelo autor da infração e seu defensor. Transparece clara a preocupação do legislador em evitá-la, preferindo o circunlóquio "como eufemismo destinado a evitar as resistências ainda existentes com relação ao texto constitucional".[8]

Porém, não se pode negar a natureza jurídica do fenômeno, que é mesmo de uma transação penal.[9]

---

7. Cf. Gílson Sidney Amâncio de Souza, "Transação penal e suspensão do processo: discricionariedade do Ministério Público", *RT* 752/452.

8. Ada Pellegrini Grinover *et al.*, *Juizados* ..., 2ª d., p. 108.

9. Como assinalam Ada Pellegrini Grinover *et al.*: "Com efeito, na aceitação da proposta de aplicação imediata de pena não privativa da liberdade, formulada pelo Ministério Público, este transige com relação a parte de sua pretensão punitiva e o autor do fato transige no tocante à pretensão de ver-se absolvido no processo penal" (*Juizados* ..., 2ª ed., p. 107). É bom observar que, em realidade, o Ministério Público não transige com nada ou quase nada, porque não tem direito a uma determinada pena, mas tão-só, e se for o caso, à condenação, a fim de que se aplique uma pena.

164   TRANSAÇÃO PENAL

O vocábulo "transação" tem o significado de "combinação, convênio, ajuste", "ato ou efeito de transigir".[10] Como assinala De Plácido e Silva: "No conceito do direito civil, no entanto, e como expressão usada em sentido estrito, transação é a convenção em que, mediante concessões recíprocas, duas ou mais pessoas ajustam certas cláusulas e condições para que previnam litígio, que se possa suscitar entre elas, ou ponham fim a litígio já suscitado".

E completa, mais adiante: "Assim, a transação sempre tem caráter amigável, fundada que é em acordo ou em ajuste, tem a função precípua de evitar a contestação, ou o litígio, prevenindo-o, ou de terminar a contestação, quando já provocada, por uma transigência de lado a lado, em que se retiram ou se removem todas as dúvidas ou controvérsias acerca de certos direitos".[11]

Trata-se, como se percebe de sua definição, de instituto típico da área cível, agora – por força da Lei 9.099 – transplantado também para a esfera criminal, com suas características próprias e novas.

Através dela, de um lado, o Ministério Público, na qualidade de *dominus litis*, abre mão de exercer o seu *ius persequendi* pela forma tradicional e, de outro, o autor do suposto fato abre mão de seu direito ao devido processo decorrente de ação própria, para que se atinja solução rápida, consensual e satisfatória para o caso, afastando-se a necessidade de uma decisão sobre o fato em si, nos moldes até aqui conhecidos.

Mas tem o instituto uma particularidade importante, a afastá-lo do conceito tradicional de transação. Em situações especiais, porque se trata de direito público subjetivo do acusado, em face de omissão do Ministério Público, entendem alguns que o juiz pode, de ofício, fazer a proposta de transação. Mas a questão, como veremos logo adiante, não é pacífica.

Realmente, em sua transposição para o direito penal o que importa não é a bilateralidade em si, como manifestação de vontade, mas sim a reciprocidade dos ônus e vantagens. Admitindo-se a proposta, de ofício, pelo magistrado, não se pode negar que a transação traz ônus e vantagens ao Estado, sendo certo que o Ministério Público se diz dono da ação penal em nome do Estado, que representa. Desta forma, não se pode dizer ausente o requisito da bilateralidade na espé-

10. *Dicionário Aurélio*, Editora Nova Fronteira, p. 644.
11. De Plácido e Silva, *Vocabulário Jurídico*, p. 827.

A TRANSAÇÃO PENAL 165

cie, porque esta, em realidade, apresenta-se como reciprocidade dos ônus e vantagens para ambas as partes.

Este posicionamento – adotado por Damásio E. de Jesus e Luiz Flávio Gomes, dentre outros – é contestado por Gílson Sidney Amâncio de Souza exatamente por não admitir esta particularidade da transação penal, qual seja, a possibilidade de supressão do requisito da bilateralidade.[12]

Porém, na transposição do instituto do direito civil para o campo penal necessitou ele de certa adequação, tendo em conta sobretudo a própria natureza do direito penal e do processo penal, impregnados de publicismo. Daí por que há que se entender, como já se disse, o requisito da bilateralidade, que é típico do instituto, como sendo aquela reciprocidade de ônus e vantagens.

A transação penal é ato personalíssimo do acusado. Ninguém – mesmo com poderes específicos – pode aceitar a pena proposta pelo Ministério Público em nome do autor do fato.[13]

Além disso, a manifestação de vontade do autor do fato deve ser produto inequívoco de sua livre escolha. É indispensável que tenha conhecimento das conseqüências de seu ato, que saiba que está abrindo mão de certas garantias processuais.

Mas não basta tratar-se de um ato de vontade. Deve ser um ato livre, isento de qualquer vício, como coação ou fraude.

12. São suas estas palavras: "E esse entendimento, fruto do açodamento na análise da lei em estudo, induziu conclusões no mínimo desconfortáveis dentro de nosso sistema constitucional, processual e institucional, como as de que, se o promotor de justiça deixa de propor a transação, o juiz pode concedê-la *ex officio*, como defendeu Damásio E. de Jesus, ou 'a requerimento do acusado pleiteando seu direito público subjetivo', como preconizou Luiz Flávio Gomes, posições que, com todo o respeito devotado aos seus defensores, afrontam os mais elementares princípios constitucionais e processuais atinentes ao exercício da ação e da jurisdição, a par de não representarem a melhor exegese dos institutos sob análise. Primeiro porque se trata de interpretação que calcina o principal característico da transação, seja ela a prevista no art. 76, seja aquela tratada no art. 89 da Lei 9.099/1995: sua bilateralidade". E prossegue, mais adiante: "Depois porque admiti-la é transferir a titularidade do *jus persequendi* – por destinação constitucional, exclusiva do Ministério Público nas ações penais públicas – ao órgão da jurisdição, permitindo ao juiz, teratologicamente, dispor de um direito que não é seu, qual seja, o direito de ação, tisnando o sistema acusatório acolhido em nosso ordenamento jurídico, inclusive em nível constitucional" (Gílson Sidney Amâncio de Souza, "Transação penal ...", *RT* 752/452-458).

13. Cf. Cézar Roberto Bitencourt, para quem "a aquiescência pessoal do autor da infração penal integra a própria essência do ato: estará transigindo com a sua liberdade, que passará a sofrer restrições. A autodisciplina e o senso de responsabilidade, que fundamentam a transação, exigem o comprometimento moral e emocional do autor" (*Manual ...*, v. 1, p. 543).

166 TRANSAÇÃO PENAL

É preciso considerar, no entanto, que é da essência desta Lei 9.099/1995, que impôs como critério fundamental para os Juizados Especiais Criminais a não aplicação de pena privativa de liberdade, circunstância que não pode ser olvidada na análise da questão, a reforçar a idéia de que a transação criminal constitui mesmo um direito público subjetivo do autor do fato.

Esta orientação é a que melhor condiz com os objetivos da lei, "não devendo impressionar o julgador a circunstância de vulnerar postulados como o da ação penal pública. Pois a lei veio para assegurar a expressiva transformação do processo penal por todos entrevista, despenalizando, descarcerizando e transformando algumas infrações criminais em meros ilícitos administrativos".[14]

Trata-se, pois, de um direito subjetivo do autor do fato.

4.3 Cabimento

A transação penal somente é cabível nas infrações penais de menor potencial ofensivo – a saber, nas contravenções penais e nos crimes punidos (abstratamente), em seu limite máximo, com pena não superior a dois anos.[15] Não mais persiste a exceção relativa aos delitos para os quais a lei preveja procedimento especial.

Relativamente a essa exceção havia certa divergência quanto à sua abrangência. Uma corrente sustentava que a exceção aplicava-se tanto aos crimes como às contravenções. Outra defendia a restrição apenas no que tange aos crimes. Desta forma, as contravenções seriam sempre da competência dos Juizados Especiais Criminais, até mesmo aquelas para as quais há procedimento especial previsto em lei.

Quer-nos parecer que a redação do art. 61 da Lei 9.099/1995 é por demais clara. Diz o legislador, inicialmente, que as infrações penais de menor potencial ofensivo, para os efeitos da lei, são as contravenções e os crimes a que a lei comine pena máxima não superior a um ano. Depois da vírgula vem a exceção, a saber: os casos em que a lei preveja procedimento especial. Fosse outra a intenção do legislador, certamente teria sido expresso.

---

14. José Renato Nalini, "O juiz criminal e a Lei n. 9.099/1995", *RT* 744/441.

15. Isso após a vigência da Lei 10.259/2001, que ampliou a definição de infração penal de menor potencial ofensivo.

A TRANSAÇÃO PENAL 167

A razão da exceção é a incompatibilidade entre o procedimento especial previsto para a infração penal, com princípios e regras especiais, e aquele da Lei 9.099/1995. De fato, se o legislador previu para determinadas infrações penais rito procedimental próprio, diverso do comum, não teria sentido colocá-las na vala comum das disposições da Lei 9.099/1995. Daí a parte final do art. 61.

A questão, no entanto, como já ficou visto, perdeu sua razão de ser com a ampliação do conceito de *infração penal de menor potencial ofensivo* pela Lei 10.259/2001.

Como se percebe da redação do art. 76, é cabível a transação tanto nos crimes de ação penal pública incondicionada como naqueles de ação pública condicionada à representação, desde que apresentada esta. Porém, diante do silêncio da lei, cuida-se de saber de sua possibilidade tratando-se de crime de ação penal privativa do ofendido.

Num primeiro momento a resposta parece ser negativa. Ou seja, no sentido de que o legislador, com uma visão tradicional do papel da vítima no processo penal, sem interesse jurídico na pena, teve mesmo a intenção de excluí-la da transação penal nos delitos de ação penal privada. Assim, impossibilitada a composição civil, poderia a vítima ou exercitar a ação penal, oferecendo queixa crime, ou se conformar, quedando-se inerte.

Contudo, a moderna visão da vítima no processo penal tem levado em conta o reconhecimento de um interesse dela não só na reparação civil, como também à punição penal. Nesta ótica não se justifica mesmo aquela restrição legal. Se pode o mais – oferecer a queixa crime –, por que não pode o menos, que é aceitar a imposição imediata de uma pena restritiva de direitos ou de multa? Não há, realmente, razão válida para se obstar à via da transação penal, até porque, sendo aceita pelo acusado, ser-lhe-á mais benéfica a situação.[16]

Assim, parece mesmo possível ao juiz, por aplicação analógica, permitir a transação penal nos crimes de ação penal privada. De pequena incidência, é certo, nos delitos de menor potencial ofensivo, sendo de lembrar, no entanto, os crimes de dano (art. 163, *caput*, c/c o art. 167, do CP) e de exercício arbitrário das próprias razões (art. 345, parágrafo único, do CP).

Neste sentido a conclusão da Comissão Nacional da Escola Superior da Magistratura (de n. 11): "O disposto no art. 76 abrange os

16. Ada Pellegrini Grinover *et al.*, *Juizados* ..., 2ª ed., p. 128.

168 TRANSAÇÃO PENAL

casos de ação penal privada".[17] Também já decidiu o E. Superior Tribunal de Justiça que "na ação penal de iniciativa privada, desde que não haja formal oposição do querelante, o Ministério Público poderá, validamente, formular proposta de transação que, uma vez aceita pelo querelado e homologada pelo juiz, é definitiva e irretratável" (6ª T., RHC 8.123-AP, rel. Min. Fernando Gonçalves, j. 16.4.1999, *DJU* 21.6.1999 – votaram com o Relator os Mins. Hamílton Carvalhido e Vicente Leal).

Não havendo o acordo civil, que acarreta a renúncia tácita ao direito de representação ou queixa, a audiência preliminar deve prosseguir, ocasião em que a vítima poderá formular proposta de transação penal, limitando-se o Ministério Público a opinar sobre ela, na condição de fiscal da lei.

Na doutrina, no sentido positivo, Louri Geraldo Barbiero,[18] Luiz Flávio Gomes,[19] Ada Pellegrini Grinover *et al.*[20] e Ricardo Lewandowski.[21]

Pela impossibilidade: José Luiz Antunes,[22] Damásio Evangelista de Jesus[23] e Júlio Fabbrini Mirabete.[24]

Na jurisprudência do Tribunal de Alçada Criminal de São Paulo também a questão é controvertida: a) pela aplicação – *RJTACrimSP* 33/161 (rel. Juiz José Urban); *RJTACrimSP* 34/257 (rel. Juiz Rulli Júnior); HC 295.334-1 (rel. Juiz Jo Tatsumi); Ap. 1.033.259-5 (rel. Juiz França Carvalho); Ap. 1.040.219-6 (rel. Juiz Márcio Bártoli); Ap. 1.042.083-6 (rel. Juiz Breno Guimarães); Ap. 1.052.487-3 (rel. Juiz Wilson Barreira); RSE 1.040.789-3 (rel. Juiz Érix Ferreira); CParcial 1.074.201-3 (rel. Juiz Teodomiro Méndez); b) pela impossibilidade de se aplicar o instituto da transação penal nos delitos de ação penal privada – Ap. 1.020.439-8 (rel. Juiz Mesquita de Paula); Ap. 1.033.259-5 (rel. Juiz René Ricupero); Ap. 1.039.681-1 (rel. Juiz

17. Ada Pellegrini Grinover *et al.*, *Juizados* ..., 2ª ed., p. 129.

18. "Na ação penal privada cabe a suspensão condicional do processo", *Boletim do IBCCrim* 64/235-236.

19. *Suspensão Condicional do Processo*, 2ª ed., p. 11.

20. *Juizados* ..., 2ª ed., pp. 244-245.

21. "Admissibilidade da suspensão condicional do processo na ação penal privada", *RT* 742/463-465.

22. "Lei 9.099/1995 – Aplicabilidade do *sursis* processual nos crimes contra a honra", *Boletim do IBCCrim* 39/7.

23. *Lei dos Juizados Especiais Criminais Anotada*, 5ª ed., p. 106.

24. *Juizados Especiais Criminais*, p. 88.

A TRANSAÇÃO PENAL 169

Éricson Maranho); Ap. 1.042.921-9 (rel. Juiz Poças Leitão); RSE 1.067.565-6 (rel. Juiz Aroldo Viotti). Afrânio Silva Jardim apresenta interpretação mais liberal deste art. 61, procurando ampliar a competência dos Juizados Especiais Criminais. Segundo ele, os crimes que tenham procedimento especial no Código de Processo Penal por esse motivo não deixam de ser infrações de menor potencial ofensivo. E sustenta que o crime de injúria, embora tenha rito procedimental próprio, inclui-se no conceito de infração penal de menor potencial ofensivo.[25]

4.4 Momento processual

4.4.1 O termo circunstanciado

Na sistemática da Lei 9.099/1995, a autoridade policial, tão logo tome conhecimento da prática da infração penal (tratando-se de crime de pequeno potencial ofensivo), deve lavrar termo circunstanciado,[26] encaminhando-o imediatamente ao Juizado (ou ao juiz crimi-

25. Eis as suas palavras a respeito: "Ora, todo procedimento, todo rito, é previsto em lei; então, como a lei não tem palavras inúteis, como o legislador falou 'em que a lei preveja', a nosso juízo, está se referindo a leis extravagantes, às leis especiais. Se entendermos como a doutrina está entendendo, a injúria não seria uma infração de menor potencial ofensivo, pois, embora tenha uma pena máxima inferior a um ano, tem um rito especial previsto no Código e, assim, não seria uma infração de menor potencial ofensivo. Mas, o que tem de especial no rito da injúria? Tem, exatamente, a possibilidade da transação, que é tudo o que a lei quer. Quer dizer, tirar-se-ia do âmbito da lei a injúria porque o legislador penal, antecipando-se, deseja exatamente essa transação entre o ofendido e o ofensor, entre aquele que injuriou e aquele que sofreu a injúria. E depois, diz o Código de Processo Penal, cai-se no rito ordinário, não há nenhuma incompatibilidade de ritos, como nos crimes contra a propriedade industrial, em que se tem de fazer busca e apreensão da marca e patente etc. No caso da injúria não há nenhuma incompatibilidade de rito" (Afrânio Silva Jardim, *Direito Processual Penal*, 9ª ed., p. 344).

26. Sérgio Marques de Moraes Pitombo observa que "a palavra 'termo' não se afigura boa para designar a referida peça. Em processo, o 'termo', de modo prevalente, contém declaração e comunicação de vontade das partes. Serve, também, para que, por meio dele, exerçam poderes processuais" ("Supressão parcial do inquérito policial – Breves notas ao art. 69 e parágrafo único da Lei n. 9.099/1995", in Antônio Sérgio A. de Moraes Pitombo (org.), *Juizados Especiais Criminais – Interpretação e Crítica*, p. 83). Preferimos, no entanto, seguir com a expressão "termo circunstanciado", por questões didáticas, tendo em vista ser esta a expressão utilizada na lei.

170 TRANSAÇÃO PENAL

nal, enquanto não instalado o Juizado), com o autor do fato[27] e a vítima (art. 69 da Lei 9.099/1995).

Dentre as modificações introduzidas pela Lei 9.099/1995 no processo penal está a substituição, como regra, da prisão em flagrante e do inquérito policial[28] pelo termo circunstanciado, como se vê do art. 69 e seu parágrafo único.

É certo que o inquérito policial não é imprescindível para o exercício da ação penal. Em determinadas hipóteses, estando o Ministério Público de posse de elementos de prova que traduzam indícios suficientes da autoria de um ilícito penal, poderá oferecer denúncia.[29]

Saliente-se, contudo, que a lei dos Juizados Especiais Criminais não impede a instauração do inquérito policial no caso de infração penal de menor potencial ofensivo. Efetivamente, em determinadas hipóteses, como na indispensabilidade de diligências previstas no art. 6º do Código de Processo Penal para a formação da *opinio delicti*, ou de autoria desconhecida, torna-se ele necessário.

Desta forma – como assinala José Laurindo de Souza Netto –, "se não for possível a identificação do autor do fato e/ou a tipificação adequada dos fatos, não pode o expediente vir ao Juizado, pois faz-se necessária a instauração do inquérito policial".[30]

É preciso ressaltar que esse termo circunstanciado, embora não esteja sujeito a requisitos formalísticos, deve conter os elementos necessários para a efetiva demonstração da ocorrência de um ilícito penal (de pequeno potencial ofensivo), suas circunstâncias e autoria. Ao termo devem ser juntos eventuais documentos relacionados com

---

27. José Laurindo de Souza Netto prefere falar em "envolvido", pela preocupação sobre eventual lesão ao princípio da presunção de inocência, eis que não se pode atribuir a autoria do fato antes do reconhecimento em sentença condenatória com trânsito em julgado (*Processo Penal. ...*, 1ª ed., p. 120).

28. O inquérito policial é um procedimento destinado a apurar o "fato criminoso e respectiva autoria para servir de base à ação penal ou às providências cautelares. Como regra, portanto, exige-se que formalmente se indicie e qualifique o autor do fato, sejam ouvidas as testemunhas, seja interrogado o indiciado, sejam colhidas provas técnicas etc." (Júlio Fabbrini Mirabete, *Juizados Especiais Criminais*, p. 60).

29. Como salienta Fernando da Costa Tourinho Filho, "o que não se compreende, na sistemática processual-penal brasileira, é a propositura de ação penal sem o indispensável suporte fático. Estando em jogo a liberdade individual, será rematada violência a instauração de processo crime contra alguém sem que a peça acusatória esteja amparada, arrimada em elementos sérios, indicando ter havido a infração e que o acusado fora o seu autor" (*Processo Penal*, v. 1, p. 169).

30. *Processo Penal. ...*, 1ª ed., p. 118.

A TRANSAÇÃO PENAL 171

a ocorrência, dados sobre os antecedentes do autor (em especial para os fins do art. 76, § 2º, I e II). Não se pode esquecer que este termo circunstanciado é o substitutivo do inquérito policial. É com ele que o Ministério Público deverá formar a *opinio delicti.*

Damásio Evangelista de Jesus sustenta que basta, para suprir a exigência da lei, o simples boletim de ocorrência, com a indicação do autor do fato, do ofendido e do rol de testemunhas.[31]

Ada Pellegrini Grinover *et al.*, por sua vez, entendem que "o termo circunstanciado a que alude o dispositivo nada mais é do que um boletim de ocorrência um pouco mais detalhado".[32]

Estamos, no particular, com a lição de Rogério Lauria Tucci[33] no sentido de que esse termo circunstanciado deve conter outros elementos, e não apenas o certificado da ocorrência, até porque "servirá para a conciliação, arquivamento, transação e denúncia".[34]

A má elaboração do termo tem suscitado problemas. Assim, faltando a perfeita identificação do autor do fato, fica o Ministério Público sem condições de realizar seu trabalho. E, ao requisitar diligências, a autoridade policial pode entendê-las incabíveis.

Mais recentemente, o E. Tribunal de Justiça de São Paulo, por sua Câmara Especial, apreciou conflito de atribuições instaurado em face de divergência entre delegado de polícia e promotor de justiça. Discutia-se se a Lei 9.099/1995 autorizava o Ministério Público, ao tomar ciência do termo circunstanciado encaminhado pela autoridade policial, a requisitar diligências antes da audiência preliminar de que trata o art. 72. Embora não reconhecendo configurado o conflito de atribuições, a Turma Julgadora, em acórdão relatado pelo Des. Gentil Leite, houve por bem recomendar ao Magistrado que promovesse "a incontinenti designação da audiência preliminar, reservando o exame de pedidos de diligências requeridas pelo Ministério Público para a fase processual prevista no art. 77 da referida lei" (CA 070.707-0/4-00, comarca de Jundiaí, j. 28.9.2000).

Desta forma, ao receber pedido de diligências do Ministério Público, em face de falhas no termo circunstanciado, deve o juiz designar, desde logo, a audiência preliminar a que se refere o art. 72, reservando-se a apreciação do pedido para esse momento processual.

---

31. *Lei dos Juizados* ..., 5ª ed., p. 30.

32. *Juizados* ..., 2ª ed., p. 99.

33. "A lei dos Juizados Especiais e a Polícia Militar", *Revista Literária de Direito* 11/30.

34. Cf. José Laurindo de Souza Netto, *Processo Penal.* ..., 1ª ed., p. 120.

172 TRANSAÇÃO PENAL

4.4.2 O momento da formulação da proposta de transação

Quando possível, a audiência deve ser realizada no momento em que são apresentados o autor do fato e a vítima.

Não sendo possível a realização da audiência preliminar quando da apresentação do autor do fato e da vítima, será designada data próxima, saindo ambos cientes (art. 70 da Lei 9.099/1995). O termo de ocorrência circunstanciado deve ser encaminhado ao órgão do Ministério Público para que verifique o cabimento de proposta de aplicação imediata de pena não privativa de liberdade (art. 76), ou ofereça denúncia oral (art. 77, *caput*) ou por escrito (art. 77, § 2º), requeira o arquivamento, se for o caso, ou requeira diligência que entender imprescindível.

Na data designada para a audiência preliminar, que tem o objetivo de tentar a conciliação, tanto na questão cível como na criminal, presentes o Ministério Público, o autor do fato e a vítima e, se possível, o responsável civil, o juiz esclarecerá sobre a possibilidade de composição dos danos e da aceitação da proposta de aplicação imediata de pena não privativa de liberdade.

O papel do juiz, nesta audiência, é de fundamental importância para o sucesso do novo modelo de Justiça Criminal consensuada. Sem prejulgar o caso, deve funcionar como autêntico conciliador, procurando o consenso entre as partes, de forma a obter a composição segundo critérios de justiça e pacificação social. Deve dialogar com as partes, permitindo amplo debate entre elas a respeito da conveniência e dos inconvenientes do acordo civil e da transação penal. Não deve o juiz portar-se como mero cumpridor de uma formalidade legal. Ao contrário, é importante que se empenhe mesmo para obter a composição entre as partes. Somente assim serão alcançados os objetivos da Lei 9.099/1995.

Obtendo-se a composição dos danos civis, será ela reduzida a termo e homologada pelo juiz, em sentença irrecorrível, que terá eficácia de título executivo judicial (art. 74). Isso por força do disposto no art. 584, III, do Código de Processo Civil, com a redação que lhe deu a Lei 8.953/1994.

Tratando-se de crime de ação pública condicionada à representação ou ação penal de iniciativa privada, o acordo homologado representa renúncia ao direito de queixa ou representação (parágrafo único do art. 74). O legislador brasileiro, neste particular, curva-se às

A TRANSAÇÃO PENAL 173

modernas tendências da Vitimologia, que "tendem a substituir cada vez mais a sanção penal pela reparação dos danos causados ao ofendido".[35] Aliás, uma das diretrizes da Lei 9.099/1995 foi a atenção especial dispensada à vítima do crime. Assim, previu o acordo entre o autor do fato e a vítima como forma de extinção da punibilidade, administrando o conflito e "restabelecendo no mundo fático a paz quebrada pelo litígio, passando a vítima a ser sujeito do processo, com status de protagonista da cena judiciária". Com a reparação do dano torna-se desnecessária a sanção penal, sendo certo que "a satisfação da vítima coincide com aquela da sociedade". Na realidade, a reparação do dano "estrutura-se não só a favor da vítima, mas também em favor de um interesse público, qual seja, a não instauração do processo condenatório".[36]

Como observa Antônio Scarance Fernandes, essa nova tendência de maior preocupação com a vítima exerceu papel importante nas modificações que se operaram, em diversas legislações, relativamente ao princípio da obrigatoriedade da ação penal. A constatação de que na imensa maioria dos casos a vítima não leva a ocorrência delituosa ao conhecimento da autoridade policial, configurando aquilo que se convencionou chamar de "cifra negra da criminalidade", abalou o dogma da obrigatoriedade da ação penal, que na prática não é seguido integralmente.[37]

Porém, sendo o delito de ação penal pública incondicionada, a ocorrência do acordo cível não tem qualquer efeito no que tange à ação penal.

Não se logrando obter o acordo cível, abre-se ao ofendido a oportunidade de oferecer a representação (nos crimes de ação penal pública condicionada à representação) ou a queixa (nos crimes de ação penal de iniciativa privada). Embora o texto do art. 75 não se refira ao direito de exercer a queixa, o certo é que a mesma faculdade de oferecer a representação deve ser estendida ao ofendido tratando-se de crime de ação penal privada, por aplicação analógica, "em benefício não só da vítima, mas também da rapidez e eficiência da prestação jurisdicional, pela deformalização do ato".[38]

---

35. Antônio Scarance Fernandes, *O Papel da Vítima no Processo Criminal*, pp. 159-190.

36. José Laurindo de Souza Netto, *Processo Penal. ...*, 1ª ed., pp. 150-151.

37. Antônio Scarance Fernandes, *O Papel da Vítima ...*, p. 27.

38. Ada Pellegrini Grinover *et al.*, *Juizados ...*, 2ª ed., p. 126.

174 TRANSAÇÃO PENAL

Saliente-se que a lei concede ao ofendido a possibilidade de exercício imediato do direito de queixa ou representação oral, na própria audiência, mas sem lhe retirar o prazo decadencial. Em outras palavras, poderá o ofendido optar pelo não exercício daquele direito, neste momento processual, sem que perca a possibilidade de fazê-lo em momento posterior, desde que observado o prazo de decadência. Quando isto ocorre a audiência deve encerrar-se, pois não será possível a passagem à etapa seguinte, da transação penal.

Ofertadas a representação ou a queixa, ou tratando-se de crime de ação penal pública incondicionada, passa-se à etapa seguinte, da transação penal, ocasião em que, não sendo o caso de arquivamento, o Ministério Público poderá propor a imposição imediata de pena restritiva de direitos ou multa.

Portanto, a transação penal realiza-se ainda na audiência preliminar, mas em momento posterior ao acordo civil, quando este não ocorre, nos crimes de ação penal pública condicionada e nos crimes de ação penal privada, ou em qualquer caso, tratando-se de delito de ação penal pública incondicionada.

Outra oportunidade para a transação penal é na audiência de instrução e julgamento no procedimento sumaríssimo, como previsto no art. 77 da lei. Realmente, nos termos do art. 79, "no dia e hora designados para a audiência de instrução e julgamento, se na fase preliminar não tiver havido possibilidade de tentativa de conciliação e de oferecimento de proposta pelo Ministério Público, proceder-se-á nos termos dos arts. 72, 73, 74 e 75". E o art. 72 diz que o juiz "esclarecerá sobre a possibilidade da composição dos danos e da aceitação da proposta de aplicação imediata de pena não privativa de liberdade".

O esforço conciliatório é da essência do novo modelo. Daí ser cabível, quando infrutíferas as primeiras tentativas de conciliação, uma segunda tentativa. E aqui temos uma exceção à regra da indisponibilidade do conteúdo do processo decorrente da ação penal pública (art. 42 do CPP), bem assim da irretratabilidade da representação após o recebimento da denúncia (art. 25 do CPP).

4.4.3 A prisão em flagrante

Como estabelece o parágrafo único do art. 69 da Lei 9.099/1995, "ao autor do fato que, após a lavratura do termo, for imediatamente

A TRANSAÇÃO PENAL 175

encaminhado ao Juizado ou assumir o compromisso de a ele comparecer, não se imporá prisão em flagrante, nem se exigirá fiança".

René Ariel Dotti critica a dispensa de lavratura do auto de prisão em flagrante, por entender que se trata de solução que "não corresponde ao sentimento e à expectativa de segurança e de justiça".[39]

É preciso salientar, no entanto, que a Lei 9.099 não impede o ato de prender ou capturar quem esteja em situação de flagrância. Como assinala Afrânio Silva Jardim: "A prisão em flagrante já ocorreu. O fato jurídico – prisão em flagrante – já ocorreu. Quando a pessoa é levada presa, conduzida à presença da autoridade policial, já ocorreu a prisão. Temos que distinguir a prisão como fato jurídico que ocorre na rua, da documentação da prisão que se faz, na sistemática do Código, pelo auto de prisão em flagrante".[40]

Desta forma, o que o legislador dispensa naquele dispositivo legal é a documentação da prisão em flagrante, a lavratura do auto de prisão em flagrante, que é substituído pelo termo circunstanciado, que a documenta. Mas a prisão, em si, não está proibida pelo legislador.

Por outro lado, se o autor do fato não assume o compromisso de comparecer ao Juizado deverá ser lavrado o auto de prisão em flagrante.

4.5 Causas impeditivas

Impedem a transação penal, como já vimos, nos termos do § 2º do art. 76 da Lei 9.099/1995: a) a condenação anterior do autor do fato, pela prática de crime, à pena privativa de liberdade, em sentença definitiva; b) o fato de haver sido o agente beneficiado anteriormente, no prazo de cinco anos, pela aplicação de pena restritiva ou multa, em transação penal; c) quando a medida não for indicada pelos antecedentes, conduta social e personalidade do agente.

Trata-se de condições específicas negativas, a par daquelas genéricas (art. 43, c/c art. 18, do CPP), eis que a proposta de transação constitui uma forma de exercício da ação.

---

39. "Conceitos e distorções da Lei 9.099/1995. Temas de direito e processo penal", in Antônio Sérgio A. de Moraes Pitombo (org.), *Juizados Especiais Criminais – Interpretação e Crítica*, p. 55.

40. *Direito Processual Penal*, 9ª ed., p. 348.

176 TRANSAÇÃO PENAL

Na transação penal não se exige do autor do fato o prévio reconhecimento da culpabilidade. O acordo é celebrado antes de qualquer acusação, não havendo reconhecimento de culpa.

Como salienta José Laurindo de Souza Netto: "A eliminação de acusação clara e fiel, ampla defesa, instrução animada mediante contraditório indispositivo, busca da verdade material ou real possível ou atingível e, por igual, de sentença de fundo cria instrumento técnico de solução de conflito, diverso daquele até então existente. Nesta fase, não se está diante da *persecutio criminis*, porque o que se busca é exatamente o contrário. De conseqüência, não existe processo penal condenatório, instrumento da ação penal condenatória, pois não se irá tornar palpável o pedido de uma condenação e não se estará ligado necessariamente à descoberta da verdade, qual o objetivo do processo penal".[41]

E prossegue, mais adiante, referido autor: "Assim, não há que se confundir a transação com a ação penal condenatória. Esta objetiva uma pena, e aquela uma medida alternativa à própria pena. Desse modo, a transação é um *plus* antecedente ao processo justo, um novo direito do acusado. Restando frutífera a transação, desaparece a necessidade do *jus persequendi in judicio*, não havendo mais fundamento para o processo penal condenatório. Evita-se, assim, a decantada estigmatização que se desenrola no processo penal, que a moderna política criminal repudia. O envolvido, ao aceitar a proposta, por razões de oportunidade e conveniência, visa a evitar as conseqüências de um processo penal, não havendo condenação ou absolvição, pelo fato de não ter sido feita audiência de mérito".[42]

Assim, cometido um crime, surge, como visto, o *jus puniendi* do Estado. Contudo, a sanção respectiva somente poderá ser efetivamente aplicada a partir de uma decisão jurisdicional, que pressupõe a reconstituição de um fato pretérito. Para isso atua a jurisdição, sendo o processo o meio utilizado para concluir se o réu deve, ou não, ser punido. Temos, então, um caso penal como conteúdo do processo. Daí, tratando-se de infração penal de menor potencial ofensivo, abre-se ao Ministério Público – não sendo o caso de arquivamento e presentes os demais requisitos legais – o dever de formular proposta (ação sem pedido condenatório) de aplicação imediata de pena restritiva de direitos ou multa, que, sendo aceita pelo autor do fato, é

---

41. *Processo Penal.* ..., 1ª ed., pp. 141-142.
42. José Laurindo de Souza Netto, *Processo Penal.* ..., 1ª ed., p. 143.

A TRANSAÇÃO PENAL   177

homologada pelo juiz (processo para a transação) através de sentença. Não sendo possível a transação, o Ministério Público oferece denúncia (ação com pedido condenatório), instaurando-se, como conseqüência, o processo penal condenatório, que culminará com uma sentença, condenatória ou absolutória.

O legislador constituinte, com a regra do art. 98, I, criou um
novo sistema, com filosofia própria,[43] diverso daquele tradicional.
Esse novo sistema insere-se naquela tendência mundial de despenalizar através do processo.

Estes impedimentos legais (art. 76, § 2º, da Lei 9.099/1995) diri-
gem-se tanto ao Ministério Público – que fica proibido de formular a
proposta, devendo motivar sua recusa, indicando o inciso em que se
baseia – como ao juiz, que não pode homologar qualquer acordo
entre Ministério Público e acusado quando presentes quaisquer daqueles impedimentos.

Tratando-se de delito com vários autores, o impedimento relativo a um deles não impede a formulação da proposta em relação aos
demais, instaurando-se o procedimento apenas contra aquele não enquadrado nos requisitos legais para o benefício. O mesmo ocorre
relativamente àquele ou àqueles que não aceitarem a proposta de
transação penal.

O ônus da prova das causas impedientes da transação é do Ministério Público. Tanto que o § 2º do art. 76 da lei é expresso no sentido
de que somente não se admitirá a proposta "se ficar comprovado"
qualquer destes impedimentos.

Vejamos, então, cada um deles.

Na primeira hipótese o impedimento somente subsiste tratando-
se de condenação por crime, não por contravenção, e ainda a pena
privativa de liberdade, não bastando condenação a pena restritiva de
direitos ou multa. Eventual condenação anterior cuja pena tenha sido
substituída por restritiva de direitos ou por multa não impede o benefício. Também quando o agente tenha sido beneficiado com o *sursis*.[44]

Sentença definitiva, outrossim, é aquela contra a qual não cai-
bam mais recursos, ou decisão com trânsito em julgado.

Questão interessante relaciona-se com a condenação transitada
em julgado há mais de cinco anos. Lembre-se, inicialmente, o dis-

_____
43. Idem, ibidem.
44. Cf. Cézar Roberto Bitencourt, *Manual ...*, v. 1, p. 548.

178 TRANSAÇÃO PENAL

posto no art. 64 do Código Penal, segundo o qual, "para efeito de reincidência: I – não prevalece a condenação anterior, se entre a data do cumprimento ou extinção da pena e a infração posterior tiver decorrido período de tempo superior a 5 (cinco) anos, computado o período de prova da suspensão ou do livramento condicional, se não houver revogação". Assim, o decurso de cinco anos da condenação anterior com trânsito em julgado impede sua consideração para gerar reincidência. O inciso II do § 2º do art. 76 da Lei 9.099/1995 também fala no período de cinco anos para limitar a transação penal em caso de concessão anterior do mesmo benefício. Ora, se assim é, analogicamente também se pode considerar desaparecido o impedimento se a condenação a que se refere o inciso I houver transitado em julgado há mais de cinco anos.

Neste sentido já decidiu o E. Tribunal de Alçada Criminal de São Paulo.[45]

A segunda causa impeditiva relaciona-se com anterior concessão do mesmo benefício, no prazo de cinco anos.

As razões de política criminal que levaram à possibilidade de transação penal nos delitos de menor potencial ofensivo não passam, no entanto, pelo incentivo da impunidade. Daí a razão da restrição constante do inciso II do § 2º do art. 76 da Lei 9.099/1995, em análise. É por isso que o autor do fato que já tiver gozado do benefício em período de cinco anos anteriores não poderá novamente ser beneficiado. Sob pena – repita-se – de incentivo à impunidade.

Convém observar que o § 6º do art. 75, embora expressamente estabeleça que a imposição da pena consensual não constará dos registros criminais do autor do fato, ressalva a menção para fins de impedir a concessão de novo benefício no prazo de cinco anos. É a forma de possibilitar a verificação da ocorrência do impedimento.

O inciso III desse § 2º, por último, consagra uma causa impeditiva de natureza subjetiva. Com isso, acaba por conferir maior carga de discricionariedade ao Ministério Público para se negar a formular a proposta de transação penal.

Quando o legislador fala em "antecedentes" no inciso III do § 2º do art. 76, está se referindo também à existência de inquéritos policiais? Em outras palavras, o simples fato de estar indiciado em inquérito policial já é suficiente para obstar à transação penal?

_____
45. Cf. Ada Pellegrini Grinover *et al.*, *Juizados ...*, 2ª ed., p. 138.

A TRANSAÇÃO PENAL 179

Parece-nos que não. Entendimento contrário implicaria flagrante violação do logismo e teleologismo que inspiraram o exsurgimento da Lei 9.099/1995.[46] Além de desrespeito ao princípio constitucional da presunção de inocência.

4.6 Iniciativa da proposta: faculdade ou dever do Ministério Público?

O art. 76 da Lei 9.099/1995, já referido, estabelece que, "não sendo caso de arquivamento, o Ministério Público poderá propor a aplicação imediata de pena restritiva de direitos ou multa". Já vimos que, por aplicação analógica, nos crimes de ação de iniciativa privada também a vítima poderá fazer aquela proposta ao autor do fato.

Porém, tratando-se de ação penal pública incondicionada cuida-se de saber, em face do termo utilizado na lei ("poderá"), se estamos diante de um ato discricionário ou de um dever do Ministério Público. Mais ainda: se no silêncio do Ministério Público pode o próprio autor do fato, ou seu advogado, propor aquela aplicação imediata da pena restritiva de direitos ou multa.

Uma primeira corrente conclui que se trata de ato discricionário do Ministério Público, que poderá ou não formular a proposta, ainda que presentes as condições do § 2º do art. 76.

No entanto, permitir que o Ministério Público, presentes os requisitos do § 2º, deixe de formular a proposta, sem qualquer justificativa legal, representaria odiosa discriminação e flagrante violação ao princípio da isonomia. Além disso, implicaria conferir ao órgão do Ministério Público a total disposição da ação penal, como se tivesse sido adotado o princípio da oportunidade pura.

Como já se viu, o legislador brasileiro, com a edição da Lei 9.099/1995, introduziu em nosso sistema processual penal o princípio da obrigatoriedade mitigada; não o princípio da oportunidade pura.

Desta forma, a expressão "poderá", utilizada pelo legislador, indica um "poder-dever" do Ministério Público. Por isso, estando presentes os requisitos do § 2º do art. 76, não poderá o Ministério Público furtar-se à apresentação de proposta de transação penal.

---

46. Cf. Cláudio Ribeiro Lopes, "O direito penal simbólico, pragmático, e o 'terrorismo' estatal", *Boletim do IBCCrim* 87/7, ano 7.

180 TRANSAÇÃO PENAL

Neste sentido a décima-terceira conclusão da Comissão Nacional de Interpretação da Lei 9.099/1995, reunida em Belo Horizonte em 28 de outubro de 1995: "Se o Ministério Público não oferecer proposta de transação penal ou suspensão condicional do processo, nos termos dos arts. 76 e 89, pode o juiz fazê-lo".[47]

Júlio Fabbrini Mirabete sustenta tratar-se de um faculdade limitada concedida ao Ministério Público, o que o obriga a motivar a não apresentação da proposta.[48] De fato, a apresentação da proposta de transação não está ao talante exclusivo do Ministério Público, como se fosse soberano da discricionariedade.[49]

Mas, e se o Ministério Público, mesmo presentes os requisitos legais, negar-se a formular a proposta?

Duas soluções são aventadas.

A primeira, partindo do princípio de que se trata de um "poder-dever" do Ministério Público, o qual gera para o autor do fato um direito público subjetivo, permite que a proposta seja apresentada pelo próprio juiz.[50] E, uma vez aceita, por ele homologada, nos termos do § 4º do art. 76 da Lei 9.099/1995. Esta também seria a solução para a transação penal que se segue ao oferecimento da denúncia (art. 79) e a consistente na suspensão condicional do processo (art. 89).

Maurício Alves Duarte sustenta que o fato de o Ministério Público ser o titular privativo da ação penal não lhe concede igual prer-

---

47. Essa Comissão foi composta pelos Mins. Sálvio de Figueiredo Teixeira (presidente), Luiz Carlos de Alencar, Ruy Rosado de Aguiar Júnior, pelos Des. Fátima Nancy Andrighi, Sidnei Agostinho Beneti, pelos professores Ada Pellegrini Grinover e Rogério Lauria Tucci e pelo Juiz Luiz Flávio Gomes (cf. Ismar Estulano Garcia, *Juizados Especiais Criminais*, 2ª ed., p. 37).

48. Segundo ele, "sendo uma faculdade limitada concedida ao titular da ação penal, a decisão de não apresentar a proposta de transação deve ser justificada pelo Ministério Público, em obediência ao que se dispõe no art. 129, VIII, última parte, da Constituição Federal, art. 43, III, da Lei 8.825/1993 e art. 169, VII, da Lei Complementar 734/1993. Evita-se, com a necessidade de ser expressa a motivação, que se negue a oferecer, sistemática ou indiscriminadamente, a proposta" (Júlio Fabbrini Mirabete, *Juizados ...*, p. 85).

49. Cf. Maurício Antônio Ribeiro Lopes e Joel Dias Figueira Júnior, *Comentários à Lei dos Juizados Especiais Cíveis e Criminais Lopes*, 3ª ed., p. 606.

50. Como salienta Fernando da Costa Tourinho Filho: "Não havendo apresentação da proposta, por mera obstinação do Ministério Público, parece-nos poderá fazê-la o próprio magistrado, porquanto o autor do fato tem um direito subjetivo de natureza processual no sentido de que se formule a proposta, cabendo ao juiz o dever de atendê-lo, por ser indeclinável o exercício da atividade jurisdicional" (*Processo Penal*, v. 1, p. 92).

A TRANSAÇÃO PENAL 181

rogativa para decidir sobre a apresentação ou não de proposta de transação, estando presentes os requisitos legais para isso. Segundo ele: "Não há titularidade privativa do Ministério Público à proposta de aplicação imediata de pena não privativa de liberdade ou suspensão do processo, sendo, inclusive, inaplicável o art. 28 do Código de Processo Penal, caso o *Parquet* recuse-se a propor, pois ele quis a ação penal (conduta positiva), enquanto o dispositivo legal trata de pedido de arquivamento da demanda (conduta negativa)".[51]

Ada Pellegrini Grinover *et al.* criticam a solução, dizendo que ela "faz *tabula rasa* do princípio da aplicação consensual da pena e violenta a autonomia da vontade do acusador".[52] Além disso, implicaria atribuir ao juiz poderes de movimentar *ex officio* a jurisdição, o que está proibido, na Constituição Federal, para a ação penal pública (art. 129, I).[53] Por outro lado, a sentença homologatória constitui, sem dúvida, exercício da jurisdição, pelo quê estaríamos diante de um exercício de jurisdição sem ação.

Ainda naquela outra hipótese de transação, quando da audiência de instrução e julgamento no procedimento sumaríssimo (do art. 77 da Lei 9.099/1995), a atitude do juiz, propondo, ele próprio, o acordo, contra a vontade do Ministério Público, implicaria retirar dele o direito de ação, de que é titular exclusivo por preceito constitucional.

Este também o ensinamento de Júlio Fabbrini Mirabete, para quem cabe exclusivamente ao Ministério Público a titularidade do *jus persequendi in judicio*, por força do art. 129, I, da Constituição Federal, sendo que a proposta apresentada de ofício pelo juiz, e por ele homologada, equivaleria ao exercício de jurisdição sem ação. Aduz, ainda, que o princípio da discricionariedade regrada permite ao Ministério Público – e só a ele – o exame da conveniência de apresentar a proposta de acordo ou a denúncia.[54]

---

51. Maurício Alves Duarte, "A execução das penas restritivas de direitos descumpridas no regime da Lei 9.099/1995 e outras questões controvertidas", *RT* 744/456.

52. *Juizados* ..., 2ª ed., p. 132.

53. Fernando da Costa Tourinho Filho responde dizendo que, "na hipótese do art. 76, sob comento, não há, propriamente, uma ação penal, mas, tão-só, previsão de condições legais para que ela não seja proposta" (*Processo Penal*, v. 1, p. 96).

54. Salienta ele que "não é possível, aliás, um instituto em que a proposta é facultativa ou discricionária do titular do direito de ação constituir, ao mesmo tempo, um direito subjetivo do autor da infração penal, de modo a possibilitar a proposta de transação por parte do magistrado. Seria, como já se tem afirmado, uma 'contradição nos próprios termos'. Também não há que se afirmar que se trata de um poder-dever do

182 TRANSAÇÃO PENAL

Também são contra esta solução: Ismar Estulano Garcia[55] e Marino Pazzaglini Filho *et al.*[56]

A tais objeções responde, de forma magnífica, José Laurindo de Souza Netto. Segundo ele não há uma efetiva incompatibilidade entre a conveniência do Ministério Público e o direito subjetivo do autor do fato. Constitui dever do Ministério Público apresentar a proposta de transação. Trata-se de um dever vinculado, que está presente quando se apresentam todos os requisitos legais. A vontade do legislador é no sentido de não se instaurar o processo penal condenatório, sendo neste sentido que deve funcionar o controle do exercício da ação penal, e não no sentido contrário. Desta forma, se o Ministério Público não formula a proposta é porque ou requereu o arquivamento, diligência, ou ofereceu denúncia oral. E completa: "E aí reside a inexistência de ofensa ao princípio *ne procedat iudex ex officio*, pois o juiz pode conceder transação sem o pedido expresso do órgão do Ministério Público. O princípio traduz a necessidade do Ministério Público provocar a jurisdição, através da ação penal. A titularidade exclusiva da ação penal corresponde à legitimação para a propositura da ação penal, via denúncia, não compreendendo os atos processuais tendentes a impedir o processo condenatório, tal qual ocorre com a transação. O objetivo dela é dar efetividade ao princípio da intervenção mínima no direito penal, com uma resposta útil e adequada para prevenir a pequena criminalidade. Onde for possível, com a vontade do imputado de renunciar ao processo, aplica-se a transação, primeira tentativa de pacificação, mais ágil e eficiente do que o processo penal condenatório. Neste contexto, o consenso bilateral dos intervenientes da transação poderá não ocorrer. O titular da ação penal poderá entender que não seja caso de exclusão do caso no estado em que se encontra, e oferecer denúncia. Ora, o autor do fato poderá não concordar porque se acha merecedor do benefício da transação. O sistema do Juizado possui como elemento qualificador essencial a igualdade das partes e a real efetividade do contraditório. Maculando a ação penal o seu *status dignitatis*, não se pode olvidar

---

Ministério Público apresentar a proposta de transação. O que é uma faculdade, uma discricionariedade, não pode ser tido também como dever" (Júlio Fabbrini Mirabete, *Juizados* ..., p. 86).

55. *Juizados* ..., 2ª ed., p. 172.

56. Marino Pazzaglini Filho, Alexandre de Moraes, Giampaolo Poggio Smanio e Luiz Fernando Vaggione, *Juizado Especial Criminal. Aspectos Práticos da Lei n. 9.099/ 1995*, 3ª ed., p. 52.

A TRANSAÇÃO PENAL   183

do direito do envolvido à pronta finalização da persecução penal. Para o Ministério Público se posicionar contra a transação, deve motivar a sua manifestação, e esta motivação encontra-se atrelada ao ordenamento jurídico. Deste modo, o poder de efetuar a proposta é vinculado e constitui-se num dever, quando presentes os requisitos legais. Por outro lado, se como nenhum litígio que implique ameaça ao *jus libertatis* pode ser subtraído à apreciação do Poder Judiciário (CF/1988, art. 5º, XXXV), o limite do juiz fica sendo a análise do interesse do envolvido, não fosse o dever do Ministério Público".[57]

Cézar Roberto Bitencourt, embora admitindo que se trata mesmo de um direito subjetivo do autor do fato, não aceita a formulação da proposta pelo juiz, nem o recurso ao art. 28 do Código de Processo Penal, nem a disponibilidade absoluta do Ministério Público. E propõe o uso do *habeas corpus* como única saída honrosa legal.[58]

Assim igualmente a orientação de Maurício Antônio Ribeiro Lopes, no sentido de que, preenchidos os requisitos legais objetivos e subjetivos, a não apresentação da proposta pelo Ministério Público constitui constrangimento ilegal sanável por *habeas corpus*.[59]

Ousamos discordar de Afrânio Silva Jardim, que critica este entendimento, segundo ele resultado de um afogadilho e de uma certa necessidade de se lançarem posições novas. Diz ele: "Deseja-se a discricionariedade, mas, quando ela vem, querem tirá-la do Ministério Público, e o juiz passaria a ter a iniciativa da transação penal, a iniciativa da suspensão condicional do processo, o que não é papel do juiz no sistema acusatório. Achamos até, dentro dessa perspectiva mais sistemática, que, ao propor a transação penal, o Ministério Público, de certa maneira, está exercitando um tipo de ação diferente. Porque, quando propõe a transação penal, ele tem de fazer uma imputação. Tem de atribuir ao autor do fato, para usar a expressão da lei, ao réu, uma conduta; fazer um juízo de tipicidade, até para saber se é uma infração de menor potencial ofensivo e tem de sugerir a aplicação de uma pena. De certa forma, é uma ação penal".[60]

É certo que a Lei 9.099/1995 se insere dentro de um sistema – o sistema processual pátrio –, sujeitando-se a seus princípios. Porém,

57. José Laurindo de Souza Netto, *Processo Penal*. ..., 1ª ed., pp. 145-146.
58. Cézar Roberto Bitencourt, *Manual* ..., v. 1, p. 550.
59. Maurício Antônio Ribeiro Lopes e Joel Dias Figueira Júnior, *Comentários* ..., 3ª ed., p. 607.
60. Afrânio Silva Jardim, *Direito* ..., 9ª ed., p. 339.

184 TRANSAÇÃO PENAL

não menos que certo que esta lei traz importante inovação: a criação, nesse sistema processual penal, de um espaço de consenso, ao lado do tradicional espaço de conflito. E traz, também, novas regras – inclusive com a incorporação do princípio da obrigatoriedade mitigada –, que não podem ser olvidadas. Na sua interpretação, portanto, não se pode perder de vista esta circunstância. As inovações por ela trazidas resultam de uma tendência mundial, como já foi visto, de estabelecer regras próprias para os crimes de pequena e média gravidade.

Na sistemática inaugurada pela Lei 9.099/1995, como já ficou visto, há duas ações e dois processos. A primeira hipótese é que, presentes os requisitos legais, o promotor apresente a proposta de transação penal (ação para a transação). Teremos, então, o processo para a transação, que culmina, havendo aquiescência do autor do fato, com uma sentença penal homologatória. É da essência desse sistema que o Ministério Público, presentes os requisitos legais, ao invés de apresentar a denúncia, exercitando a ação penal condenatória, formule, em substituição, uma proposta de transação penal. De tal forma que, aceita a proposta pelo autor do fato, não se inicia o processo condenatório.

Equivocam-se, desta forma, os críticos do sistema ao dizer que não há como justificar a imposição da pena consensuada se não existe ação penal, pressuposto do exercício da jurisdição no processo penal. Porque – repita-se – na transação penal há tanto ação como processo.

Assinala Maurício Antônio Ribeiro Lopes: "Não se olvide que o processo do Juizado Especial Criminal também passa a ser meio integrante do devido processo legal dentro do sistema constitucional brasileiro".[61]

Não se pode olvidar – não é demais repetir – que estamos diante de uma nova sistemática, com regras e princípios próprios, alguns diferentes daqueles tradicionais, próprios do processo conflitivo. Mas aqui também há processo.

Como salienta Cézar Roberto Bitencourt, a transação penal realiza-se sob o império do devido processo legal, considerado como as formalidades estabelecidas na lei como condição à sanção consentida, que é imposta em audiência da qual participam o juiz, o Ministério Público, o autor do fato e seu advogado. Ai, sem dúvida, o devido

---

61. Maurício Antônio Ribeiro Lopes e Joel Dias Figueira Júnior, *Comentários* ..., 3ª ed., p. 608.

A TRANSAÇÃO PENAL 185

processo legal para esta modalidade especial de prestação jurisdicional, mais branda, mais simplificada, sem pena detentiva, informal.[62]

Por último, é preciso lembrar – com José Laurindo de Souza Netto – que, "embora o *Parquet* seja o *dominus litis* da ação penal, dela não é proprietário, mas sim o Estado, do qual ele é órgão".[63]

A segunda solução apresentada é a aplicação analógica do art. 28 do Código de Processo Penal.[64] O juiz, não aceitando as razões invocadas pelo Ministério Público para não apresentar a proposta de transação penal, determinará a remessa das peças ao procurador-geral da Justiça, que poderá oferecer a proposta, designar outro órgão para fazê-lo ou insistir na negativa. Esta solução, embora mais consentânea com os princípios constitucionais do processo e com a preservação da autonomia da vontade, acaba por fugir às reais finalidades da Lei 9.099/1995, "inspirada em despenalização, descarcerização e celeridade".[65] Realmente, todos estes princípios restariam sacrificados se aplicássemos à questão a interpretação analógica do art. 28 do Código de Processo Penal em detrimento do pequeno infrator.[66]

Júlio Fabbrini Mirabete também critica essa solução, dizendo que a situação é exatamente oposta à previsão do art. 28, cuja finalidade é impedir que se arquive indevidamente o inquérito policial, deixando o órgão do Ministério Público de exercer sua titularidade da ação penal, pois na hipótese de que se cuida o Ministério Público está pretendendo exatamente exercer o *jus persequendi*, e não o arquivamento dos autos.[67]

Não se há de olvidar, também, que a Lei 9.099/1995 admitiu a legalidade mitigada, e não a oportunidade plena. Deixar-se ao exclusi-

62. Cézar Roberto Bitencourt, *Manual* ..., v. 1, p. 546.

63. *Processo Penal*. ..., 1ª ed., p. 26.

64. No Tribunal de Alçada Criminal de São Paulo há decisões neste sentido: HC 296.054 (rel. Juiz Junqueira Sangirardi); CParcial 1.012.835 (rel. Juiz Walter Guilherme); CParcial 1.037.373 (rel. Juiz Souza Nery); Ap. 1.024.495 (rel. Juiz França Carvalho); CParcial 1.043.429 (rel. Juiz Xavier Aquino); Ap. 1.051.863 (rel. Juiz Ericson Maranho).

65. José Renato Nalini, "O juiz criminal ...", *RT* 744/442.

66. Neste sentido a orientação que vem prevalecendo no Tribunal de Alçada Criminal de São Paulo: Ap. 1.019.289 (rel. Juiz Abreu Machado); Ap. 1.035.541 (rel. Juiz Fernandes de Oliveira); Ap. 1.006.623 (rel. Juiz Barbosa de Almeida); CParcial 1.043.429 (rel. Juiz Renato Nalini); CParcial 1.045.181 (rel. Juiz Canellas de Godoy); Ap. 1.049.507 (rel. Juiz Samuel Júnior); Ap. 1.050.315 (rel. Juiz Carlos Bueno); CParcial 1.050.905 (rel. Juiz Márcio Bártoli); CParcial 1.051.055 (rel. Juiz Moacir Peres); Ap. 1.030.229 (rel. Juiz Wilson Barreira).

67. *Juizados* ..., p. 87.

186 TRANSAÇÃO PENAL

vo critério do Ministério Público a apresentação de proposta quando – repita-se – presentes os requisitos legais seria a consagração do princípio da oportunidade pura.

Na jurisprudência a questão também é bastante controvertida.

Predomina no Tribunal de Alçada Criminal de São Paulo aquela primeira orientação, no sentido de que se trata de um direito público subjetivo do autor do fato, podendo o juiz formular a proposta se o Ministério Público se negar, imotivadamente, a fazê-lo. Assim: Ap. 1.075.677-2 (rel. Juiz Penteado Navarro); Ap. 1.025.417 (rel. Juiz Oldemar Azevedo); Ap. 1.075.119-1 (rel. Juiz Di Rissio Barbosa); Ap. 1.043.629-7 (rel. Juiz Érix Ferreira); Ap. 1.058.749-4 (rel. Juiz Péricles Piza); Ap. 1.064.837-9 (rel. Juiz Ciro Campos); Ap. 1.056.055-5 (rel. Juiz Marco Nahum); Ap. 1.053.905-1 (rel. Juiz Teodomiro Mendez); Ap. 1.083.469-2 (rel. Juiz Evaristo dos Santos); Ap. 1.011.435-0 (rel. Juiz Corrêa de Moraes); Ap. 1.030.485-0 (rel. Juiz Canellas de Godoy).

Mas há também alguns acórdãos contra essa possibilidade: Ap. 1.054.127-5 (rel. Juiz Moacir Peres); Ap. 1.049.883-7 (rel. Juiz Souza Nery); Ap. 1.064.837-9 (rel. Juiz Fábio Gouvêa); Ap. 1.045.053-1 (rel. Juiz Vidal de Castro).

Pela aplicação analógica do art. 28 do Código de Processo Penal encontramos alguns acórdãos: HC 296.054 (rel. Juiz Junqueira Sangirardi); CParcial 1.012.835 (rel. Juiz Walter Guilherme); Ap. 1.024.495 (rel. Juiz França de Carvalho); Ap. 1.051.863 (rel. Juiz Ericson Maranho).

O Superior Tribunal de Justiça já se manifestou pela aplicação, na hipótese de recusa do Ministério Público em formular a proposta de transação penal, do art. 28 do Código de Processo Penal, ao entendimento de não ser o juiz o titular da ação penal: REsp 187.824-SP (5ª T., rel. Min. José Arnaldo da Fonseca, j. 13.4.1999, *DJU* 17.5.1999 – votaram com o Relator os Mins. Félix Fischer e Gílson Dipp).

O Tribunal de Alçada do Paraná já decidiu no sentido de que, "se o Ministério Público não oferecer proposta de transação penal ou de suspensão condicional do processo nos termos dos arts. 76 e 89, poderá o juiz fazê-lo" (1ª C., Ap. crim. 111.052.3000, rel. Juiz Mendonça de Anunciação, j. 26.2.1998, *DJPR* 20.3.1998).

Por último, o Enunciado 6 do VII Encontro Nacional de Coordenadores de Juizados Especiais, realizado na cidade de Vila Velha/ES: "Não se aplica o art. 28 do Código de Processo Penal no caso de

A TRANSAÇÃO PENAL 187

não apresentação de proposta de transação penal ou de suspensão condicional do processo, cabendo ao juiz apresentá-las de ofício, desde que preenchidos os requisitos legais".

4.7 A proposta de transação

Objetivo primordial dos Juizados Especiais Criminais é obter, sempre que possível, a reparação dos danos sofridos pela vítima e a aplicação de pena não privativa de liberdade.

Por isso, a proposta a ser formulada pelo Ministério Público deve limitar-se somente a penas restritivas de direitos e multa. Seu espaço de atuação é limitado, ao contrário do que ocorre no Direito Norte-Americano, em que vige em sua plenitude o princípio da oportunidade. O legislador pátrio, como já se disse, abriu um espaço pequeno a este princípio. Como regra, em nosso sistema processual penal impera o princípio da legalidade (ou da obrigatoriedade da ação penal), admitindo-se, com a Lei 9.099/1995, uma certa obrigatoriedade mitigada.

Lembra Júlio Fabbrini Mirabete que nas contravenções apenadas apenas com multa não pode a proposta de transação referir-se a pena restritiva de direitos, mais gravosa, pois tal procedimento implicaria violação do princípio da legalidade da pena, aplicando-se penalidade mais grave que aquela cominada para o fato criminoso.[68]

Por outro lado, o Ministério Público, ao apresentar a proposta de transação penal, deve buscar a pena restritiva de direitos dentro daquele rol indicado pelas alíneas do inciso XLVI do art. 5º da Constituição Federal, do seguinte teor: "a lei regulará a individualização da pena e adotará, entre outras, as seguintes: a) privação ou restrição da liberdade; b) perda de bens; c) multa; d) prestação social alternativa; e) suspensão ou interdição de direitos".

Observe-se, ainda, que o art. 76 da Lei 9.099/1995 refere-se somente à pena restritiva de direitos, cujo rol está no art. 43 do Código Penal (prestação de serviços à comunidade; interdição temporária de direitos; limitação de fim-de-semana), enquanto que o texto constitucional (art. 5º, XLVI, "d") alude também a "prestação social alternativa". Assim, parece-nos que a proposta de transação pode abranger também uma prestação social alternativa que se acaba enquadrando,

68. *Juizados* ..., p. 88.

188 TRANSAÇÃO PENAL

no seu aspecto mais geral, no conceito de pena restritiva de direitos. Daí a entrega de cestas básicas a necessitados, vestuário ou remédios à coletividade carente etc.

José Laurindo de Souza Netto, depois de dizer que a conotação que as penas restritivas de direitos têm no Código Penal é diversa daquela existente na fase da transação penal e de lembrar que no sistema penal tais penas restritivas, assim como a multa, são impostas em substituição à pena privativa de liberdade, ao contrário do que ocorre nos Juizados Especiais Criminais, onde são aplicadas independentemente daquela, sustenta que "a única medida cabível ao lado da multa, quando da transação penal, é a 'prestação social alternativa' (CF/1988, art. 5º, XLVI, 'd'), que em essência corresponde a prestação de serviços à comunidade, onde não há propriamente restrição de direitos".[69]

Uma coisa é inegável: a prestação de serviços à comunidade, consistente na atribuição de tarefas gratuitas junto a entidades assistenciais, hospitais, escolas, orfanatos e outros estabelecimentos congêneres, em programas comunitários ou estatais, é mesmo a medida mais adequada aos fins da Lei 9.099/1995, sobretudo pelo seu caráter educativo, incluído na chamada "prevenção especial".

Esse trabalho gratuito para a comunidade, além da sua evidente utilidade, acaba por criar e fomentar a solidariedade social, fazendo aflorar os deveres da cidadania, tendo efeito terapêutico e socialmente construtivo não só para o autor do fato, como também para a própria comunidade. A pena deixa de constituir um castigo, tornando-se verdadeiro instrumento de ressocialização.

Mas é preciso cuidado na especificação dos serviços a serem prestados, procurando-se sempre adequá-los às aptidões pessoais de quem os vai prestar, com integral respeito à sua dignidade humana.

A outra pena a ser proposta ao autor do fato é a multa, que consiste, nos termos do art. 49 do Código Penal, "no pagamento ao fundo penitenciário da quantia fixada na sentença e calculada em dias-multa".

Em relação à multa na transação penal convém trazer à colação o ensinamento de José Laurindo de Souza Netto: "A utilização da pena pecuniária poderá não ser suficiente para tutela do bem jurídico lesionado ou ameaçado, vez que pode ser paga por terceiros. Além do mais, afeta não só a pessoa do apenado mas, também, indireta-

69. *Processo Penal.* ..., 1ª ed., p. 176.

A TRANSAÇÃO PENAL — 189

mente, a sua família. Outra desvantagem da pena pecuniária – e talvez a mais significativa – é a circunstância de não se ter a certeza do retorno social das multas fixadas. Tais circunstâncias foram constatadas no Juizado Especial de Curitiba, nos casos de lesão corporal culposa oriundos dos delitos de trânsito, onde a vontade do autor do fato pela sanção pecuniária prepondera à reparação do dano, como forma extintiva da punibilidade, adotando-se, para esses casos, a prestação de serviços à comunidade, por pura coerência".[70]

A proposta do Ministério Público deverá ser clara, precisa, de forma a permitir ao acusado e seu defensor uma perfeita apreciação da medida e de suas conseqüências práticas. Deverá referir-se ao fato narrado no termo de ocorrência. Deverá, ainda, especificar o valor da multa ou a espécie e duração da pena restritiva de direitos. Em face dos princípios consagrados na lei, sobretudo o da informalidade, não precisa ter os mesmos requisitos da denúncia. Contudo, deverá conter os fatos que levaram à resposta penal, sua classificação jurídica e a pena alternativa proposta.

Esta proposta deve ser feita na audiência preliminar, na forma do art. 72 da Lei 9.099/1995. Esta audiência deve ser obrigatoriamente presidida por juiz togado, que explicará ao autor do fato a possibilidade de composição dos danos e da proposta de aplicação imediata de pena não privativa de liberdade, nos termos da manifestação do Ministério Público.

4.8 Aceitação da proposta

Para poder ser homologada pelo juiz, a proposta formulada pelo Ministério Público precisa ser aceita expressamente pelo autor do fato e seu defensor.[71]

É preciso dizer, num primeiro momento, que o princípio da presunção de inocência – até mesmo por se tratar de uma presunção – cede à manifestação livre, consciente e inequívoca do autor do fato,

---

70. *Processo Penal.* ..., 1ª ed., p. 181.

71. Ensina Júlio Fabbrini Mirabete que "é inadmissível, aliás, por força do § 3º do art. 76, a homologação da transação na ausência do advogado constituído ou do defensor nomeado. Por outro lado, diante do mesmo dispositivo, não se pode homologar a transação na ausência do agente, dado como em lugar incerto e não sabido, por aceitação do defensor do réu, constituído *apud acta*, sem a outorga de poderes especiais para tal fim" (*Juizados* ..., p. 94).

190 TRANSAÇÃO PENAL

transigindo e aceitando a pena alternativa proposta pelo Ministério Público.[72]

A presença do advogado, no ato, é indispensável, ao que se infere dos termos da lei.[73] Até para garantir ao autor do fato uma orientação técnica. Ademais, a assistência de advogado ganha relevo quando se sabe que ao aceitar a proposta do Ministério Público estará o autor do fato sujeitando-se a uma sanção penal, ainda que não restritiva da liberdade.

O art. 68 da Lei 9.099/1995, de forma expressa, estabelece que do ato de intimação do autor do fato deve constar a advertência de que deverá comparecer à audiência acompanhado de advogado, sendo certo que, na sua falta, ser-lhe-á nomeado defensor dativo.

Na lição de Ada Pellegrini Grinover *et al.*: "A manifestação de vontade do autor do fato é personalíssima, voluntária, absoluta, formal, vinculante e tecnicamente assistida".[74]

Assim, apresentada a proposta, o autor do fato deve analisá-la com cuidado. Estando seguro de sua inocência, poderá optar pelo processo penal condenatório, para obter a final o decreto absolutório. Poderá, no entanto, para evitar os males do processo penal, concordar com a proposta do Ministério Público, aceitando a pena alternativa ou multa, até porque isso não implicará admissão de culpa.

Outrossim, embora a lei seja omissa a respeito, o autor do fato ou seu advogado podem fazer uma contraproposta.[75]

Como proceder o juiz na hipótese de conflito, quanto à aceitação ou não da proposta, entre o autor do fato e seu defensor?

---

72. Cf. Cézar Roberto Bitencourt, *Manual* ..., v. 1, p. 546. O autor, inclusive, completa dizendo: "Enfim, a presunção de inocência insculpida na Constituição Brasileira é *juris tantum*, cedendo quando houver prova em contrário, como ocorre com a aquiescência do autor do fato, na transação penal".

73. Já decidiu o Tribunal de Alçada Criminal de São Paulo que, "em se tratando da Lei n. 9.099/1995, se a aceitação de proposta de suspensão do processo se dá sem a assistência de advogado constituído, há interesse do autor do fato em recorrer da sentença homologatória, para prosseguimento do feito, uma vez que, embora a vontade que o acusado venha a expressar pessoalmente perante o Juizado prevaleça para efeito de aceitação ou recusa das propostas de transação penal ou suspensão do processo, a formação dessa vontade não prescinde da orientação técnica por defensor de sua confiança" (5ª C., Ap. 1.048.079, rel. Juiz Lagrasta Neto, j. 5.3.1997). Também pela nulidade de transação penal feita sem a presença de defensor técnico o HC 325.018-1 (12ª C., rel. Juiz Barbosa de Almeida, j. 27.7.1998, igualmente do TACrimSP).

74. *Juizados* ..., 2ª ed., p. 140.

75. Cf. Marino Pazzaglini Filho *et al.*, *Juizado Especial Criminal*. ..., p. 48.

A TRANSAÇÃO PENAL

A primeira providência do juiz é tentar, de todas as formas a seu alcance, com esclarecimentos ao autor do fato e a seu advogado, que cheguem a um consenso. Persistindo o conflito, deve prevalecer a vontade do autor do fato, desde que perfeitamente esclarecido das conseqüências de seu ato. A ele deve caber a última palavra, pois ele é quem deverá cumprir a pena consensuada, e também porque dele é, sem dúvida, o melhor juízo a respeito de eventuais vantagens de se furtar às agruras de um processo condenatório, para lograr um resultado final incerto.

Esta a orientação de Ada Pellegrini Grinover *et al.* e também a Conclusão 15 da Comissão constituída pela Escola Nacional da Magistratura para analisar a Lei 9.099/1995.[76]

Também é a posição que tem prevalecido no Tribunal de Alçada Criminal de São Paulo: Ap. 994.895-8 (4ª C., rel. Juiz Haroldo Luz, j. 15.10.1996); Ap. 1.154.307-3 (6ª C., rel. Juiz Ivan Marques, j. 25.8.1996); Ap. 1.162.267-2 (10ª C., rel. Juiz Márcio Bártoli, j. 20.10.1999); Ap. 1.169.207-8 (15ª C., rel. Juiz Décio Barretti, j. 28.10.1999); Ap. 1.173.471-1 (6ª C., rel. Juiz Antônio Carlos Mathias Coltro, j. 1.12.1999); Ap. 1.177.301-7 (10ª C., rel. Juiz Ricardo Feitosa, j. 22.12.1999); Ap. 1.193.095-1 (6ª C., rel. Juiz Almeida Braga, j. 22.3.2000); HC 325.012-0 (11ª C., rel. Juiz Wilson Barreira, j. 15.7.1998); HC 326.962-1 (7ª C., rel. Juiz Salvador D'Andréa, j. 10.8.1998); HC 327.440-8 (7ª C., rel. Juiz Corrêa de Moraes, j. 10.9.1998).

Contudo, Júlio Fabbrini Mirabete discorda desta orientação, sustentando que "a necessidade da dupla aceitação do fato é decorrência do princípio da ampla defesa, que inclui a defesa técnica, tendo optado a lei pela conclusão de que não há prevalência da vontade do autor do fato ou do advogado, como se tem interpretado quanto à legislação comum com relação à propositura de recurso ou sua desistência na ausência de dispositivo expresso".[77]

Igualmente neste sentido a orientação de Maurício Antônio Ribeiro Lopes.[78]

---

76. Ada Pellegrini Grinover *et al.*, *Juizados* ..., 2ª ed., p. 141.

77. *Juizados* ..., p. 93. No mesmo sentido: Marino Pazzaglini Filho *et al.*, *Juizado Especial Criminal.* ..., 3ª ed., p. 49.

78. Salienta ele que "a aceitação da proposta deve ser feita cumulativamente pelo argüido e por seu defensor. A recusa de um deles deverá ser interpretada como óbice fatal à aplicação imediata de pena não privativa de liberdade, seguindo-se o procedimento sumaríssimo nos termos do art. 77 *et seq*." (Maurício Antônio Ribeiro e Joel Dias Figueira Júnior, *Comentários* ..., 3ª ed., p. 610).

192 TRANSAÇÃO PENAL

E a vítima, pode interferir na transação penal? Entendemos que não, em face dos termos utilizados pelo legislador na redação do art. 76. Embora a vítima tenha ganho um melhor *status* com a edição da Lei 9.099/1995, isso não vai a ponto de permitir sua interferência neste ato, que é exclusivo do Ministério Público e do autor do fato (assistido este por seu defensor).

Por último, é preciso salientar que a aceitação da proposta por parte do autor do fato, levando ao cumprimento de uma pena consentida, é feita em um processo penal, embora não seja aquele processo condenatório tradicional, decorrente da ação penal pública, e não viola qualquer preceito constitucional. Até porque o instituto da transação tem sua base também em preceito constitucional, que não é incompatível, em absoluto, com aqueles outros relacionados com o processo penal; ao contrário, com eles se harmoniza. Esta a inovação introduzida em nosso sistema processual penal. Tem por finalidade beneficiar o autor de um delito de pequeno potencial ofensivo. Mas é inegável que esta opção corajosa do legislador importa a revisão de conceitos tradicionais do processo penal, como já vimos.

4.9 Controle jurisdicional

A transação penal está sujeita ao controle jurisdicional. De fato, aceita a proposta formulada pelo Ministério Público, deve o juiz, antes de homologar o acordo e impor a pena consentida, verificar o preenchimento de todos os requisitos legais.

Assim, uma vez preenchidos todos os requisitos legais, o juiz homologa o acordo.

Ao contrário, constatando qualquer deficiência no acordo, o juiz deixa de homologá-lo e designa, desde logo, a audiência a que se refere o art. 77 da Lei.

Resta saber se o juiz pode interferir no que foi acertado entre o Ministério Público e o autor do fato, modificando o acordo. No particular, convém lembrar que a transação penal é resultado da vontade de duas partes. A bilateralidade é um de seus aspectos fundamentais.

Por isso, como regra geral, o juiz não pode interferir depois da aceitação do autor do fato. Contudo, é preciso salientar que a proposta do Ministério Público é sobre um tipo de pena ("aplicação imediata de pena restritiva de direitos ou multa, a ser especificada na proposta" – diz o art. 76). O que deve ser especificado na proposta é o tipo

A TRANSAÇÃO PENAL 193

de pena, não o seu *quantum*, que deve ser estipulado pelo juiz. Tanto que o juiz pode reduzir a multa, nos termos do § 1º daquele art. 76.

Uma vez aceita a proposta, a questão vai à apreciação do juiz, que homologará ou não o acordo. A decisão é sua. Não é ele um mero espectador no processo. Assim, se entender que não há tipicidade não deve homologar a transação.

O E. Tribunal de Alçada Criminal de São Paulo já decidiu nesse sentido, admitindo poder o juiz, na homologação, alterar a proposta do Ministério Público que entender demasiado gravosa.[79]

Júlio Fabbrini Mirabete, porém, sustenta posição contrária: "Não cabe ao juiz avaliar o valor da proposta, se vantajosa para o Estado ou para o infrator, verificando apenas a legalidade da adoção da medida proposta, tratando-se, como se trata, de conciliação entre as partes em que se obedeceram aos requisitos legais".[80]

4.10 Natureza jurídica da sentença que homologa a transação

Como foi visto, há um controle jurisdicional sobre o consenso a que chegaram as partes. Nesse controle o juiz verifica se foram observados todos os requisitos legais.

A imposição da pena restritiva de direitos ou da multa, resultante do acordo a que chegaram as partes envolvidas (Ministério Público e autor do fato), é feita através de uma sentença.

Resta saber, então, a natureza jurídica dessa sentença. No particular, reina grande divergência.

Absolutória não pode ser, visto como implica a imposição de uma sanção penal.

Tampouco se pode considerá-la condenatória, porque, como já foi visto, não produz ela os efeitos normais e típicos das sentenças penais condenatórias. A aceitação da proposta formulada pelo Ministério Público não importa admissão de culpabilidade. Não deve constar dos registros criminais do autor do fato, exceto para impedir novo benefício no prazo de cinco anos. Não gera reincidência.[81]

---

79. Ada Pellegrini Grinover *et al.*, *Juizados* ..., 2ª ed., p. 143.
80. *Juizados* ..., p. 94.
81. Art. 76, § 6º, da Lei 9.099/1995.

194 TRANSAÇÃO PENAL

A pena aplicada por consenso das partes não importa acolhimento de pedido condenatório formulado pelo órgão acusatório. Até porque não se chega a exercitar a denúncia.

A aceitação, pelo autor do fato, da sanção que lhe é sugerida não significa assumir a culpabilidade pelo ilícito penal. Na formulação da lei, pode ter sido uma opção para se furtar às vicissitudes do processo penal condenatório.

Maurício Antônio Ribeiro Lopes, no entanto, sustenta posição diversa, entendendo condenatória sua natureza jurídica.[82]

No mesmo sentido – natureza condenatória – Marino Pazzaglini Filho *et al.*,[83] Ismar Estulano Garcia[84] e Humberto Dalla B. de Pinho.[85]

Júlio Fabbrini Mirabete, por seu turno, sustenta tratar-se de uma sentença condenatória imprópria.[86]

Genacéia da Silva Alberton defende tratar-se de uma sentença com eficácia declaratória constitutiva.[87] Esta também a posição de Cézar Roberto Bitencourt.[88]

---

82. "Ela é, realmente, condenatória: primeiro, declarando a situação do autor do fato, tornando certo o que era incerto; além de declarar, cria uma nova situação para as partes envolvidas, que até então inexistia, como exemplificamos acima; por fim, impondo (e esta é a determinação da lei, ao afirmar que o juiz, acolhendo o acordo, 'aplicará') a sanção penal transacionada ao autor do fato, que deverá ser executada, voluntária ou coercitivamente" (Maurício Antônio Ribeiro Lopes e Joel Dias Figueira Júnior, *Comentários ...*, 3ª ed., p. 613).

83. *Juizado Especial Criminal. ...*, 3ª ed., p. 59.

84. *Juizados ...*, 2ª ed., p. 182.

85. Eis suas palavras a respeito: "Como já salientamos nesse trabalho, não enxergamos qualquer impedimento a que uma decisão seja simultaneamente homologatória e condenatória. Trata-se de inovação trazida ao ordenamento jurídico pátrio pela Lei 9.099/1995 e aplicável no âmbito do denominado espaço de consenso. Entretanto, é preciso fixar a extensão desse efeito condenatório. Em regra a decisão que homologa a transação reveste-se do efeito condenatório genérico. Não tem ela o condão de gerar efeitos específicos, por ausência de previsão legal para a espécie" (Humberto Dalla B. de Pinho, *A Introdução do Instituto da Transação Penal no Direito Brasileiro*, p. 79).

86. Segundo ele a pena restritiva de direitos e a multa, impostas na transação penal, têm nítido caráter de sanção penal, pois privam os a elas sujeitos de bens jurídicos que só podem ser atingidos através de sanções penais. Daí a sua natureza jurídica condenatória. Porém, como nela não se reconhece a culpabilidade, nem produz os efeitos comuns da sentença condenatória, alude ele a uma sentença condenatória imprópria (Júlio Fabbrini Mirabete, *Juizados ...*, p. 95).

87. "Juizado Especial Criminal: avanços e retrocessos. Transação penal, responsável civil, recursos e ações constitucionais", *RT* 753/449.

88. "A essência do ato em que o Ministério Público propõe a aplicação imediata da pena não privativa de liberdade, quando é aceita pelo autor e seu defensor, caracteri-

A TRANSAÇÃO PENAL

Trata-se, em verdade, de uma sentença penal homologatória.[89] O que não significa, em absoluto, uma atitude passiva do juiz, como partícipe secundário da relação. Exerce ele papel de grande importância, na análise da presença dos requisitos legais.

Cláudio Antônio Soares Levada fala numa "sanção consentida", instituto novo que não deve ser analisado à luz de antigos conceitos, sendo que o termo "pena" não pode ser entendido isoladamente, fora do contexto geral das próprias finalidades da Lei 9.099/1995, aplicável apenas a "infrações penais de menor potencial ofensivo". Por outro lado, não havendo, por parte do magistrado, qualquer análise a respeito do mérito da causa, não se pode falar nem em sentença absolutória, nem em sentença condenatória. Portanto, segundo ele esta sentença tem natureza declaratória.[90]

Não há como admitir natureza condenatória ou absolutória nesta sentença homologatória, porque o juiz não se pronuncia sobre o mérito de um caso penal, limitando-se a analisar a existência dos requisitos legais exigidos para a validade da transação a que chegaram as partes; não emite qualquer juízo de valor quanto à culpabilidade. É certo que, por força do acordo a que chegaram as partes, o juiz "aplicará a pena restritiva de direitos ou multa", como impropriamente diz o texto do art. 76, § 4º, da Lei 9.099/1995. Porém, na realidade o juiz está apenas convalidando uma restrição de direito ou uma multa livremente aceita, consentida, pelo autor do fato, por força do acordo a que chegaram as partes.

---

za uma conciliação, um acordo, uma 'transação penal', como o próprio texto constitucional (art. 98) sugere. E, na tradição do Direito Brasileiro, sempre que as partes transigem, pondo fim à relação processual, a decisão judicial que legitima jurisdicionalmente essa convergência de vontades tem caráter homologatório, jamais condenatório. Por isso, a nosso juízo, essa decisão é uma sentença declaratória constitutiva. Aliás, o próprio texto legal encarrega-se de excluir qualquer caráter condenatório, afastando a reincidência, a constituição de título executivo civil, de antecedentes criminais etc." (Cézar Roberto Bitencourt, *Manual ...*, v. 1, p. 545).

89. É divergente a lição de Maurício Alves Duarte, em face das expressões utilizadas pelo legislador nos arts. 72 e 76, *caput* ("aplicação imediata de pena"), e §§ 4º ("o juiz aplicará a pena") e 6º ("a imposição da sanção"). Segundo ele tais expressões indicariam a natureza condenatória da sentença, pois se trata de uma imposição de pena. Porém, o próprio objetivo do legislador ao editar a Lei 9.099/1995, criando um novo modelo de Justiça Penal, com base no consenso, para os delitos de menor potencial ofensivo, bem assim a ausência das conseqüências típicas e específicas da sentença condenatória, estão a indicar que tal sentença, com a devida vênia, não tem natureza condenatória (Maurício Alves Duarte, "A execução ...", *RT* 744).

90. Cláudio Antônio Soares Levada, "A sentença do art. 76 da Lei n. 9.099/1995 é declaratória", *Boletim do IBCCrim* 35/3, ano 3.

196 TRANSAÇÃO PENAL

E, como salienta Vélez Mariconde, "aplicar la ley implica un pronunciamiento afirmativo o negativo sobre el fundamento de las pretensiones; vale decir, la ley sustantiva se aplica tanto cuando se condena como si se absuelve de la imputación. La absolución importa el juicio de que el caso no está comprendido en la ley".[91]

O juiz, na verdade, não impõe uma pena criminal por força de um juízo de culpabilidade. Ele apenas homologa um acordo a que chegaram Ministério Público e autor do fato. Por este acordo o Ministério Público deixa de exercer a ação visando a ver iniciado o processo penal condenatório, e o autor do fato consente em se submeter a determinada restrição de seus direitos ou pagar uma multa determinada. Não há, em realidade, uma imposição de pena pelo juiz. A pena não privativa de liberdade ou de multa é livremente consentida pelo autor do fato; é por ele aceita como forma de evitar o processo penal condenatório. Desta forma, a pena não resulta diretamente da decisão judicial, mas sim da própria vontade do autor do fato, que livremente se submete a ela.

Seria de bom alvitre, como forma de superar de vez a questão, que o legislador alterasse a redação do texto legal, não mais falando em pena, e sim em medidas de restrição à liberdade livremente aceitas, ou pagamento de uma importância em dinheiro como compensação pelo ilícito praticado.

Ao processo penal clássico, até então imune às técnicas consensuais, ficava difícil aceitar a natureza meramente homologatória da sentença. Contudo, a introdução da solução consensuada na Justiça Criminal, por força da Lei 9.099/1995, está a exigir uma nova postura de seus operadores.

A hipótese assemelha-se ao processo civil, em que a sentença homologatória não se preocupa com a lide em si, não se preocupa com a pretensão e a resistência, mas sim com o atendimento da vontade das partes. O litígio é composto, através da sentença homologatória, não de acordo com a lei, mas sim com a vontade manifestada livremente pelas partes. A composição do litígio independentemente da lei é da essência da sentença homologatória.

Assim também ocorre, agora, no processo penal. Tratando-se de infração penal de menor potencial ofensivo permite a legislação que o caso decorrente de um crime seja dirimido através de consenso entre as partes, à margem da previsão legislativa de pena para o tipo

91. *Derecho Procesal Penal*, t. II, pp. 332-333.

A TRANSAÇÃO PENAL 197

penal, com sujeição do autor do fato, voluntariamente, a pena diversa daquela prevista para o fato típico.

4.11 Descumprimento do acordo

Questão que tem suscitado vivos debates relaciona-se com o descumprimento, por parte do autor do fato, da pena alternativa que lhe foi imposta em sede de transação penal.

A Lei 9.099/1995 outorgou ao autor do fato o direito de dispor sobre a restrição de sua liberdade. O art. 76 da lei permite que o autor do fato renuncie (direito personalíssimo) a certas garantias constitucionais, aceitando a "aplicação imediata de pena não privativa de liberdade", atendendo a seus interesses.[92] O que rompe com a tradição de nosso sistema processual penal.

O que fazer, então, com aquele que, aceitando a aplicação imediata de pena não privativa de liberdade, devidamente homologado o acordo pelo juiz, acaba por não cumpri-la posteriormente?

Várias as posições doutrinárias: a) não cumprida a pena restritiva de direitos livremente aceita pelo autor do fato, converte-se ela em privativa de liberdade (art. 181, § 1º, "c", da LECrim); b) em caso de descumprimento do acordo não há como converter a pena restritiva de direitos em privativa de liberdade, devendo ser proposta a ação penal que havia sido evitada com a transação, valendo-se a acusação, se o caso, do disposto no art. 77 da lei; c) o descumprimento do acordo conduz à sua execução; d) descumprido o acordo, não podem haver nem início do processo condenatório, nem conversão em pena privativa de liberdade.

a) Ada Pellegrini Grinover et al. sustentam que neste caso a pena restritiva de direitos deve ser convertida em pena privativa de liberdade. Mesmo lembrando que o art. 5º, LIV, da Constituição Federal estabelece que "ninguém será privado da liberdade (...) sem o devido processo legal". Porque – dizem eles – foi a própria Carta Magna que, no art. 98, I, regra especial que prepondera sobre aquela geral,

---

92. Como salienta Maurício Alves Duarte: "No modelo tradicional, é comum o réu confesso e ansioso por reparar o dano social ficar imobilizado por um desgastante processo criminal que lhe retira toda e qualquer faculdade de decidir sobre a renúncia ou não a direitos processuais, figurando como objeto da relação processual, quando, na verdade, seria o único sujeito propriamente dito" ("A execução ...", RT 744/454).

198 TRANSAÇÃO PENAL

admitiu a transação penal. Contudo, advertem que no processo incidental para a conversão devem ser dadas todas as garantias do devido processo legal, com ampla possibilidade de prova, com o objetivo de evitar a conversão.[93]

Cézar Roberto Bitencourt também é desta opinião, dizendo que "as sanções alternativas aplicadas precisam de força coercitiva. E para isso nada melhor do que a previsão da possibilidade de convertê-las em pena privativa de liberdade, representando a espada de Dámocles pairando sobre a cabeça do beneficiado. A finalidade da conversão, em outras palavras, é garantir o êxito das penas alternativas – preventivamente com a ameaça da pena privativa de liberdade e repressivamente com a efetiva conversão no caso concreto".[94]

É preciso observar, no entanto, que o art. 98, I, da Constituição Federal em nenhum passo deixa entrever a possibilidade de imposição no procedimento do art. 76 da Lei 9.099/1995 de pena privativa de liberdade. E nem poderia ser de outra forma, eis que o objetivo que animou o legislador constitucional foi exatamente, por se tratar de infração penal de menor potencial ofensivo, abrir espaço para o consenso no processo penal, evitando o malefício da pena privativa de liberdade de pequena duração. Por outro lado, não se pode perder de vista que um dos principais objetivos da Lei 9.099/1995 é a aplicação de pena não privativa de liberdade.

b) A segunda orientação, partindo da impossibilidade de conversão da pena restritiva de direitos em pena privativa de liberdade, por ausência de previsão legal específica, sugere que em caso de descumprimento seja proposta a ação penal evitada pela composição.

Édison Miguel da Silva Júnior, em artigo publicado na *Revista dos Tribunais* – partindo do pressuposto que o objetivo do novo modelo de Justiça Penal consensuada não é a efetivação do castigo do autor do fato, como fator de credibilidade à coação psicológica da pena cominada, mas sim a reparação dos danos sofridos pela vítima e a aplicação de pena não privativa de liberdade, bem assim que a pena consensuada que acaba imposta não resulta de um processo penal condenatório, dada a inexistência de acusação, e nem resulta da assunção de culpa por parte do autor do fato –, conclui pela impossibilidade da conversão. E sustenta, mais, que a extinção da punibilidade somente ocorre com o cumprimento da pena aceita livremente

93. Ada Pellegrini Grinover *et al.*, *Juizados ...*, 2ª ed., p. 190.
94. *Manual ...*, v. 1, p. 554.

A TRANSAÇÃO PENAL 199

pelo autor do fato, implicando o seu descumprimento rescisão do acordo penal, razão pela qual só resta ao Ministério Público iniciar a persecução penal, na forma do art. 77, oferecendo denúncia, ou requisitando as diligências que entender necessárias.[95] Esta também a orientação sugerida por Luís Paulo Sirvinskas.[96]

c) No sentido de que o descumprimento do acordo leva à sua execução encontramos julgado do Tribunal de Alçada Criminal de São Paulo, relatado pelo Juiz Sebastião Carlos Garcia, cuja ementa é a seguinte: "A sentença homologatória, transitada em julgado, de transação penal, prevista no art. 76, § 4º, da Lei n. 9.099/1995, é título executivo penal, nos termos dos arts. 1º e 164 da Lei n. 7.210/1984; assim, se o réu não cumpre o acordo, não pode o Ministério Público oferecer denúncia, pois é o caso de processo de execução".[97]

Contudo, não vemos como executar coercitivamente uma pena restritiva de direitos. Como obrigar o autor da infração a prestar serviços à comunidade? Como obrigá-lo a se submeter a assistir a palestras, a que se obrigou, ou a entregar cestas básicas a uma entidade de caridade? Trata-se de penas restritivas de direitos sem qualquer força coativa.

d) A última posição é no sentido de que não podem haver nem a conversão da pena restritiva de direitos em alternativa, nem início ou retomada da ação penal. Esta solução torna inócua a transação penal, e também foge dos objetivos da lei.

É a orientação sustentada por Damásio E. de Jesus, pois não se trata de sentença condenatória. Segundo ele, encerra-se o caso uma vez satisfeita a prestação jurisdicional, com a homologação do acordo.[98]

Parece-nos que aquela segunda solução é a mais adequada aos reais objetivos da Lei 9.099/1995.

---

95. Édison Miguel da Silva Júnior, "Lei 9.099/1995: descumprimento da pena imediata no Estado Democrático de Direito", *RT* 749/549-552.

96. Segundo ele, "homologada a transação, intima-se o autor para cumpri-la dentro do prazo legal. Em não comparecendo, o juiz determina a sua condução coercitiva e, por fim, revoga a decisão homologatória ou torna prejudicada a transação penal, abrindo-se vistas ao Ministério Público para oferecer a denúncia. Uma hipótese prática é aguardar, uma vez aceita a proposta, o cabal cumprimento pelo autor da infração. Cumprida a 'pena', homologa-se a transação penal e extingue-se a punibilidade em um único ato processual" (Luís Paulo Sirvinskas, "Conseqüências do descumprimento da transação penal. Solução jurídica ou prática?", *Boletim do IBCCrim* 62/13).

97. *RT* 759/647.

98. Damásio E. de Jesus, *Lei dos Juizados* ..., 5ª ed., p. 72.

200 TRANSAÇÃO PENAL

Efeito imediato da transação é o não oferecimento da denúncia. Conseqüentemente, não se inicia o processo penal condenatório. Outrossim, aceita a proposta do Ministério Público pelo autor do fato, sobrevém sentença homologatória do juiz. Esta sentença, como já visto, não tem natureza condenatória, eis que não há apreciação do mérito do caso penal. Esta, sem dúvida, a intenção do legislador, que determina, de forma expressa, no art. 76, § 4º, que "não importará em reincidência, sendo registrada apenas para impedir novamente o mesmo benefício no prazo de 5 (cinco) anos". Na realidade – na lição de José Laurindo de Souza Netto –, trata-se de uma sentença processual de natureza interlocutória mista, ou com força de definitiva, a exemplo daquela que estabelece as condições de cumprimento do *sursis*.[99]

Ora, se assim é, enquanto não cumprida a pena não privativa de liberdade consentida pelo autor do fato não pode ocorrer a extinção da punibilidade. Persiste, pois, embora em suspenso, o *jus puniendi* do Estado, bem assim aquele direito-dever do Ministério Público de exercitar a ação penal pública condenatória.

Apenas em caso de cumprimento dos termos da transação é que o processo poderá ser arquivado, com extinção da punibilidade.

Desta forma, descumprida medida ajustada consensualmente na transação penal homologada por sentença, deve o Ministério Público oferecer denúncia, visando ao início do processo condenatório.[100] Por isso, não deve o juiz, quando da homologação do acordo, declarar desde logo a extinção da punibilidade. Isso só deve ocorrer depois de cumprida a medida restritiva aceita consensualmente pelo autor do fato.

A solução, porém, só serve para o descumprimento da pena restritiva de direitos, que não permite sua execução compulsória. O mesmo não ocorre com a multa, que, nos termos do art. 51 do Código Penal, com a redação que lhe deu a Lei 9.268/1996, "será conside-

---

99. *Processo Penal. ...*, 1ª ed., p. 183.

100. Neste sentido a lição de José Laurindo de Souza Netto: "Conclui-se que a sentença que aplica a medida ajustada em sede de transação penal, a exemplo daquela que estabelece as condições de cumprimento do *sursis*, é sentença processual de natureza interlocutória mista, ou com força de definitiva, que encerra uma etapa do procedimento, sem julgamento do mérito da causa, e sem a produção dos efeitos da coisa julgada material. Por conseqüência, o não cumprimento da medida ajustada consensualmente em sede de transação penal e estabelecida condicionalmente por sentença enseja a denúncia, a partir da fase em que se encontrava. Esse entendimento vem sendo adotado no Juizado Especial Criminal de Curitiba" (*Processo Penal. ...*, 1ª ed., p. 183).

A TRANSAÇÃO PENAL 201

rada dívida de valor, aplicando-se-lhe as normas da legislação relativa à dívida ativa da Fazenda Pública (...)".

No Tribunal de Alçada Criminal de São Paulo tem prevalecido esta orientação. Assim, pela possibilidade de denúncia em caso de descumprimento da pena restritiva de direitos: Ap. 1.065.921 (rel. Juiz Mesquita de Paula); Ap. 1.070.239-8 (rel. Juiz Silveira Lima); Ap. 1.072.195-2 (rel. Juiz Osni de Souza); Ap. 1.110.563-0 (rel. Juiz Érix Ferreira); Ap. 1.101.147-6 (rel. Juiz Carlos Bonchristiano); HC 315.572-9 (rel. Juiz Di Rissio Barbosa); HC 317.210-7 (rel. Juiz Corrêa de Moraes); HC 317.846-8 (rel. Juiz Rui Stoco); RSE 1.110.593-8 (rel. Juiz Rulli Júnior); RSE 1.095.043-6 (rel. Juiz Fernandes de Oliveira); RSE 1.096.509-9 (rel. Juiz Luiz Ambra).

Já em relação à pena de multa não cumprida, embora haja alguns acórdãos admitindo a possibilidade de denúncia (Ap. 1.065.921, rel. Juiz Mesquita de Paula; Ap. 1.069.079-7, rel. Juiz Damião Cogam; Ap. 1.072.195-2, rel. Juiz Osni de Souza; Ap. 1.099.155-4, rel. Juiz Di Rissio Barbosa; Ap. 1.102.897-0, rel. Juiz Pires Neto); HC 317.210-7, rel. Juiz Corrêa de Moraes; HC 317.846-8, rel. Juiz Rui Stoco), o certo é que a imensa maioria das decisões é em sentido contrário, anotando-se, dentre outros, os seguintes acórdãos: Ap. 1.025.641 (rel. Juiz Lopes de Oliveira); Ap. 1.061.931-8 (rel. Juiz Junqueira Sangirardi); Ap. 1.090.339-2 (rel. Juiz Marco Nahum); Ap. 1.093.489-3 (rel. Juiz Devienne Ferraz); Ap. 1.093.953-2 (rela. Juíza Angélica de Almeida); Ap. 1.096.085-5 (rel. Juiz Antônio Ambra); Ap. 1.097.721-1 (rel. Juiz Ribeiro dos Santos); Ap. 1.100.843-0 (rel. Juiz San Juan França); Ap. 1.074.069-7 (rel. Juiz Ricardo Dip); Ap. 1.092.695-1 (rel. Juiz Souza Nery); Ap. 1.110.755-8 (rel. Juiz Rulli Júnior); RSE 1.069.521 (rel. Juiz Érix Ferreira); RSE 1.084.311-5 (rel. Juiz Renato Nalini); HC 311.260 (rel. Juiz Lagrasta Neto); HC 318.766-4 (rel. Juiz Ribeiro dos Santos); CParcial 1.092.689-6 (rel. Juiz Evaristo dos Santos).

Há também algumas decisões – poucas, é certo – admitindo a conversão da pena de multa não cumprida em pena restritiva de direitos (Ap. 1.058.753-6, rel. Juiz Ciro Campos) e a conversão da pena restritiva de direitos não cumprida em pena privativa de liberdade (HC 322.700-5, rel. Juiz Geraldo Lucena; HC 312.006-5, rel. Juiz Abreu Oliveira).

No Tribunal de Alçada do Paraná também já se decidiu no sentido de que o acordo não cumprido não subsiste, não sendo, contudo, possível a conversão da pena restritiva de direito em pena privativa de liberdade, "surgindo para o Ministério Público a possibilidade de

202 TRANSAÇÃO PENAL

iniciar a competente ação penal" (HC 133.421.200, rel. Juiz Waldo-miro Namur).

O Superior Tribunal de Justiça, contudo, tem posicionamento em sentido diverso, ou seja, pela impossibilidade de oferecimento de denúncia, em qualquer hipótese.

Assim, no tocante à pena de multa decidiu a 5ª Turma, em acórdão relatado pelo Min. Gílson Dipp, no HC 10.198-SP (j. 2.12.1999, *DJU* 14.2.2000 – votaram com o Relator os Mins. Jorge Scartezzini, José Arnaldo e Félix Fischer):

"I – A multa acordada entre as partes e homologada pelo julgador, na forma do art. 76 da Lei n. 9.099/1995, não pode vir a ser revogada por falta de pagamento ou descumprimento de condição estabelecida em transação penal.

"II – A sentença homologatória tem natureza condenatória e gera eficácia de coisa julgada material e formal, obstando à instauração de ação penal contra o autor do fato, se descumprido o acordo homo-logado.

"III – No caso de descumprimento da pena de multa, conjuga-se o art. 85 da Lei n. 9.099/1995 e o art. 51 do Código Penal, com a nova redação dada pela Lei n. 9.268/1996, com a inscrição da pena não paga em dívida ativa da União para ser executada."

No mesmo sentido: HC 9.583-SP (5ª T., rel. Min. Félix Fischer); REsp 153.195-SP (6ª T., rel. Min. Fernando Gonçalves); REsp 172.951-SP (5ª T., rel. Min. José Arnaldo da Fonseca).

Referentemente à pena restritiva de direitos, o REsp 191.719-SP (5ª T., rel. Min. José Arnaldo da Fonseca, j. 20.4.1999, *DJU* 24.5.1999 – votaram com o Relator os Min. Édson Vidigal, Félix Fischer e Gílson Dipp):

"A sentença homologatória da transação penal, por ter natureza condenatória, gera a eficácia de coisa julgada formal e material, im-pedindo, mesmo no caso de descumprimento do acordo pelo autor do fato, a instauração da ação penal.

"Não se apresentando o infrator para prestar serviços à comuni-dade, como pactuado na transação (art. 76 da Lei n. 9.099/1995), a execução da pena imposta deve prosseguir perante o juízo compe-tente, nos termos do art. 86 do diploma despenalizador."

No mesmo sentido: RHC 8.198-GO (6ª T., rel. Min. Fernando Gonçalves, j. 8.6.1999, *DJU* 1.7.1999 – votaram com o Relator os Mins. Hamílton Carvalhido e Vicente Leal).

5
CONCLUSÕES

5.1 A Lei 9.099/1995 introduziu em nosso sistema processual penal um novo modelo de Justiça Criminal, com base no consenso. Esse modelo, embora tenha por parâmetros legislações européias modernas, como a italiana, a portuguesa e a espanhola, bem assim o sistema criminal norte-americano, apresenta características próprias, que não encontram paralelo no Direito Comparado. Aspectos marcantes da Lei 9.099/1995 são a mitigação do princípio da obrigatoriedade, com a louvável intenção de afastar as penas privativas de liberdade de curta duração, e o escopo de promover a reparação dos danos sofridos pela vítima.

5.2 A par de estabelecer um procedimento sumaríssimo para as infrações de menor potencial ofensivo, a Lei 9.099/1995 introduziu em nosso sistema processual criminal quatro importantes medidas despenalizadoras: a) extinção da punibilidade em caso de composição civil, quando se tratar de crime de ação penal de iniciativa privada ou pública condicionada à representação (art. 74, parágrafo único); b) transação penal, que permite a imposição imediata de pena restritiva de direitos ou multa, não havendo composição civil ou tratando-se de crime de ação penal pública incondicionada (art. 76); c) alteração da ação penal, de pública incondicionada para pública condicionada à representação, nos crimes de lesões corporais culposas

204 TRANSAÇÃO PENAL

ou leves (art. 88); d) suspensão condicional do processo nos crimes cuja pena mínima não seja superior a um ano (art. 89).

5.3 A Lei 9.099/1995, com suas medidas despenalizadoras, assentadas fundamentalmente no consenso, coerente com uma tendência mundial de adoção da pena de prisão como última alternativa, implicou marcante desburocratização da Justiça Criminal, produzindo, como já se pôde ver nestes anos de sua vigência, sensível diminuição do movimento forense, dando aos juízes mais tempo disponível para uma especial atenção à criminalidade de maior gravidade.

5.4 A efetiva criação dos Juizados Especiais Criminais depende de leis a serem promulgadas pelos respectivos Estados da Federação. Porém, as medidas despenalizadoras passaram a ser aplicadas desde o momento de sua vigência.

5.5 A previsão do juiz leigo representa a participação popular nos Juizados Especiais Criminais. E não se reveste de qualquer inconstitucionalidade, eis que eles não exercerão atividades jurisdicionais, exclusivas dos juízes togados. Devem atuar apenas na conciliação, sempre sob supervisão e orientação de um juiz togado. A diferença entre o conciliador e o juiz leigo reside apenas na qualificação de cada um deles. Os conciliadores devem ser recrutados, preferencialmente, entre os bacharéis em Direito; e os segundos, entre advogados com mais de cinco anos de experiência. Ambos são auxiliares da Justiça.

5.6 Não é exato que a Lei 9.099/1995 seja inconstitucional por permitir a imposição de pena sem processo e sem reconhecimento de culpa, havendo violação do princípio do devido processo legal; ou por violar o princípio da presunção de inocência. Foi a mesma Constituição que consagrou o princípio do devido processo legal que introduziu em nosso sistema processual penal o instituto da transação. Com a regra do art. 98, I, o legislador constituinte criou um novo processo legal, tomado em seu sentido mais amplo, sendo certo, ainda, que esse princípio é considerado hoje como um bem de utilidade social. Por outro lado, por força da Lei 9.268, de 19.4.1996, que deu nova redação ao art. 51 do Código Penal, não mais é possível a conversão da pena de multa em pena privativa de liberdade ou restritiva de direitos. Não há também violação ao princípio da presunção de inocência, pois na transação penal não há reconhecimento de culpabilidade. Não há, igualmente, imposição de pena sem processo. Na transação penal há ação, representada pela proposta que o Ministério Público formula, ao autor do fato, de submissão voluntária a uma pena restritiva de direitos ou de multa. Não se trata, é claro, daquela ação penal

CONCLUSÕES   205

tradicional, com pedido condenatório. Mas há uma ação. Também
há processo, pois a transação penal é homologada por sentença judicial, que está sujeita a recurso. É preciso distinguir *ação penal condenatória* e *transação penal*. Na primeira objetiva-se a imposição de
uma pena. Na segunda, um consenso e, via de conseqüência, uma
medida alternativa à pena privativa de liberdade. O que se busca com
a transação penal é justamente evitar o processo penal condenatório
clássico, instrumento da ação penal condenatória.

5.7 Os quatro institutos despenalizadores já referidos vêm sendo aplicados retroativamente, a despeito de resultarem de regra jurídica de natureza processual. Isso porque tanto a doutrina como a jurisprudência, de um modo geral, vêem neles também uma certa carga
penal. A retroatividade, no entanto, não pode atingir processos já
julgados.

5.8 No conceito legal de *infrações de menor potencial ofensivo*,
depois da vigência da lei n. 10.259/01, incluem-se: a) as contravenções penais, qualquer que seja a pena cominada; b) os crimes cuja
pena máxima não exceda a dois anos. Tendo desaparecido a restrição
relativa à existência de procedimento especial, todos os crimes contra a honra, porque a pena máxima não excede a dois anos, incluem-
se nesse conceito. O mesmo ocorre com os crimes definidos no Código
de Trânsito Brasileiro, Lei 9.503/1997, à exceção daquele do art. 312,
homicídio culposo no trânsito, punido com detenção, de dois a quatro anos, e suspensão ou proibição de se obter a permissão ou a habilitação para dirigir veículo automotor. Relativamente aos crimes de
abuso de autoridade, definidos na lei 6.989/65, há divergência na
doutrina.

5.9 A transação penal somente é cabível quando não seja o caso
de arquivamento do termo circunstanciado. Assim, somente depois
de formada a *opinio delicti* é que o Ministério Público deverá formular a proposta de transação penal. Nas hipóteses de crime cuja ação
penal seja condicionada à representação a formulação da proposta
pelo Ministério Público está na dependência do oferecimento da representação. A vítima, embora tenha representado, não tem qualquer
interferência nessa proposta de transação, até porque a ação continua sendo pública, ainda que dependente de representação.

5.10 A "barganha penal" instituída pela Lei 9.099/1995 não tem
o mesmo alcance do *plea bargaining* do Direito Norte-Americano.
O Ministério Público não tem na transação penal a total disponibilidade da ação penal. Sua proposta de acordo está limitada a uma pena

206 TRANSAÇÃO PENAL

restritiva de direitos ou multa. Houve apenas uma mitigação do princípio da obrigatoriedade da ação penal.

5.11 A transação penal constitui direito público subjetivo do autor do fato. Assim, presentes os pressupostos legais, está o promotor público obrigado a fazer a proposta de transação penal. Não o fazendo, poderá o juiz acolher pedido neste sentido formulado pelo autor do fato.

5.12 Partindo-se da moderna visão da vítima no processo penal, com o reconhecimento de um interesse não só na reparação civil, como também à punição penal, há de se admitir a transação penal também nos crimes de ação penal de iniciativa privada. Se pode o mais – oferecer a "queixa crime" –, por que não pode o menos, que é aceitar a imposição imediata de uma pena restritiva de direitos ou de multa?

5.13 O novo modelo de Justiça Criminal substitui o inquérito policial por um termo circunstanciado, mas não proíbe sua instauração, tanto que em determinadas hipóteses, em que são indispensáveis diligências, ou de autoria desconhecida, torna-se ele necessário. O termo circunstanciado, a ser elaborado pela autoridade policial que tomar contacto com a infração penal, não está sujeito a formalismos, mas deve conter os elementos necessários à efetiva demonstração da ocorrência de um ilícito penal (de pequeno potencial ofensivo), suas circunstâncias e autoria, de molde a permitir ao Ministério Público formar a *opinio delicti* e apresentar a proposta de transação penal ao autor do fato, na audiência. Recebendo o termo circunstanciado, deve o juiz, se com ele não forem apresentadas as partes, designar, desde logo, a audiência do art. 77, quando apreciará eventuais pedidos de diligências do Ministério Público.

5.14 A despeito da redação do art. 69, a lei não impede o ato de prender ou capturar quem esteja em situação de flagrância. O que se dispensa, na hipótese de ser o autor do fato encaminhado imediatamente ao Juizado ou assumir o compromisso de a ele comparecer, é a documentação da prisão em flagrante, a lavratura do auto de prisão em flagrante, que é substituído pelo termo circunstanciado. A prisão não está proibida pelo legislador.

5.15 A apresentação da proposta de transação penal, uma vez presentes os requisitos legais para isso, constitui poder-dever do Ministério Público. Caso não o cumpra, poderá o juiz acolher pedido do autor do fato de imposição de pena restritiva de direitos ou de multa. Não tem incidência na hipótese o disposto no art. 28 do Código de Processo Penal.

CONCLUSÕES   207

5.16 A proposta a ser formulada pelo Ministério Público deve limitar-se a penas restritivas de direitos ou multa. Dentre as primeiras deve-se dar preferência à prestação de serviços à comunidade, mais adequada aos fins sociais da Lei 9.099/1995.

5.17 A proposta de transação deve ser feita na audiência preliminar, que deve obrigatoriamente ser presidida por um juiz togado, que dará ao autor do fato os esclarecimentos necessários à decisão de aceitar ou não a proposta. Indispensável, também, a presença de advogado, sob pena de nulidade do ato.

5.18 Havendo dissenso entre o autor do fato e seu advogado quanto à aceitação da proposta de transação penal, deve prevalecer a vontade daquele.

5.19 A vítima não pode intervir na transação penal.

5.20 Aceita a proposta de transação penal pelo autor do fato, a questão será apreciada pelo juiz, que homologará ou não o acordo. Não é ele um mero espectador no processo. Pode, portanto, se entender que não há tipicidade, deixar de homologar a transação.

5.21 A sentença que homologa a transação penal não é nem condenatória, nem absolutória: é constitutiva. Não há no processo, em realidade, uma imposição de pena pelo juiz. A pena não privativa de liberdade ou de multa é livremente consentida pelo autor do fato, por ele aceita como forma de evitar o processo penal condenatório. Desta forma, a pena não resulta diretamente da decisão judicial, mas sim da própria vontade do autor do fato, que livremente se submete a ela. Sugere-se, como forma de superar a questão, que o legislador altere a redação do texto legal, não mais falando em "pena", e sim em medidas de restrição à liberdade livremente consentidas, ou pagamento de uma importância em dinheiro como compensação pelo ilícito penal cometido.

5.22 Em caso de descumprimento do acordo por parte do autor do fato não se pode converter a pena restritiva de direitos ou multa em privativa de liberdade. Tratando-se de multa, o Estado deve promover sua execução como dívida ativa. Cuidando-se de pena restritiva de direitos, deverá o Ministério Público apresentar denúncia. Por isso, é de boa política que os juízes, ao homologarem acordo, não extingam, desde logo, a punibilidade. Isso somente deve ser feito depois de integralmente cumprida a pena restritiva de direitos a que voluntariamente se submeteu o autor do fato.

BIBLIOGRAFIA

ABBAGNANO, Nicola. *Dicionário de Filosofia*. São Paulo, Mestre Jou, 1970.

ALBERTON, Genacéia da Silva. "Crimes contra a honra e a Lei n. 9.099/1995". *RT* 743. São Paulo, Ed. RT, 1997

_____. "Juizado Especial Criminal: avanços e retrocessos. Transação penal, responsável civil, recursos e ações constitucionais". *RT* 753. São Paulo, Ed. RT, 1998.

ALMEIDA, Joaquim Canuto Mendes de. *Processo Penal. Ação e Jurisdição*. São Paulo, Ed. RT, 1975.

ANDRADE, Manuel da Costa. "Consenso e oportunidade". *Jornadas de Direito Processual Penal. O novo Código de Processo Penal*. Coimbra, Livraria Almedina, 1992.

_____, e DIAS, Jorge de Figueiredo. *Criminologia*. Coimbra, Coimbra Editora, 1984.

ANDRIGHI, Fátima Nancy. "Lei n. 9.099/1995, de 26 de setembro de 1995. Juizados Especiais Cíveis e Criminais". *Boletim do IBCCrim* 35. São Paulo.

_____, e BENETI, Sidnei. *Juizados Especiais Cíveis e Criminais*. Belo Horizonte, Del Rey, 1.996

ANTUNES, José Luiz. "Lei 9.099/1995 – Aplicabilidade do *sursis* processual nos crimes contra a honra". *Boletim do IBCCrim* 39. São Paulo, março de 1996.

ARAÚJO, Francisco Fernandes. *Juizados Especiais Criminais*. Campinas, Copola Editora, 1995.

ARAÚJO, Sérgio Luiz de Souza. *Teoria Geral do Processo Penal*. Belo Horizonte, Mandamentos Livraria e Editora, 1999.

ARMENTA DEU, Teresa. *Criminalidad de Bagatela y Principio de Oportunidad: Alemania y España*. Barcelona. PPU, 1991.

AROCA, Juan Montero. *Principios del Proceso Penal. Una Explicación Basada en la Razón*. Valência, Tirant Lo Blanch, 1997.

BARBIERO, Louri Geraldo. "Na ação penal privada cabe a suspensão condicional do processo". *Boletim do IBCCrim* 64. São Paulo, março de 1998.

210 TRANSAÇÃO PENAL

BASTOS, Celso Ribeiro, e MARTINS, Ives Gandra. *Comentários à Constituição do Brasil*. v. 2. São Paulo, Saraiva, 1989.

BENTIVOGLIO, Antônio Tomás, e BUONO, Carlos Eduardo Athayde. *A Reforma Processual Penal Italiana – Reflexos no Brasil*. São Paulo, Ed. RT, 1991.

BERGMAN, Paul, e BERMAN-BARRET, Sara. *The Criminal Law Handbook*. Nova York, *Nolo.com*, 2000.

BETTIOL, Giuseppe. *Instituições de Direito e de Processo Penal*. Trad. de Manuel da Costa Andrade. Coimbra: Coimbra Editora, 1974.

BITENCOURT, Cézar Roberto. *Juizados Especiais Criminais e Alternativas à Pena de Prisão*. Porto Alegre: Livraria do Advogado, 1995.

–––––––––––. *Manual de Direito Penal – Parte Geral*. v. 1. São Paulo, Saraiva, 2000.

BRUNO, Aníbal. *Direito Penal – Parte Geral*. t. 1. Rio de Janeiro, Forense, 1959.

BUONO, Carlos Eduardo Athayde, e BENTIVOGLIO, Antônio Tomás. *A Reforma Processual Penal Italiana – Reflexos no Brasil*. São Paulo, Ed. RT, 1991.

CAMPOS, Alberto A. *Derecho Penal. Libro de Estudio de la Parte General*. 2ª ed. Buenos Aires, Abeledo-Perrot.

CANOTILHO, J. J. Gomes. *Direito Constitucional e Teoria da Constituição*. 3ª ed. Coimbra, Livraria Almedina, 1998.

CERVINI, Raúl. *Los Procesos de Decriminalización*. 2ª ed. Montevidéu, Editorial Universidad, 1993.

CINTRA, Antônio Carlos de Araújo, GRINOVER, Ada Pellegrini, e DINAMARCO, Cândido Rangel. *Teoria Geral do Processo*. 18ª ed. São Paulo, Malheiros Editores, 2002.

CLAPP, James E. *Dictionary of the Law*. Nova York, Random House, 2000.

CLEAVELAND, Kimberlee A. "Criminal procedure project – Guilty pleas". *The Georgetown Law Journal 87*. N. 5, *Twenty-Eight Annual Review of Criminal Procedure*. Maio de 1999.

COUTINHO, Jacinto Nelson de Miranda. *A Lide e o Conteúdo do Processo Penal*. Curitiba, Juruá, 1998.

–––––––––––. "Introdução aos princípios gerais do processo penal brasileiro". *Revista da Faculdade Mineira de Direito 2*, ns. 3 e 4. PUC/MG, 1º e 2º semestres de 1999.

–––––––––––. "O papel do novo juiz no processo penal". *Seleções Jurídicas 1*. São Paulo, COAD, 1994.

–––––––––––. "O papel do pensamento economicista no direito criminal de hoje". *Revista da Faculdade de Direito da UFPR 31*. Curitiba, Síntese, 1999.

COUTURE, Eduardo J. *Fundamentos del Derecho Procesal Civil*. Buenos Aires, Ediciones Depalma, 1997.

COVINO, Carmine. *Patteggiamento e Giudizio Abbreviato*. Turim, G. Giappichelli Editores, 1995.

CRUZ E TUCCI, José Rogério, e TUCCI, Rogério Lauria. *Devido Processo Legal e Tutela Jurisdicional*. São Paulo, Ed. RT, 1993.

CUELLO CALÓN, Eugenio. *Derecho Penal*. 16ª ed., t. I. Barcelona, Casa Editorial Bosch.

DAVID, René. *Os Grandes Sistemas do Direito Contemporâneo*. Lisboa, Editora Meridiano, 1972.

DIAS, Jorge de Figueiredo. *Direito Penal. Sumários das Lições à 2ª Turma do 2º Ano da Faculdade de Direito de Coimbra*. 1975.

BIBLIOGRAFIA 211

—————. *Direito Processual Penal*. v. 1. Coimbra, Coimbra Editora, 1974.

—————, e ANDRADE, Manuel da Costa. *Criminologia*. Coimbra, Coimbra Editora, 1984.

DIEGO DÍEZ, Luís Alfredo. *Justicia Criminal Consensuada (Algunos Modelos del Derecho Comparado en los EEUU, Italia y Portugal)*. Valência, Servicio de Publicaciones Universidad de Cadiz, 1999.

DINAMARCO, Cândido Rangel, CINTRA, Antônio Carlos de Araújo, e GRINOVER, Ada Pellegrini. *Teoria Geral do Processo*. 18ª ed. São Paulo, Malheiros Editores, 2002.

DOTTI, René Ariel. "A reforma do processo penal". *RT* 714. São Paulo, Ed. RT, 1995.

—————. "Conceitos e distorções da Lei 9.099/1995 – Temas de direito e processo penal". In: PITOMBO, Antônio Sérgio A. de Moraes (org.). *Juizados Especiais Criminais – Interpretação e Crítica*. São Paulo, Malheiros Editores, 1997.

—————. "Proposta para uma nova Consolidação das Leis Penais". *Revista Brasileira de Ciência Criminal* 28. São Paulo, Ed. RT, outubro-dezembro de 1999.

—————. "Temas de processo penal". *RT* 748. São Paulo, Ed. RT, 1998.

DUARTE, Maurício Alves. "A execução das penas restritivas de direitos descumpridas no regime da Lei 9.099/1995 e outras questões controvertidas". *RT* 744. São Paulo, Ed. RT, 1997.

FERNANDES, Antônio Scarance. *O Papel da Vítima no Processo Criminal*. São Paulo, Malheiros Editores, 1995.

—————, GOMES, Luiz Flávio, GOMES FILHO, Antônio Magalhães, e GRINOVER, Ada Pellegrini. *Juizados Especiais Criminais*. 2ª ed. São Paulo, Ed. RT, 1997.

FERRAJOLI, Luigi. *Derecho y Razón. Teoría del Garantismo Penal*. Trad. para o Espanhol de Perfecto Andrez Ibanez *et al.* Madri, Editorial Trotta, 1997.

FERREIRA, Ivete Senise. "A Lei n. 9.099/1995 e o direito penal ambiental". In: PITOMBO, Antônio Sérgio A. de Moraes (org.). *Juizados Especiais Criminais – Interpretação e Crítica*. São Paulo: Malheiros Editores, 1997.

FIGUEIRA JÚNIOR, Joel Dias, e LOPES, Maurício Antônio Ribeiro. *Comentários à Lei dos Juizados Especiais Cíveis e Criminais*. 3ª ed. São Paulo, Ed. RT, 2000.

FISCHER, Félix, GUARAGNI, Fábio André, JUNG, André Luiz Medeiros, e KUEHNE, Maurício. *Lei dos Juizados Especiais Criminais*. Curitiba, Juruá, 1996.

FRAGOSO, Heleno Cláudio. "Ciência de experiência do direito penal". *RDPenal* 26. Rio de Janeiro, Forense, 1979.

—————. *Lições de Direito Penal*. v. I. São Paulo, José Bushatsky Edito,r 1976.

GARCIA, Ismar Estulano. *Juizados Especiais Criminais*. 2ª ed. Goiânia, AB Editora, 1996.

GOMES, Luiz Flávio. "Criação dos Juizados Criminais: por lei ou resolução?". *Boletim do IBCCrim* 35. Ano 3. São Paulo, novembro de 1995.

—————. "Juizados Criminais: esplendor ou ocaso?". *Boletim do IBCCrim* 89. São Paulo, abril de 2000.

—————. *Juizados Criminais Federais, seus Reflexos nos Juizados Estaduais e Outros Estudos*. São Paulo, Ed. RT, 2002.

—————. "Jurista denuncia efeito simbólico". *Tribuna do Direito* 87. São Paulo, julho de 2000.

—————. "Porte ilícito de drogas e de arma são crimes dos Juizados Criminais". *http://www.ibccrim.com.br.* 16.1.2002.

212 TRANSAÇÃO PENAL

————————. *Suspensão Condicional do Processo*. 2ª ed. São Paulo, Ed. RT, 1997.

————————. "Tendências político-criminais quanto à criminalidade de bagatela". *Revista Brasileira de Ciências Criminais*, número especial de lançamento. São Paulo, Ed. RT.

——————. "Juizados Criminais Federais, seus reflexos nos Juizados Estaduais e outros estudos". São Paulo, Ed. RT, 2.002

————————, FERNANDES, Antônio Scarance, GOMES FILHO, Antônio Magalhães, e GRINOVER, Ada Pellegrini. *Juizados Especiais Criminais*. 2ª ed. São Paulo, Ed. RT, 1997.

GOMES, Orlando. *Contratos*. 12ª ed. Rio de Janeiro, Forense, 1990.

GOMES FILHO, Antônio Magalhães, FERNANDES, Antônio Scarance, GOMES, Luiz Flávio, e GRINOVER, Ada Pellegrini. *Juizados Especiais Criminais*. 2ª ed. São Paulo, Ed. RT, 1997.

GRINOVER, Ada Pellegrini. "Direito intertemporal e âmbito de incidência da lei dos Juizados Especiais Criminais". *Boletim do IBCCrim* 35. Ano 3. São Paulo, novembro de 1995.

————————. *O Processo Constitucional em Marcha – Contraditório e Ampla Defesa em Cem Julgados do Tribunal de Alçada Criminal de São Paulo*. São Paulo, Max Limonad, 1985.

————————. *O Processo em Evolução*. Rio de Janeiro, Forense Universitária, 1998.

————————, CINTRA, Antônio Carlos de Araújo, e DINAMARCO, Cândido Rangel. *Teoria Geral do Processo*. 18ª ed. São Paulo, Malheiros Editores, 2002.

————————, FERNANDES, Antônio Scarance, GOMES, Luiz Flávio, e GOMES FILHO, Antônio Magalhães. *Juizados Especiais Criminais*. 2ª ed. São Paulo, Ed. RT, 1997.

GUARAGNI, Fábio André, FISCHER, Félix, JUNG, André Luiz Medeiros, e KUEHNE, Maurício. *Lei dos Juizados Especiais Criminais*. Curitiba, Juruá, 1996.

HUNGRIA, Nélson. *Comentários ao Código Penal*. v. VII. Rio de Janeiro, Forense, 1967.

ISRAEL, Jerold H., KAMISAR, Yale, KING, Nancy J., e LAFAVE, Wayne R. *Advanced Criminal Procedure*. St. Paul: West Group, 1999.

JARDIM, Afrânio Silva. *Ação Penal Pública – Princípio da Obrigatoriedade*. 3ª ed. Rio de Janeiro, Forense, 1998.

————————. *Direito Processual Penal*. 9ª ed. Rio de Janeiro, Forense, 2000.

JESCHECK, Hans-Heinrich. *Tratado de Derecho Pena.– Parte General*. v. 2, trad. para o Espanhol de S. Mir Puig e F. Munhoz Conde. Barcelona, Casa Editorial Bosch.

JESUS, Damásio Evangelista de. *Direito Penal*. v. 1. São Paulo, Saraiva, 1998.

————————. *Lei dos Juizados Especiais Criminais Anotada*. 5ª ed. São Paulo, Saraiva, 2000.

————————. *Penas Alternativas*. São Paulo, Saraiva, 1999.

JUNG, André Luiz Medeiros, KUEHNE, Maurício, FISCHER, Félix, e GUARAGNI, Fábio André. *Lei dos Juizados Especiais Criminais*. Curitiba, Juruá, 1996.

KAMISAR, Yale, KING, Nancy J., ISRAEL, Jerold H., e LAFAVE, Wayne R. *Advanced Criminal Procedure*. St. Paul: West Group, 1999.

BIBLIOGRAFIA   213

KUEHNE, Maurício, FISCHER, Félix, GUARAGNI, Fábio André, e JUNG, André Luiz Medeiros. *Lei dos Juizados Especiais Criminais*. Curitiba, Juruá, 1996.

LAFAVE, Wayne R., ISRAEL, Jerold H., KAMISAR, Yale, e KING, Nancy J. *Advanced Criminal Procedure*. St. Paul: West Group, 1999.

LEVADA, Cláudio Antônio Soares. "A sentença do art. 76 da Lei 9.099/1995 é declaratória". *Boletim do IBCCrim* 35. São Paulo, novembro de 1995.

LEWANDOWSKI, Ricardo. "Admissibilidade da suspensão Condicional do processo na ação penal privada". *RT* 742. São Paulo, Ed. RT, 1998.

LOPES, Cláudio Ribeiro. "O direito penal simbólico, pragmático, e o 'terrorismo estatal'". *Boletim do IBCCrim* 87. São Paulo, fevereiro de 2000.

LOPES, Maurício Antônio Ribeiro. "Alternativas para o direito penal e o princípio da intervenção mínima". *RT* 757. São Paulo, Ed. RT, 1998.

—————, e FIGUEIRA JÚNIOR, Joel Dias. *Comentários à Lei dos Juizados Especiais Cíveis e Criminais*. 3ª ed. São Paulo, Ed. RT, 2000.

MACCHIA, Alberto. *Il Patteggiamento*. Milão, Giuffrè Editore, 1992.

MAGGIORE, Giuseppe. *Derecho Penal*. v. I, trad. de José J. Ortega Torres. Bogotá, Editorial Temis, 1971.

MAIER, Júlio B. J. *Derecho Procesal Argentino*. t. I. Buenos Aires, Editorial Hammurabi, 1989.

MARQUES, José Frederico. *Elementos de Direito Processual Penal*. Rio de Janeiro, Forense, 1961.

—————. *Tratado de Direito Penal*. v. 1. Atualizado por Antônio Cláudio Mariz de Oliveira, Guilherme de Souza Nucci e Sérgio Eduardo Mendonça de Alvarenga. São Paulo, Bookseller, 1997.

MARTINS, Ives Gandra, e BASTOS, Celso Ribeiro. *Comentários à Constituição do Brasil*. v. 2. São Paulo, Saraiva, 1989.

MATEU, Juan Carlos Carbonell. Derecho Penal: *Concepto y Principios Constitucionales*. Valência. Tirant Lo Blanch, 1999.

MAXIMIANO, Vitore André Zílio. "O Juizado Especial Criminal e os novos delitos de trânsito". *Boletim do IBCCrim* 67. São Paul, julho de 1998.

MAXIMILIANO, Carlos. *Hermenêutica e Aplicação do Direito*. Rio de Janeiro, Forense, 1990.

MIRABETE, Júlio Fabbrini. "Competência dos Juizados Especiais Criminais: infrações de menor potencial ofensivo". *RT* 748. São Paulo, Ed. RT, 1998.

—————. *Juizados Especiais Criminais*. São Paulo, Atlas, 1998.

—————. *Processo Penal*. São Paulo. Atlas, 1998.

MIRSKY, Chester L., SUBIN, Harry I., e WEINSTEIN, Ian S. *The Criminal Process – Prosecution and Defense Functions*. St. Paul, West Group, 1993.

MOLINA, Antonio García-Pablos de. *Criminologia*. 3ª ed., trad. Luiz Flávio Gomes. São Paulo, Ed. RT, 2000.

MORAES, Alexandre de, PAZZAGLINI FILHO, Marino, SMANIO, Gianpaolo Poggio, e VAGGIONE, Luiz Fernando. *Juizado Especial Criminal. Aspectos Práticos da Lei n. 9.099/1995*. 3ª ed. São Paulo, Atlas, 1999.

NALINI, José Renato. "O juiz criminal e a Lei n. 9.099/1995". *RT* 744. São Paulo, Ed. RT, 1997.

NORONHA, Edgar Magalhães. *Direito Penal*. v. 1. São Paulo, Saraiva, 1998.

214 TRANSAÇÃO PENAL

PALIERO, Carlo Enrico. *Ipertrofia del Diritto Penale e Decriminalizzazione dei Reati Bagatellari*. Pádua, CEDAM, 1985.

PAZZAGLINI FILHO, Marino, MORAES, Alexandre de, SMANIO, Gianpaolo Poggio, e VAGGIONE, Luiz Fernando. *Juizado Especial Criminal. Aspectos Práticos da Lei n. 9.099/1995*. 3ª ed. São Paulo, Atlas, 1999.

PEREIRA, Caio Mário da Silva. *Instituições de Direito Civil*. 12ª ed., v. I. Rio de Janeiro, Forense.

PERIS RIERA, Jaime Miguel. *El Proceso Despenalizador*. Valência, Artes Gráficas Soler, 1983.

PIMENTA, José da Costa. *Introdução ao Processo Penal*. Coimbra, Livraria Almedina.

PINHO, Humberto Dalla B. de. *A Introdução do Instituto da Transação Penal no Direito Brasileiro*. Rio de Janeiro, Lumen Júris, 1998.

PITOMBO, Antônio Sérgio A. de Moraes (org.). *Juizados Especiais Criminais – Interpretação e Crítica*. São Paulo, Malheiros Editores, 1997.

PITOMBO, Sérgio Marcos de Moraes. "Supressão parcial do inquérito policial – Breves notas ao art. 69 e parágrafo único da Lei n. 9.099/1995". In: PITOMBO, Antônio Sérgio A. de Moraes (org.). *Juizados Especiais Criminais – Interpretação e Crítica*. São Paulo, Malheiros Editores, 1997.

PUENTE SEGURA, Leopoldo. *La Conformidad en el Poceso Penal Español*. Madri, Editorial Colex, 1994.

RANGEL, Paulo. "A impossibilidade de transação penal nos delitos descritos nos arts. 303, 306 e 308 do Código Nacional de Trânsito". *Internet, site* "Jus Navigator".

REALE JÚNIOR, Miguel. "Pena sem processo". In: PITOMBO, Antônio Sérgio A. de Moraes (org.). *Juizados Especiais Criminais – Interpretação e Crítica*. São Paulo, Malheiros Editores, 1997.

RODRIGUEZ GARCÍA, Nicolás. *El Consenso en el Proceso Penal Español*. Barcelona, José Maria Bosch Editor S.L., 1997.

—————. *La Justicia Penal Negociada. Experiencias de Derecho Comparado*. Salamanca, Universidad de Salamanca, 1997.

SEVERINO, Joaquim. *Metodologia do Trabalho Científico*. 21ª ed. São Paulo, Cortez Editora, 2000.

SILVA, De Plácido e. *Vocabulário Jurídico*. Atualizado por Nagib Slaib Filho e Geraldo Magela Alves. Rio de Janeiro, Forense, 1999.

SILVA, Marco Antônio Marques. "Organização da Justiça Norte-Americana. O procedimento penal". *RT* 736. São Paulo, Ed. RT, 1997.

SILVA JÚNIOR, Édison Miguel. "Lei 9.099/1995: descumprimento da pena imediata no Estado Democrático de Direito". *RT* 749. São Paulo, Ed. RT, 1988.

—————. "Sistema penal consensual não punitivo – Lei 9.099/1995". *RT* 762. São Paulo, Ed. RT, 1998.

SIRVINSKAS, Luís Paulo. "Conseqüências do descumprimento da transação penal. Solução jurídica ou prática?". *Boletim do IBCCrim* 62. São Paulo, janeiro de 1988.

SLOBOGIN, Christopher, e WHITEBREAD, Charles H. *Criminal Procedure – An Analysis of Cases and Concepts*. 4ª ed. Nova York, Foundation Press.

SMANIO, Gianpaolo Poggio, MORAES, Alexandre de, PAZZAGLINI FILHO, Marino, e VAGGIONE, Luiz Fernando. *Juizado Especial Criminal. Aspectos Práticos da Lei n. 9.099/1995*. 3ª ed. São Paulo, Atlas, 1999.

BIBLIOGRAFIA 215

SOARES, Gláucio Ary Dillon. "Está na hora de reagir". *Veja* 33. edição 1.662. Ano 33. 16 de agosto de 2000.

SOUZA, Gilson Sidney Amâncio. "Transação penal e suspensão do processo: discricionariedade do Ministério Público". *RT* 752. São Paulo, Ed. RT, 1998.

SOUZA NETTO, José Laurindo de. *Processo Penal. Modificações da Lei dos Juizados Especiais Criminais.* 1ª ed. Curitiba, Juruá, 1999.

SUBIN, Harry I., MIRSKY, Chester L., e WEINSTEIN, Ian S. *The Criminal Process – Prosecution and Defense Functions.* St. Paul, West Group, 1993.

TOURINHO FILHO, Fernando da Costa. *Comentários à Lei dos Juizados Especiais Criminais.* São Paulo, Saraiva, 2000.

—————. *Processo Penal.* v. 1. Bauru, Jalovi, 1978.

TUCCI, Rogério Lauria. "A lei dos Juizados Especiais e a Polícia Militar". Revista Literária de Direito 11. São Paulo, Ed. RT, maio-junho de 1996.

—————. "Processo penal e direitos humanos no Brasil". *RT* 755. São Paulo, Ed. RT, 1998.

—————. "Reflexões acerca do art. 1º da Lei 9.099/1995". In: PITOMBO, Antônio Sérgio A. de Moraes (org.). *Juizados Especiais Criminais – Interpretação e Crítica.* São Paulo, Malheiros Editores, 1997.

—————, e CRUZ E TUCCI, José Rogério. *Devido Processo Legal e Tutela Jurisdicional.* São Paulo, Ed. RT, 1993.

VAGGIONE, Luiz Fernando, MORAES, Alexandre de, PAZZAGLINI FILHO, Marino, e SMANIO, Gianpaolo Poggio. *Juizado Especial Criminal. Aspectos Práticos da Lei n. 9.099/1995.* 3ª ed. São Paulo, Atlas, 1999.

VÉLEZ MARICONDE, Alfredo. *Derecho Procesal Penal.* t. II. Buenos Aires, Ediciones Lerner, 1968.

WEINSTEIN, Ian S., MIRSKY, Chester L., e SUBIN, Harry I. *The Criminal Process – Prosecution and Defense Functions.* St. Paul, West Group, 1993.

WHITEBREAD, Charles H., e SLOBOGIN, Christopher. *Criminal Procedure – An Analysis of Cases and Concepts.* 4ª ed. Nova York, Foundation Press.

ZAFFARONI, Eugenio Raúl. *Manual de Derecho Penal – Parte General.* Buenos Aires, Ediar, 1977.

1487

Impressão e acabamento:
GRÁFICA PAYM
Tel. (011) 4392-3344